Jack und Jerry Schreur
Oh mein Papa…

Für Erin und Kendall

Danke für euer Licht und eure Liebe.
Mein Wunsch ist, daß ihr so werden könnt,
wie Gott es sich für euch gedacht hat,
und daß ich ein Vater sein kann,
der solche Töchter wert ist.

Jack Schreur

Meinen Enkeltöchtern
Lauren, Elena, Erin und Kendall

Ich habe euch sehr gern – ihr seid die besten!

Jerry Schreur

Jack und Jerry Schreur

Oh mein Papa ...

Warum Väter für ihre Töchter so wichtig sind

Brunnen Verlag · Basel und Gießen

ABCteam-Bücher erscheinen in folgenden Verlagen:

Aussaat Verlag Neukirchen-Vluyn
R. Brockhaus Verlag Wuppertal
Brunnen Verlag Basel und Gießen
Christliches Verlagshaus Stuttgart
Oncken Verlag Wuppertal und Kassel

Amerikanischer Originaltitel: «Fathers & Daughters»
Erschienen 1996 bei Victor Books, Wheaton, Illinois

Aus dem Amerikanischen von Barbara M. Trebing

Die Bibelzitate wurden, soweit nicht anders vermerkt, der Übersetzung «Hoffnung für alle» entnommen.

Die Deutsche Bibliothek - CIP-Einheitsaufnahme
Schreur, Jack:
Oh mein Papa...: warum Väter für ihre Töchter so wichtig sind / Jack und Jerry Schreur. [Aus dem Amerikan. von Barbara M. Trebing]. - Basel ; Gießen : Brunnen-Verl., 1999
(ABC-Team)
Einheitssacht.: Fathers & daughters <dt.>
ISBN 3-7655-1171-4

Umschlag: Paxmann Buchprojekte, München
Satz: Uhl + Massopust, Aalen
Druck: Clausen & Bosse, Leck
Printed in Germany

ISBN 3-7655-1171-4

Inhalt

Teil 1: Willkommen im Haus der Frauen!

1. Hurra, ein Mädchen! 13
Was Töchter brauchen – und nur die Väter ihnen geben können
2. Mann bleibt Mann. Was aber ist mit den Mädchen? 25
Vater eines Jungen, Vater eines Mädchens – wo ist der Unterschied?

Teil 2: Die Wachstumsphasen Ihrer Tochter

3. Kopfüber ins Leben 45
Die ersten Jahre verstehen
4. Im Schultaumel 61
Unsere Tochter in der zweiten Hälfte der Kindheit
5. Nicht nur Vaters kleiner Schatz 77
Die Pubertät
6. Wechsel und Veränderungen 99
Unsere Tochter als junge Erwachsene

Teil 3: Unsere Tochter und die Sexualität

7. Ein Wort mit «S» 117
Über die Sexualität reden lernen
8. Der Feind an der Haustür... 135
Wir, unsere Tochter und ihre Freunde

9. Eine Warnung 151
Zärtlichkeiten zwischen Vater und Tochter –
was geht, was geht nicht?

Teil 4: Die Persönlichkeit Ihrer Tochter

10. Was soll ein Mädchen tun? 167
So helfen Sie Ihrer Tochter, ihre Weiblichkeit
zu entdecken
11. Echte Männer 179
Vorbildhaft leben

Teil 5: Der Glaube unserer Tochter

12. Das Bild des Vaters 195
Gott den Vater widerspiegeln
13. Werte und Tugenden 207
Den Glauben weitergeben
14. Wie die Zeit verstreicht! 225
So werde ich ein guter Vater

Dank

Wir danken allen Vätern und Töchtern,
die uns ihr Herz geöffnet haben.
Sie waren nicht nur für dieses Buch,
sondern auch für unser persönliches Leben
eine Bereicherung.
Ohne ihre Gedanken und Berichte wäre das
vorliegende Buch nie entstanden.

Vorwort zur deutschsprachigen Ausgabe

Wollte ich mich als Verlagslektor mit *jedem* Buch, an dem ich arbeite, auch ganz persönlich und privat auseinandersetzen, müßte ich wahrscheinlich meinen Beruf bald einmal an den Nagel hängen. Wie soll ich all die verschiedenen Themen innerlich verarbeiten, wie all die unterschiedlichen Impulse aufnehmen und umsetzen?

Die meisten Lektorinnen und Lektoren gehen, so denke ich, früher oder später auf eine gewisse «professionelle Distanz» zu den Manuskripten und Büchern auf, neben, in und unter ihren Schreibtischen. Sie brauchen diesen inneren Abstand, um in der Verlagsarbeit «funktionieren» zu können.

Manchmal jedoch schleicht sich so ein heimtückisches Manuskript durch die Hintertür ins Privatleben herein und läßt einen nicht mehr los.

So ist es mir mit *Oh mein Papa...* ergangen, und das sehr zu meiner Überraschung. «Warum Väter für ihre Töchter so wichtig sind»? Na, das werd' ich ja wohl wissen – als Vater von drei Töchtern im Alter zwischen 30 und 14 Jahren (und dazu noch eines Sohnes)! Dazu brauche ich ja wohl nicht die Schreurs oder irgendwelche anderen Jacks und Jerrys, obendrein noch Amerikaner mit ihrer ganz anderen Kultur! Oder nicht oder doch?

Nun ja, irgendwie fand ich dann doch manches (nicht alles, offen gestanden) bemerkenswert, beherzigenswert, praktizierenswert. Ich weiß, ich weiß, vieles davon hat mir meine Frau schon lange gepredigt («Warum sprichst du nicht selbst mal mit deiner Tochter? Warum versteckst du dich immer hinter mir? Meinst du, mir fällt das leichter? So ein Mädchen braucht seinen *Vater*!»). Manchmal sind eben Anstöße von außen nötig, bis ein träger Ehemann und Vater sich dazu bequemt, etwas in Angriff zu nehmen, wovor er sich bisher erfolgreich gedrückt hat...

Ich habe tatsächlich in den letzten Tagen (ich bin fast ein wenig stolz darauf) ein paar Anregungen aus *Oh mein Papa...* in meinen Umgang mit meinen jüngsten Töchtern einfließen lassen. Und – liebe Mit-Väter, es hat sich bewährt! Es war richtig toll, in Ruhe über wichtige Themen zu reden, statt sich in der Hitze des Gefechts wieder einmal im Ton und in der Wortwahl zu vergreifen. (Ich glaube sogar, meine Töchter haben das genauso empfunden.)

Vielleicht hat Ihre Frau das Buch für Sie gekauft und es Ihnen mit jenem stumm-flehenden Blick auf Ihren Nachttisch gelegt, der Ihnen «Pflichtlektüre» verheißt. Als Leidensgenosse kann ich Ihnen versichern, daß es sich trotzdem lohnt, sich vorurteilslos auf das einzulassen, was Jack und Jerry Schreur an Erfahrungen und Ratschlägen weitergeben!

Freunde, Mit-Männer, Mit-Väter: Unsere Töchter brauchen uns – und wir brauchen Hilfe, damit wir zu gebrauchen sind. Sie etwa nicht?

Der Lektor der deutschsprachigen Ausgabe

Teil 1

Willkommen im Haus der Frauen!

Kapitel 1

Hurra, ein Mädchen!

Was Töchter brauchen – und nur die Väter ihnen geben können

Sie war klein und rosig, hatte noch nicht allzu viele Haare und blinzelte ein wenig. Sie paßte genau in meine Armbeuge, wie der Football, den ich mir während der Schulzeit so oft geschnappt hatte. Meine Tochter! Ich war zweiundzwanzig und zum ersten Mal Vater geworden. In meinen Armen hielt ich das schönste und unglaublichste Wesen, das ich je gesehen oder angerührt hatte. An jenem ersten Abend flößte ich ihr etwas Zuckerwasser ein, ließ sie vorsichtig aufstoßen und gab sie dann meiner Frau, ihrer Mutter, zurück.

Aber es war eigenartig. Ich hatte zwei linke Hände und schaffte es kaum, die Decke richtig festzuziehen oder meiner Tochter ein kleines Bäuerchen zu entlocken; Leslie hingegen wußte genau, was sie zu tun hatte. Wenn unsere Tochter in den ersten Nächten weinte, versuchte ich sie sanft in den Schlaf zu wiegen, doch es schien, als würde sie den Unterschied zwischen meinen Händen und denen meiner Frau ganz genau erkennen.

Wenn ich versuchte, sie zu füttern, schien sie ganz genau zu wissen, wer die Flasche hielt, und wenn es nicht die Mutter war, war das Fräulein Tochter gar nicht zufrieden.

Also tat ich das, was die meisten Väter tun – ich ging meiner Arbeit nach, und wenn ich am Abend nach Hause kam, spielte ich ein wenig mit dem Baby. Aber wenn es gefüttert werden mußte oder aufstoßen sollte, reichte ich es schnell an seine Mutter weiter. Das war einfacher. Aber ich war ratlos. Was sollte ich nur mit dem kleinen Mädchen anfangen? Auf der Geburtsanzeige war ein kleines, kahlköpfiges, weinendes Kind zu sehen gewesen, und vorne hatte gestanden: «Hurra, ein Mädchen!» Es hätte aber genausogut «Hilfe, ein Mädchen!» heißen können.

Ich glaube nicht, daß ich mich sehr von anderen Vätern unterscheide. Als meine Tochter zur Welt kam, war sie mir wichtiger als irgend etwas sonst in meinem ganzen Leben; aber ich wußte nicht recht, was ich mit ihr anfangen sollte. Mit Söhnen kannte ich mich aus, schließlich hatte ich einen Vater und einen Bruder. Ich hatte meinen Vater beobachten können und dadurch einiges über den Umgang mit Söhnen gelernt. Außerdem war ich selbst ein Mann, also wußte ich über männliche Wesen Bescheid. Als zwei Jahre nach Erin unser Sohn Jonathan geboren wurde, war ich darum nicht ganz so durcheinander. Ich hatte auch längst nicht so viele Fragen. Ich wußte, oder meinte zumindest zu wissen, wie man mit Jungen umgeht. Meine Tochter aber war für mich noch immer ein Buch mit sieben Siegeln. Zunächst hatte ich gemeint, es hinge einfach damit zusammen, daß ich mich mit Babys im allgemeinen nicht auskannte. Aber als Erin zwei war, wurden die Fragen nur noch größer, und als drei Jahre später Kendall, Tochter Nummer zwei, zur Welt kam, hatte ich noch immer keine Antworten.

Als Kendall in unser Leben trat, ging unsere älteste Tochter bereits in die Vorschule, meine Frau war wieder berufstätig, und ich hatte mich an drei Tagen in der Woche um das Baby zu kümmern. Ich mußte sie füttern, die Windeln wechseln, sie zum Mittagsschlaf hinlegen, sie auf den Arm nehmen, wenn sie weinte, ihr die Arznei einflößen, wenn sie krank war, und machte mir Sorgen, wenn sie hustete. In den ersten drei Monaten rief ich täglich meine Frau im Büro an. Aber mit der Zeit wurde ich ein Profi, was den äußeren Ablauf der Kinderpflege anging. Was ich immer noch nicht wußte, war, wie man einer Tochter ein (guter) Vater ist.

Jetzt, mit neun, ist Erin Klassenbeste, ein kluges, hellwaches, aber auch anstrengendes Kind. Kendall ist drei, fröhlich, dickköpfig, ein bißchen verwöhnt und unser Sonnenschein. Ich habe inzwischen die dreißig überschritten; meine Töchter wachsen weiter heran, doch ich habe noch immer dieselben Fragen. Vielleicht weiß ich sie ein bißchen klüger zu formulieren, aber im Grunde lauten sie noch genauso wie damals, vor vielen Jahren, als ich Erin zum ersten Mal im Arm hielt. «Was muß ich tun, um dieser Tochter ein guter Vater zu sein? Was braucht dieses kleine Mädchen von mir? Wie kann ich dazu beitragen, daß sie so werden kann, wie Gott sie gemeint hat?»

Und dann verfolgt mich natürlich die Frage, die sich jeder Mann, der in einer Familie ohne Töchter aufgewachsen ist, mit steter Regelmäßigkeit stellt: «Wie sind sie überhaupt, die Mädchen?»

Willi ist ein erfolgreicher Unternehmer. Er wird von seinen Angestellten akzeptiert, ja bewundert. Willi ist außerdem Ältester in seiner Gemeinde. Er ist über eins achtzig groß, hat breite Schultern und eine immer noch schlanke Taille. Man sieht ihm seine sechsundvierzig Jahre nicht an. Er ist eine eindrucksvolle und vertrauenerweckende Persönlichkeit. Ich war darum nicht wenig erstaunt, als er eines Tages in meiner Sprechstunde saß, das Gesicht in den Händen vergraben und Tränen in den Augen.

«Jack, ich weiß nicht, was ich machen soll. Ich weiß nicht einmal, wo ich anfangen soll. Julie ist... sie... sie nimmt Drogen, und gerade heute habe ich erfahren, daß sie, nun, hm, daß sie sich mit verschiedenen Jungen rumtreibt.»

Die Worte kamen abgerissen und von Schluchzern unterbrochen. Willi hatte herausgefunden, daß seine Tochter ihn belog. Sie war nicht mehr das süße, kleine Mädchen. Sie hatte ein reges Sexualleben; sie nahm Drogen. Sie hatte sich von allem abgewandt, was ihr Vater ihr beizubringen versucht hatte. Ich wußte nicht, was ich ihm sagen sollte. Worte halfen da nicht weiter. Ich betete mit ihm, versprach ihm, mit seiner Tochter Kontakt aufzunehmen, und hörte ihm einfach zu.

Beim Hinausgehen drehte er sich noch einmal um und sagte: «Jack, ich habe getan, was ich konnte. Ich hab sie doch gern. Ich habe alles für sie getan. Sie hat ein schönes Zuhause, hatte immer genug anzuziehen. Aber im Grunde habe ich nie gewußt, wie ich mich ihr gegenüber verhalten sollte. Ich habe sie nie richtig verstanden. Weil sie ein Mädchen ist, habe ich, glaube ich, immer ein bißchen Angst vor ihr gehabt. Was habe ich falsch gemacht?»

Die Frage hing noch immer im Raum, als er durch Schnee und Wind zu seinem Auto stapfte. Und sie ging mir für den Rest der Woche nicht mehr aus dem Kopf, wenn ich meine eigenen Töchter beobachtete, wie sie, so jung und unschuldig, mit ihren Freunden spielten. Bin ich anders als Willi? Sind meine Töchter anders als seine?

Erin ist jetzt neun. Meine Frau hat mir gesagt, daß sie in zwei oder drei Jahren ihre erste Menstruation bekommen wird. Außer im Biologieunterricht habe ich dieses Wort noch nie in den Mund genommen. Aber in zwei Jahren, höchstens drei, wird meine Tochter es nicht nur aussprechen, sondern auch jeden Monat damit zu tun haben. Ich weiß nicht, wie ich damit umgehen soll. Im Moment macht sich meine Tochter nichts aus Jungen – und das finde ich toll! Aber in drei oder vier, wenn ich Glück habe fünf Jahren wird sie sich wünschen, daß sie einer küßt. Daran mag ich gar nicht denken. Ich bin der einzige Mann, der meine Tochter küssen darf! Und so soll es auch bleiben.

Eine Arbeitskollegin ist Erin letzte Woche begegnet. Ich hatte ihr immer von meiner wunderhübschen, klugen und gescheiten Tochter vorgeschwärmt. Nun sagte Bridgett: «Du hast nicht übertrieben, Jack. Sie ist bildhübsch!» Doch bevor mir der Stolz zu Kopf steigen konnte, fuhr sie schon fort: «Viel Spaß, wenn die Jungen in der Schule anfangen, ihr nachzurennen!» Ich denke nicht gern daran, aber so wird es wohl kommen. In ein paar Jahren werden die Jungen – Jungen im Teenageralter! – anfangen, meine Tochter als sexuelles Wesen wahrzunehmen. Darauf bin ich noch nicht vorbereitet. Es sind nur noch ein paar Jahre, dann wird sie womöglich Drogen nehmen – oder auch nicht. Sie wird sich für Jesus entscheiden – oder auch nicht. Welchen Einfluß kann ich darauf haben? In zehn Jahren ist meine Tochter auf dem College und wird dort weitere Entscheidungen treffen. Sie wird überlegen, was ihr im Leben wichtig ist, was sie werden, was sie anfangen will. Und vielleicht auch schon, wen sie einmal heiraten möchte. Wie kann ich ihr helfen, daß sie sich richtig entscheidet?

Wenn Sie dieses Buch lesen, geht es Ihnen vermutlich ganz ähnlich wie mir. Wir wollen die besten Väter sein. Das bedeutet aber, daß wir uns nicht einfach mit einem: «Dafür ist Mutter zuständig» aus der Affäre ziehen können. Für einen Vater, der seine Tochter gern hat und eine gute, dauerhafte Beziehung zu ihr aufbauen möchte, ist das kaum die richtige Antwort, und das wissen wir genau. Tagtäglich erzählen mir Töchter, wie sehr sie sich gewünscht hätten, daß ihre Väter mehr an ihrem Leben Anteil genommen hätten und in ihren Teenagerjahren dagewesen wären; wie gern sie bei wichtigen Entscheidungen im Blick auf Schule und Beruf ihren Rat gehört hätten. Und jeden Tag höre ich von Vätern die immer gleiche Bemerkung: «Ich habe getan, was ich konnte. Aber ich habe einfach nicht gewußt, wie ich es richtig mache.» Wenn Sie nicht wollen, daß Sie einmal dasselbe sagen müssen; wenn Sie der Vater sein wollen, den Ihre Tochter braucht und sich wünscht; wenn Sie ein Vater sein möchten, der weiß, worauf es ankommt – dann sitzen wir beide im selben Boot.

Denn das sind, neben vielen anderen, die Fragen, um die es in diesem Buch gehen wird. Wie sollten wir sein – als Väter, die ihre Töchter von Herzen lieben, aber kaum verstehen? Was müssen wir tun? Ich denke, ich bin nicht der einzige, dem sich diese Fragen stellen. Ich habe mit Hunderten von Vätern gesprochen und festgestellt, daß es den meisten ähnlich geht. Als wir nach dem Erscheinen unseres Buches über *Väter und Söhne* in ganz Amerika Vorträge hielten, da wurden wir von den Vätern immer wieder gefragt: «Wann schreibt ihr etwas über Väter und Töchter? Wir brauchen Hilfe.» Noch mehr hat uns die immer wiederkehrende Bemerkung von Frauen erstaunt, die *Väter und Söhne* für ihre Männer und Väter kauften: «Ich wünschte, mein Vater hätte so etwas lesen können, als ich noch klein war. Er hat mich gern gehabt, aber er hatte ja keine Ahnung. Bitte, schreibt etwas über Väter und Töchter.»

Wie wichtig ist es für unsere Töchter, daß wir ihnen wirklich geben, was sie brauchen? Wie wichtig ist es, daß wir uns bemühen, sie zu lieben und zu verstehen? Im folgenden berichten ein paar Frauen über ihre Väter. Die Frauen sind inzwischen alle erwachsen. Sie sprechen voller Zärtlichkeit und Liebe über das Verhältnis zu ihren Vätern, manchmal aber auch etwas enttäuscht und bitter über die verpaßten Gelegenheiten und vertanen Chancen.

Julie ist um die Dreißig, Mutter und berufstätig. Die Erinnerung an ihren Vater hat etwas Erschütterndes, und doch ist sie nur allzu vertraut.

> Mein Vater war eigentlich nie da. Das Geschäft ging ihm über alles. Dafür setzte er sein Leben ein. Ich denke, heute würde man ihn einen Workaholic nennen. Wenn ich jetzt zurückblicke, denke ich, er war irgendwie unreif. Meine Eltern hatten viele Probleme, als ich noch kleiner war. Er wich ihnen aus, indem er immer mehr trank.
> Als ich noch ganz klein war, hatte ich ein gutes Verhältnis zu ihm. Ich denke, damals wirkte ich noch nicht so bedrohlich auf ihn, und mit Babys konnte er immer gut umgehen. Erst als ich ihn wirklich gebraucht hätte, zum Reden und als Gegenüber, fiel mir auf, daß er nie da war. Egal, was ich alles probierte, es war immer dasselbe. Irgendwie war da immer eine Wand. Er

ließ mich nie nah an sich herankommen. Ich hatte ziemliche Probleme mit meiner Mutter, und ich hätte jemanden gebraucht, der mich ihr gegenüber verteidigte. Ich hätte jemanden gebraucht, der mich vor ihrer Wut und Verachtung in Schutz nahm; aber das tat er nie. Er versprach mir zwar, daß er mir helfen würde, aber er tat es nie. Er stand nie zu mir.
Ich habe meinen Vater gern, und ich will ihm keinen Vorwurf machen. Er ist so, wie er ist, und er wußte es wohl nicht besser. Aber selbst heute fände ich es schön, wenn er einfach mal vorbeikäme und irgend etwas mit mir und den Kindern unternähme; oder wenn er einfach auf einen Schwatz hereinschaute. Aber das macht er nicht. Er kann es nicht, und nun sind schon so viele Jahre vergangen. Ich glaube, er wird nie begreifen, wer ich wirklich bin. Und ich bezweifle, daß ich ihn je richtig begreifen werde.
Ich habe Probleme gehabt, Männern zu vertrauen. Wahrscheinlich kann man das auf meinen Vater zurückführen. Er hat seine Versprechen nie gehalten. Er war nicht da. Er hat nicht zu mir gestanden. Die Distanz, die er in der Beziehung zu mir aufgebaut hat, hat einen Einfluß gehabt auf die Erwartungen, die ich an meinen Mann stelle. Ich glaube, in gewissem Sinne habe ich meinen Mann weggestoßen. Wahrscheinlich wollte ich ihm zuvorkommen, weil in meinem Leben die Männer einen nie richtig an sich heranlassen.

Der Vater von Ellen ist siebenundsiebzig, und sie fängt erst jetzt an, die Zuneigung und Nähe zu spüren, nach der sie sich ein Leben lang gesehnt hat:

Mein Vater hat immer schwer gearbeitet. Er machte Überstunden, damit wir genug zu essen auf den Tisch bekamen. Ich habe ihn deshalb bewundert. Aber es bedeutete auch, daß ich kaum «richtig» mit ihm zusammen war. Wenn er von der Arbeit kam, aß er etwas und legte sich dann gleich hin. Ich weiß, daß er seine Ruhe brauchte. Aber ich wünschte, er hätte mich wenigstens mal kurz in den Arm genommen oder mich ein paar Minuten auf seinem Schoß sitzen lassen. Wenn ich zurückschaue, muß ich sagen, daß mir das gefehlt hat, und ich habe

viel Zeit und Energie darauf verwandt, mir die Zärtlichkeiten anderswo zu holen. Ich mache Paps keine Vorwürfe. Er hat getan, was er konnte. Er hat sein Bestes gegeben, so wie er es sah. Aber die Zuwendung und Liebe, die für uns Frauen so wichtig sind, habe ich von ihm nicht erhalten.
Paps konnte auch ziemlich kritisch sein. Sie wissen schon. Ich mußte mich immer korrekt benehmen und gute Noten mit nach Hause bringen. Aber ich wurde dafür nicht gelobt und erhielt auch keine Belohnung. Nur wenn ich den Erwartungen nicht entsprach, dann bekam ich es zu hören. Das war nicht immer einfach, denn er ließ mich nie spüren, daß ich für ihn trotzdem okay war.
Ich glaube, ich hätte es am liebsten, wenn er mich einfach so nehmen würde, wie ich bin, ohne daß ich mir seine Zuneigung verdienen oder mich irgendwie beweisen muß. Jetzt ist er siebenundsiebzig, und ich bin gern mit ihm zusammen. Aber das Gefühl der Vertrautheit, daß man sich in seiner Nähe entspannen kann, das fehlt immer noch. Ich wünschte mir, wir könnten einfach miteinander fröhlich sein und uns verstehen, eben wie Vater und Tochter.

Julie und Ellen sind nicht verbittert. In unseren Gesprächen haben sie nicht gejammert oder sich über ihre Väter beklagt. Sie haben es im Leben nicht immer einfach gehabt, schieben jedoch ihren Vätern nicht die Schuld für ihre eigenen Entscheidungen und Probleme in die Schuhe. Auffallend ist allerdings, wie im Gespräch noch immer der starke Wunsch nach einer Nähe zum Ausdruck kommt, die sie nie erlebt haben und wahrscheinlich auch nie erleben werden. Inzwischen sind sie erwachsen und selbst Eltern – und noch immer ist da eine offene Wunde. Sie sehen auch recht objektiv, was dieser Mangel an Nähe und echter Freundschaft bewirkt hat. Beide, Julie und Ellen, hatten in ihren Beziehungen zu Männern Probleme, weil sie nicht gelernt hatten, einem Mann zu vertrauen.

Dabei hätten sie sich gar nicht unbedingt einen vollkommenen Vater gewünscht, der ihnen alles geben konnte, was sie brauchten. Es hätte ihnen genügt, wenn der Vater sie einfach in den Arm genommen und ihnen gesagt hätte, daß sie ihm wichtig seien und er sie gern habe. Die Traurigkeit, die aus ihren Berichten spricht, ist spürbar. Beide Frauen haben das Gefühl, daß es nun zu spät ist, noch eine echte, freundschaftliche Beziehung zu ihren Vätern zu entwickeln. Und das schmerzt sie.

Jannas Geschichte klingt ganz anders, weil ihr Vater ganz anders ist. Janna würde gar nicht verstehen, wovon Julie und Ellen reden, obwohl auch sie ihren Vater ganz realistisch sieht als Menschen mit Schwächen und Fehlern. Trotzdem ist er für sie der beste Vater, den es gibt.

> In meiner Familie war es immer lustig. Ich war die Jüngste. Meine beiden Brüder sind einiges älter als ich. Ich war also das Nesthäkchen, und mein Vater ließ mich immer wieder spüren, daß ich etwas Besonderes war. Die Atmosphäre in unserer Familie war ihm wichtig.
> Mein Vater war ein herzlicher Mensch. Er nahm einen schnell in den Arm und ging am Morgen nie ohne Abschiedskuß aus dem Haus. Ich habe mein ganzes Leben wissen dürfen, daß ich geliebt und geschätzt werde. Mein Vater war auch sehr geradlinig. Wenn meine Freunde dabei waren, verhielt er sich genauso, wie wenn er mit mir allein war. Wenn er etwas versprochen hatte, hielt er es auch. Das gab mir ein Gefühl der Sicherheit.
> Ich denke, vieles, was ich über Gott, meinen himmlischen Vater, glaube, habe ich in der Beziehung zu meinem Vater gelernt. Ich kann mich noch erinnern, daß Paps mich als kleines Kind immer ins Bett gebracht und vor dem Einschlafen mit mir gebetet hat. Dadurch habe ich auf ganz schlichte Art eine Menge über Gott gelernt. Wenn ich jetzt mit einundzwanzig zurückschaue, dann kann ich sagen, das alles ist mir heute wichtiger, als es damals war. Ich habe dadurch gelernt, was das Wichtigste im Leben ist – nämlich eine enge Beziehung zu Gott. Ich werde nie vergessen, wie Paps jeden Morgen in seiner Bibel las und betete. Und er saß dabei nicht einfach nur im Ses-

sel, nein, er kniete auf dem Boden. Das hat mir riesig Eindruck gemacht. Daran kann ich mich immer noch erinnern. Ich sehe Gott heute als meine Sicherheit – jemanden, dem ich vertrauen und an den ich glauben kann, jemanden, der mich nicht fallenläßt, ganz egal, was ich tue. Ich weiß, daß das, was mein Vater mir vorgelebt hat, viel dazu beigetragen hat.

Wir werden in den folgenden Kapiteln noch vielen Vätern und Töchtern begegnen, die wir für das Buch interviewt haben. Manche der Väter waren nicht so toll. Das werden einige der Töchter bestätigen. Viele haben sich aber auch recht gut geschlagen und ein Vertrauensverhältnis zu ihren Töchtern aufgebaut, das noch immer hält. Auch das werden viele der Töchter bestätigen. Wir haben mit vielen gesprochen, die im wesentlichen sagen konnten: «Ja, mein Vater hat mir gegeben, was ich brauchte und was nur er mir geben konnte.»

Das ist die Botschaft dieses Buches. In zwanzig, dreißig oder vierzig Jahren muß unsere Geschichte nicht so klingen wie die von Julie oder Ellen. Egal, wie alt unsere Töchter im Augenblick sind – ob die Vaterrolle noch ganz neu für uns ist oder ob wir das Buch zur Hand genommen haben, weil wir bei unseren erwachsenen Töchtern einen neuen Anlauf machen wollen –, wir können jetzt beginnen, das Verhältnis ganz neu zu gestalten.

Untersuchungen zeigen es, die Bibel sagt es eindeutig und unsere Erfahrungen aus der Familienarbeit führen es uns jeden Tag vor Augen: Es gibt Dinge, die nur wir Väter unseren Töchtern geben können. Und sie gehören zu den wichtigsten Geschenken, die sie je von irgend jemand erhalten werden. Mit Geld sind sie nicht zu kaufen, und wir können sie auch nicht einfach vortäuschen. Aber unsere Töchter brauchen sie. Wenn wir sie ihnen vorenthalten, machen wir es ihnen schwer, ein gesundes, erfülltes Leben zu führen.

In den folgenden dreizehn Kapiteln werden wir auf eine Vielzahl von Themen zu sprechen kommen. Manches wird uns zum Lachen bringen. Manchmal werden Sie vielleicht ein paar Tränen wegwischen müssen, wenn ein Vater oder eine Tochter erzählen, worunter sie in ihrem Leben am meisten gelitten haben. Vor allem aber hoffen wir, daß dieses Buch Ihnen helfen wird, der Vater zu werden, den Ihre Tochter braucht. Wir hoffen, daß die Geschichten in diesem Buch Ihnen Mut machen, Ihre Tochter zu lieben und anzunehmen, wie sie ist, und daß Sie alles daransetzen, ein freundschaftliches Verhältnis zu entwickeln, das die Zeiten überdauern kann.

Während ich dies schreibe, liegen die drei wichtigsten Frauen in meinem Leben ein Stockwerk weiter oben im Bett und schlafen. Bevor ich selbst zu Bett gehe, werde ich bei meinen Töchtern hereinschauen. Ich werde zu Kendalls Bettchen gehen und ihr noch eine Wolldecke holen, denn sie weiß noch nicht, wie kalt es in diesem Haus werden kann, und wenn ich ihr keine zusätzliche Decke hole, wird sie frieren, wenn sie aufwacht. An Erins Bett werde ich stehenbleiben und tun, was ich jeden Abend tue: Ich werde die Hand ausstrecken und ihr übers Haar streichen, ihren Atem spüren und mich fragen, wie es kommt, daß ich ein so wunderschönes, fast vollkommenes Wesen zur Tochter habe. Dann werde ich zu Gott aufsehen. «Bitte, hilf mir, Herr», werde ich sagen. «Ich habe immer noch nicht begriffen, was Vater einer Tochter sein wirklich bedeutet. Hilf mir zu erkennen, was Erin und Kendall brauchen, und schenk mir die Kraft, es ihnen zu geben, wenn ich es sehe. Bring meine Ängste zur Ruhe, Herr, und hilf mir, meine Töchter morgen noch mehr zu lieben, als ich es heute getan habe.»

Wenn das auch Ihre Worte sind, wenn Sie dieselben Ängste und Träume und Hoffnungen kennen, halten Sie das richtige Buch in den Händen. Wir werden bei ausgewiesenen Fachleuten Antworten auf die uns bedrängenden Fragen und Trost für unsere gequälten Seelen suchen. Wir lassen uns von anderen Vätern und Töchtern erzählen, wie die Vater-Tochter-Beziehung in den einzelnen Entwicklungsphasen aussehen sollte. Sie werden uns helfen, die Schlaglöcher und die Kurven auf dem Weg frühzeitig zu erkennen. Aus ihren offenen und ehrlichen Berichten erfahren wir die Wahrheit über Väter und Töchter; wir sehen, was die Töchter brauchen und was nur ihre Väter ihnen geben können.

Ein Gebet für Väter

Herr, ich danke dir für meine Tochter. Ich habe sie so gern, und doch habe ich so oft das Gefühl, ich werde ihr gar nicht gerecht. Ich brauche deine Hilfe und deine Weisheit, Vater im Himmel. Hilf mir, meine Tochter zu verstehen. Zeig mir, was es heißt, ihr ein Vater zu sein. Hilf mir, zu spüren, was sie benötigt, und ihre Gefühle und Bedürfnisse ernst zu nehmen. Schenk mir auch heute die Weisheit, die ich brauche. Ich danke dir, Herr.

Vorschlag

Formulieren Sie ein eigenes Gebet. Schildern Sie ganz konkret, was Sie und Ihre Tochter brauchen. Bitten Sie Gott, Ihnen zu geben, was Sie nötig haben. Sagen Sie Ihrer Tochter, daß Sie für sie und auch für sich selbst beten (damit sie so werden kann, wie Gott sie gemeint hat, und Sie selbst ein Vater werden können, der ihr dabei hilft).

KAPITEL 2

Mann bleibt Mann. Was aber ist mit den Mädchen?

Vater eines Jungen, Vater eines Mädchens – wo ist der Unterschied?

Erschöpft hörte Gregor zu, wie seine fünfzehnjährige Tochter ihm schon zum dritten Mal innerhalb von einer Stunde erklärte, warum es absolut notwendig sei, daß er sie nicht mehr direkt vor dem Haupteingang zur Schule ablade. «Nicht, daß du denkst, ich mag dich nicht mehr oder finde, du seist kein guter Vater. Aber irgendwie ist es immer ein bißchen peinlich, wenn du beim Wegfahren noch mal auf die Hupe drückst und mir zuwinkst. Ach, und übrigens: Mußt du mich wirklich jedesmal vor allen Freundinnen fragen, wo wir hingehen, wenn sie mich zu irgend etwas abholen? Und was ist mit meiner Privatsphäre? Gestern war ich gerade dabei, mir die Beine zu rasieren, als du ins Bad geplatzt bist. Du solltest dir angewöhnen, anzuklopfen...»

Rachel redete immer weiter, aber Gregor war mit den Gedanken inzwischen ganz woanders. Er dachte daran, wie es gewesen war, als sein Sohn, nur drei Jahre älter als Rachel, fünfzehn wurde. Mit Justin war alles so viel einfacher gewesen. Sie hatten beide, Vater und Sohn, eine Schwäche für Autos, egal, ob sie sie nur anschauten, damit herumfuhren oder daran herumbastelten. Eine Zeitlang waren sie beinahe unzertrennlich gewesen, selbst als Justin dann in die Highschool kam. Wie stolz war er damals auf sich gewesen. «Andere Leute haben die größten Probleme mit ihren Teenagern, ich nicht. Irgendwie mache ich es wohl richtig.» Wie oft hatte er das denken müssen, wenn er sah, wie andere Väter mit ihren Söhnen plötzlich nicht mehr klarkamen. Er und Justin hatten die Pubertätszeit ohne Streit und Schwierigkeiten überstanden. Und er hatte fest damit gerechnet, mit Rachel würde es genauso glatt gehen. Er mußte laut auflachen, als er daran dachte, wie sie oft wegen der kleinsten Kleinigkeit aneinandergerieten.

«Paps, du hörst mir überhaupt nicht zu! Und jetzt lachst du mich auch noch aus. Mit dir kann man überhaupt nicht reden. Ich rufe Mami im Büro an. Die versteht mich wenigstens.» Damit stürmte seine Tochter aus dem Raum, und zum dritten Mal innerhalb einer einzigen Stunde kratzte Gregor sich am Kopf und fragte sich, was mit seinem «kleinen Mädchen» bloß los war.

Joel betrat das Zimmer, und plötzlich stockte die Unterhaltung; das Flüstern und Kichern, das ihn hereingelockt hatte, verstummte. «Papi, ich hab mit Mama was zu bereden. Könntest du bitte rausgehen?» Seine Frau sah ihn an und zuckte die Schultern, als wollte sie sagen: «Reg dich nicht auf! Sie ist acht Jahre alt und will was von ihrer Mutter.» Joel versuchte die Sache mit Humor zu nehmen und scherzte: «Was, Männer haben hier keinen Zutritt?» Aber ein bißchen verletzt war er doch – und verwirrt. Irgendwie hatte er keinen Draht zu Jessica, irgendwie verstanden sie einander nicht, obwohl er sie lieber hatte als irgend etwas sonst auf dieser Welt.

Wenn er in der Nähe war, verhielt sie sich anders als bei ihrer Mutter. Joel wollte so gern ein guter Vater sein. Er wollte seiner Tochter ein Freund sein. Aber so sehr er sich auch bemühte, es schien, als mache er es nur noch schlimmer. Sie hatten einfach nicht viel gemeinsam. Jessica liebte Pferde. Joel hatte nie auf einem gesessen. Jessica verschlang jedes «Hanni und Nanni»-Buch, sobald sie es in die Finger bekam. Joel kannte die Bücher nicht und machte sich auch nie die Mühe, einmal selbst in eines hineinzusehen. Wenn er versuchte, sich einmal Zeit für Jessica zu nehmen – er nahm sie zum Beispiel mit ins Büro, versuchte ihr Baseball beizubringen oder sie zu überreden, am Mittwoch abend mit ihm die Fußballübertragung anzusehen –, dann wimmelte sie ihn ab, und er kam sich noch mehr wie ein Versager vor.

Am Abend, als er im Bett lag und nicht einschlafen konnte, weckte er seine Frau: «Sag mal, was mache ich nur falsch mit Jessica? Warum kann sie mit mir nicht so reden wie mit dir? Ich möchte, daß sie mit mir auch lacht und herumalbert. Aber jedesmal, wenn ich es versuche, mache ich es nur noch schlimmer. Was soll ich denn tun?»

«Dad, nimmst du mich mal kurz in den Arm?» Erin war schon halb die Treppe heruntergekommen, während ich eifrig an meinem Computer saß. Es war fast halb zwei am Morgen.

«Schatz, du mußt schleunigst zurück ins Bett. Es ist mitten in der Nacht.»

«Aber Dad, ich will nur, daß du mich mal kurz hältst. Ich hatte so einen schrecklichen Traum und kann nicht mehr einschlafen.»

«Warum kriechst du nicht schnell zu Mami ins Bett? In einer Stunde komme ich auch nach oben.»

«Nein, Dad, ich möchte, daß *du* mich hältst.» Ich nahm meine neunjährige Tochter in die Arme, drückte sie fest an mich und rechnete damit, daß sie nun umgehend einschlummern würde. Statt dessen sah sie mich an und sagte mit einer Klarheit, wie sie nur Kinder haben: «Daddy, warum nimmst du mich nicht öfter in den Arm? Manchmal möchte ich einfach nur ganz, ganz fest gedrückt werden.»

Das war eine gute Frage – und sie gab mir in den nächsten Tagen ziemlich viel zu denken. Ich hatte gemeint, ich sei ein durchaus herzlicher Vater. Verglichen mit meinem Vater verteilte ich

Küsse und Umarmungen im Multipack. Aber meiner neunjährigen Tochter genügte das nicht. Unvorstellbar, daß mein Sohn so etwas sagen würde! Er ging schon mit sechs auf Abstand. Ihm vor seinen Freunden einen Kuß zu geben, wäre schon fast ein Verbrechen gewesen. Erin ist da offensichtlich anders. Sie braucht mehr von mir als mein Sohn. Liegt es daran, daß sie ein Mädchen ist? Braucht meine Tochter mehr oder weniger Zuwendung als mein Sohn? Oder einfach andere *Ausdrucksformen* der Zuwendung?

Gregor und Joel sind Freunde von mir. Ich kenne ihre Familien gut. Ich kenne ihre Töchter. Gregor und Joel wollen gute Väter sein, aber die Töchter sind ihnen ein Rätsel. Jessica ist erst acht, aber für Joel ist sie so undurchschaubar wie die Sphinx. Und Gregor, der noch vor wenigen Jahren so stolz auf seine erzieherischen Qualitäten war, versucht sein inneres Gleichgewicht wiederzufinden, das der Wirbelwind von Tochter im Teen-Alter tüchtig durcheinandergebracht hat.

Ich glaube, ich weiß, was mein Sohn von mir braucht, weil ich auf mein eigenes Leben zurückschauen kann. Ich kann mich an die Zeiten erinnern, als ich selbst noch ein kleiner Junge war, und daran, was ich damals an meinem Vater mochte und was ich mir anders gewünscht hätte. Und obwohl mein Sohn anders ist als ich, kann ich zumindest in groben Zügen sagen, was Jungen von ihren Vätern brauchen, weil ich selbst einer war.

Mit meinen beiden Töchtern ist das – es liegt auf der Hand – ganz anders. Ich selbst hatte einen Bruder, aber keine Schwestern, und mein Wissen, was den Umgang mit Mädchen angeht, ist im besten Falle ungenügend. Meine eigene Kindheit bietet mir da keinen Anhaltspunkt. Ich kann aus meiner eigenen Erfahrung nicht ableiten, was meine Töchter brauchen, so wie ich es in Hinblick auf meinen Sohn kann. Das bringt mich zu den Fragen, die Gregor, Joel und auch ich uns stellen. Vielleicht sind es auch Ihre:

- Worin unterscheidet sich die Erziehung von Töchtern von der Erziehung von Söhnen?

- Worin unterscheiden sich ihre Bedürfnisse?
- Wie kann ich wissen, was meine Tochter von mir braucht, wenn sie es mir nicht sagen kann oder will?
- Wie sind sie überhaupt, die Mädchen?

Fünf Dinge, die jeder Vater wissen sollte

Ein paar Antworten haben wir im Gespräch mit Vätern und Töchtern gefunden, bei denen die Beziehung stimmte. Wir fragten sie, was für den Vater einer Tochter so anders sei. Und wir fragten die Töchter, was sie von ihren Vätern erwarteten. Die Antworten waren durchdacht und mit dem gesunden Menschenverstand nachvollziehbar. Väter wie Töchter nannten vor allem fünf Dinge, die jeder, der seiner Tochter ein guter Vater sein möchte, wissen sollte. Es sind keine weltbewegenden Erkenntnisse. Vielmehr handelt es sich um schlichte Beobachtungen von Vätern, die ein gutes Verhältnis zu ihren Töchtern hatten und die Grundlage für eine lebenslange enge Beziehung legen konnten; Beobachtungen, die von den Töchtern aus ihrer Perspektive ergänzt wurden. Manche Töchter haben uns freilich auch voller Trauer erzählt, was sie sich gewünscht und zum Teil nie erhalten haben. Sie redeten, weil sie nicht wollten, daß andere dieselben Fehler machen wie ihre Väter.

1. Eine andere Art von Körperkontakt

> Mein Vater hat uns nur selten berührt. Einen Gute-Nacht-Kuß habe ich von ihm nie bekommen. Ich kann mich auch nicht entsinnen, daß er mich einmal in den Arm genommen hätte. Es war schon das höchste der Gefühle, wenn er mich einmal in den Arm knuffte.
>
> *Frank*
>
> Ich spiele viel Fußball mit meinen Söhnen. Wir balgen uns auf dem Rasen. Wir lachen, und manchmal bleiben wir einfach auf dem Boden liegen, schauen in den Himmel und reden über

alles mögliche. Mit meinen Töchtern kann ich das nicht machen... Ich weiß nicht, wie ich sie anfassen soll.

Paul

Ich kenne keinen Vater, der seine Tochter nicht gern in den Arm nehmen, sie küssen und irgendwie spüren lassen würde, daß sie für ihn das Tollste ist, was es auf dieser Erde gibt. Ich kenne aber viele Väter, die das einfach nicht fertigbringen. Ich kenne einige, die solche Angst davor haben, ihre Töchter *unangemessen* zu berühren, daß sie sich *gar nicht* auf Zärtlichkeiten einlassen. Die meisten von uns haben gelernt, wie man Liebe mit Worten ausdrückt. Kaum ein Mann hat jedoch von seinem Vater gelernt, seine Liebe (und seine Gefühle überhaupt) auf angemessene körperliche Weise zum Ausdruck zu bringen. Als Junge meinte ich immer, mein Vater sei der «schmusigste» Mann im ganzen Block, und wahrscheinlich war er das auch; aber «schmusen» bedeutete lediglich, daß wir am Abend einen Gute-Nacht-Kuß erhielten. Ansonsten ging es eher rauh zu bei uns – wir balgten uns; wir rangen miteinander; wir wälzten uns auf dem Boden; und wir genossen das. Es war unsere Art des Körperkontakts, und dadurch entstand tatsächlich Nähe. Andere Ausdrucksformen haben wir Männer in den seltensten Fällen gelernt.

Dann bekommen wir plötzlich eine Tochter, und zu der Tochter gehört natürlich eine Mutter; und Mütter, einige zumindest, sehen es nicht so gern, wenn ihre Töchter mit dem Vater herumtoben und Ringkämpfe austragen. Eine Tochter ist schließlich kein Junge! Und ehrlich gesagt interessieren sich die Töchter auch nicht im selben Maß dafür wie ihre Brüder.

(Nebenbei gesagt: Wir wollen hier nicht die alte Diskussion neu entfachen, ob männliches bzw. weibliches Rollenverhalten auf Erziehung zurückzuführen oder genetisch bedingt ist. Wir berichten lediglich, was wir in knapp fünfunddreißig Jahren Familienberatung beobachten konnten, was uns Väter wie Töchter in Gesprächen mitgeteilt haben und was wir selbst durch eigene Untersuchungen feststellen konnten.)

Doch damit stehen wir vor einem Problem, denn nicht wenige der Töchter, die wir befragten, sehnten sich – vor allem in der Kindheit – nach mehr körperlichem Kontakt mit ihren Vätern. Wir waren überrascht, wie viele Töchter wünschten, ihre Väter hätten sie öfter in den Arm genommen und – sogar in den Teenagerjahren – auch einmal auf die Wange geküßt. Eine Frau sagte stellvertretend für viele dieser Töchter: «Ich habe mir immer gewünscht, daß er mich in die Arme nimmt, daß er mich anschaut, daß er mich einmal an sich zieht und mir das Gefühl gibt, bei ihm sei ich sicher. Aber mein Vater hatte Angst, mich zu berühren. Er wußte einfach nicht, wie er es machen sollte. Ich entsinne mich noch, als ich acht Jahre alt war, da lief ich einmal auf ihn zu, sprang an ihm hoch und schlang meine Arme um seinen Hals. Ich blieb einen Moment so hängen und wünschte mir, daß er mich auffangen und mir durch seine Umarmung zeigen würde, daß er mich gern hatte. Aber er blieb nur stocksteif stehen und wartete, daß ich ihn wieder losließ. Danach habe ich nie wieder versucht, ihn zu umarmen.»

Väter wie Töchter haben uns berichtet, daß die Töchter Berührungen von ihrem Vater brauchen, daß sie aber anders sein müssen als die Körperkontakte, wie sie im allgemeinen zu den Söhnen bestehen. Das heißt nicht, daß nicht auch viele Töchter gern einmal mit Papa herumtoben. Im Gegenteil, viele genießen das. Doch leider geschieht es allzu oft, daß wir unsere Töchter, wenn sie Berührungen solcher Art nicht mögen und sich aus Balgereien nichts machen, überhaupt nicht mehr anfassen. Dabei brauchen sie es, daß man sie in den Arm nimmt. Sie brauchen dieses Gefühl der Sicherheit und Geborgenheit, das nur die starken Arme ihres Vaters ihnen vermitteln können.

Mein Bruder Jon hat zwei Töchter, aber keinen Sohn. Neben meinem Vater ist Jon mein bester Freund. Wir telefonieren fast täglich miteinander und treffen uns mindestens alle zwei Wochen. Jon ist ein so guter Vater, daß ich manchmal geradezu verzweifeln könnte. Kürzlich rief ich ihn an, um mich mit ihm über das letzte Footballspiel zu unterhalten. Unser Team, die

Detroit Lions, war in der Rückrunde gerade haushoch geschlagen worden. Ich war der Verzweiflung nahe und wollte die Krise mit meinem Bruder aufarbeiten, aber er hatte zu tun und war nicht zu sprechen. Seine zehnjährige, stets auf ihre Unabhängigkeit pochende Tochter hatte es sich nämlich gerade neben ihm gemütlich gemacht und wartete darauf, daß er ihr wie jeden Abend aus Tolkiens *Herr der Ringe* vorlas. Das hieß, daß er für die nächste halbe Stunde unabkömmlich war. Was das mit Berührungen und Körperkontakt zu tun hat? Nun, Lauren ist kein besonders anschmiegsames Geschöpf. Jon mußte darum andere Wege finden, ihr seine Zuneigung auszudrücken. Da sie ihm gern zuhört, wenn er vorliest, haben sie jeden Abend Lesestunde. Erst haben sie alle *Narnia*-Geschichten gelesen, dann den *Hobbit* und jetzt den *Herrn der Ringe.* Es ist ein tolles Bild, wenn die lange, schmale Lauren sich an meinen nicht so langen, nicht so schmalen Bruder kuschelt. Sie sind sich nahe und haben eine Möglichkeit gefunden, einander zu zeigen, daß sie sich liebhaben.

2. *Freundliche Worte*

Mit den Mädchen ist es anders. Meine drei Töchter sind einander überhaupt nicht ähnlich, aber noch größer sind die Unterschiede zu meinem Sohn. Sie nehmen alles viel persönlicher als er. Sie nehmen sich immer alles sehr zu Herzen und grübeln dann darüber nach. Auf Gefühle sprechen sie ungeheuer an… In der siebten und achten Klasse war es am schlimmsten!

Martin

Mein Vater war immer sehr lustig. Aber als ich in der Oberstufe war, machte er ständig Witze über mein Aussehen. Ich habe mitgelacht, aber innerlich hat es mich sehr verletzt. Ich hatte schon genug Probleme, mit mir selbst klarzukommen. Da mußte er mir nicht auch noch sagen, daß ich drollig aussah. Ich weiß, er wollte nur Spaß machen. Aber ich wünschte, er hätte gemerkt, daß er mich damit getroffen hat, auch wenn ich so tat, als würde es mir nichts ausmachen.

Renate

Väter sollten unbedingt wissen, daß ihre Töchter ernst nehmen, was die Väter sagen. Das haben uns Väter wie Töchter erzählt. Auch wenn ein Vater nur herumalbert, kann er seiner Tochter unter Umständen sehr weh tun. Die Töchter, mit denen wir sprachen, wollten nicht mit Samthandschuhen angefaßt und auch nicht wie Kinder behandelt werden, aber sie hätten sich doch gewünscht, daß ihre Väter ein wenig freundlicher mit ihnen gesprochen hätten.

In der Pubertät haben die Mädchen mit sich selbst und ihrem Selbstbild schon genug Probleme (darauf kommen wir in Kapitel 5 noch zu sprechen), auch ohne einen gefühllosen Vater. Witze und Sticheleien, die bei der Zehnjährigen ankamen, funktionieren unter Umständen nicht mehr, wenn sie dreizehn ist, und bei der Fünfzehnjährigen können sie katastrophale Folgen haben. Ihre Tochter braucht freundliche, verständnisvolle Worte von Ihnen – Worte, die sie aufbauen und Rücksicht nehmen auf ihre Gefühle und Bedürfnisse. (Solche Achtsamkeit im Reden ist übrigens nicht nur in der Pubertät angebracht!)

Erin war wütend auf mich, und ich wußte nicht, warum. Erin ist neun und äußerst temperamentvoll. Oft habe ich keine Ahnung, worüber sie sich ärgert. An jenem Tag hatte sie sich irgendwann soweit beruhigt, daß ich in ihr Zimmer gehen und mit ihr reden konnte. Als ich an die Tür klopfte, schluchzte sie noch immer leise in die Kissen. «Erin, ich bin's, Dad. Kann ich reinkommen?»

«Warum willst du überhaupt mit mir reden? Ich bin ja nur deine Tochter. Du machst dir ja gar nichts aus mir.» Erin kann sehr direkt sein, und außerdem weiß sie genau, wie sie einen am wunden Punkt erwischen kann.

«Erin, was ist los? Was habe ich verbrochen? Ich weiß überhaupt nicht, warum du auf einmal losgeheult hast.»

Sie sah mich an. Das blonde Haar hing ihr wild ins Gesicht, die Augen waren rot vom Weinen. «Daddy, du hast mich blamiert. Du blamierst mich immer. Als ich mich mit Amy unterhalten habe, hast du gesagt, ich wäre fett.» Ich konnte mich nicht erinnern, so etwas gesagt zu haben, und selbst wenn, dann wäre es nur ein Scherz gewesen. Erin ist sehr zart und sehr schlank.

«Ich kann mich nicht erinnern, daß ich das gesagt hätte, Schatz. Und wenn, dann war es doch nur ein Witz. Du darfst nicht alles so wörtlich nehmen, was ich sage.»

Daraufhin erteilte sie mir eine Lektion, die nur allzu berechtigt war: «Daddy, du solltest dir angewöhnen, erst nachzudenken, bevor du was sagst. Bloß weil du denkst, etwas wäre lustig, muß es noch lange nicht witzig sein. Amy dachte, du meinst das ernst. Sie findet dich gemein.»

Ich hatte kapiert. Ich muß es lernen, meine Worte, auch meine Witze und meinen (meines Erachtens) gutmütigen Spott mit Freundlichkeit zu würzen. Meine Tochter ist ziemlich robust. Meistens kann sie sich schon ganz gut behaupten. Aber wenn es um das geht, was ich sage – was ich über sie sage –, ist sie sehr verletzlich.

3. Vertrauen zeigen

> Ich glaube, am meisten wünsche ich mir immer noch, Vater könnte mein Freund sein. Ich möchte, daß er an mich glaubt, mir zutraut, daß ich es schaffe. Ich brauche seine Bestätigung. Aber in den letzten zehn Jahren hat sich da nicht viel geändert. Ich sehne mich immer noch danach, daß er Vertrauen zu mir hat. Das ist mir wichtiger als alles andere.
>
> *Kara*
>
> Ich bin noch nach der alten Schule erzogen worden: Man lobt sein Kind nicht, wenn es etwas gut macht. Das wird als selbstverständlich vorausgesetzt. Aber ich wünschte, ich hätte meinen Töchtern öfter gesagt, wie toll sie sind, als sie heranwuchsen. Ich wünschte, ich hätte die Gelegenheiten genutzt und

> ihnen gesagt, daß ich an sie glaube, daß ich ihnen zutraue, daß sie es schaffen. Aber ich habe es nie getan.
>
> *Fred*
>
> Mein Vater hat mir sicher hundertmal in der Woche gesagt, daß ich die beste Tochter auf der ganzen Welt sei. Er hat mir zu spüren gegeben, daß ich klug und begabt bin und alles schaffen kann. Sein Vertrauen und seine Bestätigung, das ist das größte Geschenk, das er mir machen konnte.
>
> *Trudy*

Freundliche Worte sind ein guter Anfang. Aber Töchter unterscheiden sich auch noch auf andere Weise von Söhnen. Unsere Untersuchungen haben ganz deutlich gezeigt, daß Töchter die Gewißheit brauchen: Mein Vater traut mir etwas zu. Sie brauchen immer und immer wieder Bestätigung und müssen spüren, daß unser Vertrauen in ihre Gaben und Fähigkeiten echt ist. Die obigen Berichte machen deutlich, daß wir das nicht auf die leichte Schulter nehmen dürfen. Ich weiß nicht, warum es so ist, aber Töchter brauchen diese Art von Bestätigung mehr als Söhne. Dabei sind schon die Söhne darauf angewiesen, wie wir bei früheren Befragungen festgestellt haben. Wir können also sicher sagen, daß wir in dieser Hinsicht nie übertreiben können.

Dabei sollten wir aber ein paar Punkte beachten. Erstens sollten wir bei der Wahrheit bleiben. Beobachten Sie Ihre Tochter. Überlegen Sie, was Sie an ihr gut finden, und dann sagen Sie es ihr – immer wieder. Aber erklären Sie nicht, sie sei eine prima Volleyballspielerin, wenn es gar nicht stimmt. Sagen Sie ihr lieber, Sie fänden es toll, daß sie sich anstrengt, immer besser zu werden. Sagen Sie ihr, wie gut Sie es finden, daß sie die Zähne zusammenbeißt und dranbleibt, wenn mal etwas nicht so läuft. Zweitens brauchen Sie sich keine Sorgen zu machen, Ihr Lob könnte ihr in den Kopf steigen und sie überheblich machen. Wenn Sie ihr die Wahrheit sagen und ihr Selbstvertrauen stärken, hat sie es nicht nötig, sich für die Größte und Tollste und Klügste zu halten. Sie weiß, wo sie gut ist, und kann sich darüber freuen.

Noch ein letztes Wort dazu. Oft haben wir zwar volles Vertrauen zu unserer Tochter, aber wir sprechen es nie laut aus. Wenn wir unseren Vaterstolz jedoch nur als warmes Gefühl in uns herumtragen, haben unsere Töchter gar nichts davon. Wir müssen ihn auch zeigen. Unsere Töchter müssen wissen, daß wir zu ihnen stehen.

4. Unsere Anwesenheit ist gefragt

Wenn wir jedesmal einen Dollar bekommen hätten, wenn eine der von uns befragten Töchter sagte: «Das Beste an meinem Vater war, daß er immer da war. Man konnte immer auf ihn zählen», dann könnte ich mein Buch jetzt auf einem neueren Computer schreiben. Der Satz tauchte immer wieder auf – von Töchtern, die in ihrem Vater einen Freund, einen Vertrauten, einen Mentor sahen. Diese guten Väter waren wirklich da für ihre Töchter. Sie fuhren mit ihnen zu Sportveranstaltungen. Sie machten Fotos bei der Abschlußfeier. Sie nahmen sie in den Arm, wenn der ersehnte Telefonanruf nicht kam.

Unsere Töchter brauchen unsere physische Anwesenheit. Sie ist durch nichts zu ersetzen. Wir könnten dazu ein ganzes Kapitel schreiben, und das Thema wird auch in fast jedem Kapitel dieses Buches wieder auftauchen. Sie kommen an der einfachen Wahrheit nicht vorbei: Wenn Sie sich keine Zeit nehmen für Ihre Tochter, können Sie kein gutes Verhältnis zu ihr aufbauen. Es ist schlichtweg unmöglich, mit jemandem eine enge Freundschaft zu pflegen, den man kaum sieht. Jeder Vater muß sich fest vornehmen, für seine Tochter Zeit zu haben, ihr zuzuhören, mit ihr zusammenzusein. Alles, was Sie sonst noch in diesem Buch lesen werden, kann Ihnen nicht helfen, wenn Sie nicht körperlich anwesend sind.

> Mein Vater war Pfarrer. O ja, er erzählte mir von Gott, und ich glaubte ihm, weil er auch wirklich danach lebte. Aber ich sah ihn kaum. Als ich von dem einzigen Freund, den ich je hatte,

> sitzengelassen wurde, da war Vater nicht da. Er kam nicht zur Schulabschlußfeier. Er war nicht einmal zu Hause, als ich auszog, um aufs College zu gehen. Immer war er in der Kirche, immer mußte er jemanden retten, jemandem helfen. Aber ich habe ihn nie richtig gekannt. Ich weiß, daß er mich gern hatte, weil er es mir sagte. Aber er war nie für mich da, und ich habe mich oft gefragt, warum. Ich weiß noch, als ich dreizehn war, da fragte ich einmal meine Mutter, warum Vater sich um alle Leute in der Gemeinde kümmerte, aber nicht um uns. Sie wurde ziemlich böse und sagte, mein Vater diene Gott und ich dürfe ihn deswegen nicht kritisieren. Aber ich hatte meine Zweifel, und als ich älter wurde und er mir immer mehr fehlte, da wuchs der Groll. Ich wurde immer wütender und natürlich auch rebellischer. Ich konnte es nicht mehr ertragen, wenn er mir irgendwelche Vorschriften machte. Ich hatte den Eindruck: Ich kriege ihn nur zu Gesicht, wenn er mich runterputzen will. Ich habe lange Jahre gebraucht, um darüber hinwegzukommen. Ich weiß, er hat sich bemüht, zu tun, was er für richtig hielt. Aber nach der Scheidung meiner Eltern habe ich ihn nur noch selten gesehen, und jetzt sehe ich ihn so gut wie gar nicht mehr.
>
> *Gloria*

Wir lassen uns so leicht von unseren «Pflichten» gefangennehmen. Unsere Interessen bestimmen den Tagesablauf, und wir meinen, es sei das Wichtigste, daß wir im Beruf vorankommen. Doch wenn wir den Bericht von Gloria lesen, spüren wir etwas vom Schmerz einer Frau, die ihren Vater vermißt hat, eines Mädchens, dessen Vater nie da war.

5. Bitte keine Klischees

Erin mag Porzellanpuppen. Sie spart ihr Taschengeld, ja, sie kratzt wirklich alles zusammen, um sich noch eine kaufen zu können. Ich denke, das ist ein typisches «Mädchenvergnügen». Erin verwendet auch viel Zeit auf ihr Aussehen. Sie ist zwar erst neun, aber sie achtet darauf, daß ihr Haar richtig sitzt, und jeden

Abend, bevor sie ins Bett geht, legt sie sich für den nächsten Tag die Kleider zurecht, die genau zueinander passen müssen. Ich kann mich nicht entsinnen, daß ich ihr je einmal sagen mußte, sie solle sich kämmen oder ein Bad nehmen. Sie ist wirklich «typisch Frau».

Meine Nichte Lauren ist bildhübsch, groß und schlank und hat ein strahlendes, anziehendes Lächeln. Und sie ist das genaue Gegenteil von Erin. Laurens Haar ist nur selten gekämmt, und ihre Kleider scheint sie wahllos aus einem großen Haufen herauszugreifen, der auf dem Schlafzimmerboden liegt. Sie spart ihr Geld für einen neuen Baseballhandschuh. Sie spielt nämlich in der *Little League* – als einziges Mädchen im Team. Außerdem schaut sie sich gern mit ihrem Vater Footballspiele an und spielt mit ihm Fangen. «Einen halben Jungen» hätte man sie früher genannt und das keineswegs als Kompliment gemeint.

Lauren ist aber nicht weniger Mädchen und wird nicht weniger Frau sein als ihre Cousine Erin. Es wäre falsch, wenn mein Bruder versuchte, aus ihr eine Erin zu machen. Das entspricht ihr nicht, und sie würde wahrscheinlich todunglücklich, wenn sie es probieren müßte. Erin ist manchmal neidisch auf Lauren, wenn sie sieht, was ihre Cousine auf dem Baseballfeld leistet. Aber nicht neidisch genug, um es ihr nachmachen zu wollen. Und Lauren spürt einen kleinen Stich, wenn alle Erins hübsches Kleid und die perfekt gestylten Haare bewundern, aber es ärgert sie nicht genug, daß sie nun wie Erin sein wollte. Sie sind beide ganz bemerkenswerte Geschöpfe, jede auf ihre Art, und Gott hat sie genau so gewollt.

Worum geht es? Aus den Gesprächen mit den vielen Vätern und Töchtern haben wir den Eindruck gewonnen: Wenn unsere Töchter nicht ganz den Vorstellungen entsprechen, die wir uns von einem Mädchen machen, versuchen wir zuweilen, sie in dieses Bild hineinzuzwängen und zu zwingen, so zu leben, wie wir es erwarten. Das Ergebnis ist fast immer katastrophal. Ihre Tochter ist einzigartig und wunderbar. Erlauben Sie ihr, so zu sein, wie es ihr entspricht. Wenn sie Fußball spielen möchte, dann lassen Sie sie. Wenn sie Ballett mag, lassen Sie sie tanzen. Und wenn sie an beidem Spaß hat, dann suchen Sie sich eine neue Stelle, damit Sie beides zahlen können. Aber versuchen Sie nicht, Ihre Tochter in ein Klischee zu pressen, das ihr nicht entspricht. Helfen Sie ihr statt dessen, die Gaben zur Entfaltung zu bringen, die Gott gerade in sie hineingelegt hat.

Eine Überreaktion, die Sie auf jeden Fall vermeiden sollten: Das zarte Püppchen

> Ich war das mittlere Kind und hatte einen älteren und einen jüngeren Bruder. In mancher Hinsicht war es lustig, das einzige Mädchen zu sein. Aber manchmal hatte ich auch das Gefühl, abseits zu stehen. Meine Brüder trieben beide sehr aktiv Sport, und Vater ging natürlich hin, wenn sie spielten. Aber er hat mir nie Mut gemacht, auch Sport zu treiben. Ich weiß noch: Einmal, als ich zehn war, wollte ich mit meinen Brüdern Fußball spielen. Ich bin nicht besonders groß oder kräftig gebaut, aber ich wollte doch wenigstens einmal an ihrem Vergnügen Anteil haben. Aber mein Vater sagte: «Tut mir leid, Schatz, aber das ist Männersache. Wir sind ja bald wieder zurück.» Das hat mich getroffen. Er hat mich immer behandelt wie ein Porzellanpüppchen, das man hervorholt und den Besuchern zeigt, aber immer nur mit äußerster Vorsicht behandeln darf – als würde ich sonst kaputtgehen.
>
> *Kristin*

Ich nenne meine jüngste Tochter manchmal «Püppchen». Sie sieht wirklich aus wie eine lebende Raggedy-Ann-Puppe. Aber es gibt Väter, die *behandeln* ihre Töchter, als seien sie zerbrechlich wie Puppen. Sicher, unsere Töchter brauchen eine andere Art von körperlichem Kontakt als ein Junge. Sie brauchen freundliche Worte und Bestätigung. Aber wir müssen nicht mit ihnen umgehen, als könnte die kleinste Kleinigkeit sie kaputtmachen. Sie sind keine Porzellanpuppen. Sie sind lebendige, atmende und durchaus widerstandsfähige Menschen. Wenn wir sie behandeln wie Puppen, verhindern wir, daß sie ein gesundes Selbstbewußtsein entwickeln können. Wir nehmen ihnen die Möglichkeit, Neues auszuprobieren und aus Fehlern zu lernen. Für mich ist das hart. Manchmal habe ich das Gefühl, Erin sei so zart, ihre Gefühlswelt so labil, daß ich sie ständig vor allem beschützen müßte, was ihr irgendwie schaden könnte. Aber das ist verkehrt, und zum Glück erinnert meine Frau mich immer wieder daran, daß wir nur durchs Hinfallen lernen, aufzustehen und es noch einmal zu versuchen.

Manche von uns tragen auch immer noch das Frauenbild des 19. Jahrhunderts mit sich herum. Es ist noch keine hundert Jahre her, daß im viktorianischen England die Männer ihren Frauen und erwachsenen Töchtern verboten, die Zeitung zu lesen, weil sie Angst hatten, die Nachrichten aus der wirklichen Welt könnten «ihre delikate Konstitution beeinträchtigen». Frauen von Stand wußten nichts von Geschäften und Finanzen, denn für unsere Urgroßväter war klar, daß solche Dinge sie nur unnütz belasten würden. Natürlich hat sich das Bild im Lauf der letzten hundert Jahre beträchtlich gewandelt. Aber ich glaube, viele Väter tragen es zum Teil auch heute noch mit sich herum, vor allem im Blick auf ihre Töchter. Wir sehen in ihnen nicht die heranwachsenden jungen Frauen, die ihre eigenen Erfahrungen machen, die lernen und probieren müssen und dabei auch mal Fehler machen. Wir sehen sie vielmehr als empfindliche und zerbrechliche Wesen, die unseren Schutz brauchen, ja, die ohne uns hilflos sind.

Das hat zweierlei zur Folge. Zum ersten werden wir überbehütend. Wir übernehmen in Bereichen Verantwortung, wo unsere Töchter es eigentlich lernen müßten, selbst verantwortlich zu sein. Wir bewahren sie vor Erfahrungen, die im Moment vielleicht tatsächlich hart sind, langfristig gesehen aber positive Entwicklungsmöglichkeiten bieten. Wenn wir sie vor allem abzuschirmen suchen, können sie es nie lernen, die Konsequenzen ihres Tuns selbst abzuschätzen.

Zweitens nehmen wir ihnen das Selbstvertrauen. Wie sollen

sie erfahren, daß sie fähig und talentiert sind, wenn wir nie zulassen, daß sie selbst etwas ausprobieren, auch wenn es vielleicht erst einmal schiefgeht? Wie sollen sie herausfinden, was ihnen liegt, wenn sie es nie testen dürfen? Wir sollten ihnen mit unserer kurzsichtigen Auffassung darüber, was Töchter können oder was wir für vernünftig und angemessen halten, nicht die Chancen verderben. Lassen Sie Ihre Tochter selbst herausfinden, wo ihre Begabungen liegen, und dann lassen Sie sie los.

Hinter dem Bild der hilflosen, zerbrechlichen Puppe verbirgt sich noch ein anderer Aspekt, der ungleich bedenklicher ist, nämlich jener von dem Übervater, der alles kann und immer zur Stelle ist. Wir meinen, unsere Töchter seien nicht in der Lage, im wirklichen Leben zurechtzukommen, und deshalb beschließen wir, sie davon abzuschirmen und ihnen alles abzunehmen. Aber damit laufen wir Gefahr, daß die Töchter, die wir doch zu beschützen suchten, sich uns irgendwann entfremden. Darum kann ich Sie nur warnen, tun Sie's nicht!

In Wahrheit ist es wohl so, daß Töchter zwar nicht wie Söhne behandelt werden wollen, aber trotzdem nicht weniger Beachtung brauchen. Sie sind Frauen, und wir müssen sie als solche anerkennen – mit anderen Bedürfnissen, anderen Talenten und ganz besonderen Gaben. Ihre Tochter möchte von Ihnen mit genauso viel Respekt und Vertrauen behandelt werden wie Ihr Sohn. Sie muß nicht auf ein Podest gehoben werden. Nur wegen ihres Geschlechts ist sie weder ehrlicher noch besser als ihre Brüder oder irgendein anderer Junge. Aber sie braucht Ihre Liebe. Sie muß spüren, daß Sie an sie glauben, daß Sie Vertrauen zu ihr haben, daß Sie für sie da sind und ihr helfen wollen, so zu werden, wie Gott es sich für sie gedacht hat.

Checkliste für Väter

Anleitung: Überspringen Sie die Fragen, die nicht auf Ihre Tochter im jetzigen Alter zutreffen. Wenn Sie ganz mutig sind, zeigen Sie Ihre Antworten Frau oder Tochter. Bitten Sie sie um ihre Bemerkungen und Kommentare. Wenn Ihre Tochter im Teenageralter ist, lassen Sie sie die Fragen auch beantworten. Vergleichen Sie Ihre Ergebnisse. Seien Sie offen für Anregungen und Verbesserungsvorschläge. Wenn Sie bei mehreren Fragen mit «selten» geantwortet haben, sollten Sie etwas unternehmen, damit daraus wenigstens «manchmal» wird.

Schätzen Sie sich selbst ein, und geben Sie sich folgende Punkte: 1 = selten; 2 = manchmal; 3 = meistens.

____ 1. Ich weiß, was meine Tochter von mir braucht.
____ 2. Ich bin gern Vater meiner Tochter.
____ 3. Ich verstehe meine Tochter.
____ 4. Ich tausche mit meiner Tochter auch Zärtlichkeiten aus.
____ 5. Ich rede in einem freundlichen Ton mit meiner Tochter.
____ 6. Ich überlege mir, was ich zu meiner Tochter sage.
____ 7. Ich zeige meiner Tochter, daß ich Vertrauen in ihre Fähigkeiten habe.
____ 8. Ich lasse meine Tochter konkret wissen, was sie in meinen Augen gut macht.
____ 9. Wenn meine Tochter mich braucht, bin ich für sie da.
____ 10. Ich zeige Interesse an den Dingen, die meine Tochter interessieren.
____ 11. Ich beteilige mich an dem, was meine Tochter macht.
____ 12. Ich ermuntere meine Tochter, auch typische «Jungensachen» zu unternehmen.
____ 13. Ich mache meiner Tochter Mut, ihre eigenen Interessen zu entwickeln.

Teil 2

Die Wachstumsphasen Ihrer Tochter

Kapitel 3

Kopfüber ins Leben

Die ersten Jahre verstehen

Leslie, meine Frau, war nicht da. Unsere erste Tochter (zufällig auch unser erstes Kind) war gerade zwei Monate alt. Es war das erste Mal, daß ich länger als nur ein paar Minuten ganz allein mit ihr war. Wie viele andere Katastrophen, hatte sich die Sache zunächst ganz vernünftig angelassen. Leslie wollte sich mit ein paar Freundinnen treffen, mit ihnen Essen gehen und anschließend zum Frisör. Ich würde solange Mutter spielen, zu Hause die Stellung halten und mich mit unserem kleinen Wonneproppen vergnügen. Gar keine schlechte Idee, wie es schien. Aber was wurde aus meinem perfekt geplanten und, so möchte ich anfügen, auch ungeduldig herbeigesehnten Ausleben meiner Vaterrolle?

Schon als Leslie zur Tür hinausging, hatte Erin angefangen, leise zu wimmern. Bis Leslie die Autotür zuschlug, war daraus lautes Gebrüll geworden. *Nun,* dachte ich, *sie ist ja erst ein Baby. Wie lange kann so ein kleines Kind schon schreien? Sie wird sich schon beruhigen und sich daran gewöhnen, daß wir beide ganz allein sind.* Oha – wie man sich täuschen kann! Es ist eine viel zu wenig bekannte Tatsache, daß Babys eine Ewigkeit lang schreien können. So kam es mir zumindest vor. Dabei versuchte ich alles: Ich wiegte sie sanft in den Armen. Ich versuchte ihr ein Bäuerchen zu entlocken (im Zweifelsfall sind es immer die Blähungen). Ich versuchte sie zu füttern. Aber nichts half. Ich rief meine Mutter an in der Hoffnung, sie könnte mir einen konstruktiven Tip geben. Aber keine Chance – sie fing nur an zu lachen und hielt dann den Hörer weit weg, um ihre Ohren zu schonen. Ich wußte nicht mehr, was tun. Mein gesamtes Wissen über das Beruhigen schreiender Babys war erschöpft, und meine Frau war gerade einmal fünfundvierzig Minuten fort.

Ich gab auf. Da ich wußte, wo Leslie sich die Haare schneiden ließ, packte ich Erin ins Auto, fuhr sie zu meiner Frau und gab mich geschlagen. Wenn ich zurückdenke, muß ich sagen: Es war eine jämmerliche Vorstellung. Doch wenn ich anderen Vätern die Geschichte erzähle, nicken viele zustimmend, und es folgt eine Runde: «Mir ist es noch viel schlimmer ergangen.» Mir ist dabei aufgefallen, daß viele Väter ihre kleinen Töchter überhaupt nicht begreifen. Wir wissen nicht, was sie brauchen, und unsere absolute Unwissenheit, was Babys und ihre Pflege angeht, stellt ein zusätzliches Hindernis dar. Also überlassen wir die ganze Arbeit – und das Vergnügen! – den Müttern. Und es ist kein Zufall, daß damit auch die gefühlsmäßige Bindung an die Mutter stärker wird.

Aber das muß nicht so sein. Wenn Sie die ersten Gehversuche als Vater einer Tochter machen in der Zeit, wo Ihre Tochter noch nicht im Schulalter ist, dann lesen Sie weiter. Denn in diesem Kapitel wollen wir erklären, was in Ihrer kleinen Tochter vorgeht (soweit wir das wissen), und wir werden Ihnen anhand von neun Punkten zeigen, wie Sie die Freundschaft mit Ihrer kleinen Tochter pflegen können – ein paar ganz praktische Tips, die uns von erfolgreichen Vätern verraten wurden. Wenn Ihre Tochter das Kindergartenalter bereits hinter sich hat, würde ich Ihnen empfehlen, das Kapitel trotzdem zu lesen. Denn wir legen hier die Grundlagen für ein besseres Verständnis der emotionalen und sozialen Entwicklung Ihrer Tochter. Vielleicht erfahren Sie dabei etwas, das Ihnen hilft, Ihre Tochter zu verstehen, wie sie heute ist – egal, wie alt sie ist.

Zwei Dinge, die jeder Vater seiner Tochter bieten muß

Ihre kleine Tochter macht gerade die ersten Schritte in die Welt hinein. Alles ist neu und will von ihr entdeckt werden. Und Sie als Vater dürfen sie dabei begleiten – das ist eine spannende Sache!

Es ist einer der eher unangenehmen Aspekte der Geburt, daß das Baby seine warme und sichere Umgebung verlassen muß und in eine Welt hineinkommt, die viel kälter, rauher und auch viel unverständlicher ist. In den ersten achtzehn Monaten ihres Lebens müssen unsere Töchter eine «Art von Urvertrauen gegen Urmißtrauen» entwickeln, wie der Psychologe Erik Erikson es nennt. Er meint damit, daß unsere Töchter bereits in den ersten Monaten ihres Lebens ein Grundgefühl oder sogar eine Erwartung entwickeln müssen, daß ihre Bedürfnisse befriedigt werden. Wenn sie erfahren, daß sie gefüttert, gebadet, geliebt und als Teil der Familie angenommen werden, fördert dies Vertrauen. Erleben sie das nicht, ist ihr Platz in der Familie nicht klar oder sind sie vielleicht gar nicht geliebt oder erwünscht, entsteht ein grundlegendes Mißtrauen, das sie noch lange Zeit begleiten wird.

Was ist nun nötig, damit dieses so wichtige Gefühl des Vertrauens wachsen kann? Zunächst natürlich ganz grundlegende Dinge – daß sie zum Beispiel regelmäßig gefüttert und gebadet werden und eine neue Windel bekommen. Aber es muß noch mehr geschehen. Unsere kleinen Töchter müssen spüren, daß sie sicher und geborgen sind. Sie müssen im Arm gehalten, geliebt und gestreichelt werden; sie müssen erleben, daß wir ihnen etwas vorsingen und mit ihnen schmusen. Und zwar brauchen sie das (auch) von uns, den Vätern.

1. Sicherheit

Für die Sicherheit, die unsere kleinen Töchter brauchen, sind vor allem die Väter zuständig. Sicherheit entsteht ganz einfach durch (1) unsere Anwesenheit und (2) unsere Verläßlichkeit. Wenn Sie nie da sind, spielen Sie für die Sicherheit Ihrer Tochter auch keine Rolle. Sie kann sich nicht auf Sie verlassen, weil Sie nicht da sind. Als Erin geboren wurde, arbeitete ich auswärts, und zwar etwa fünfzig bis fünfundfünfzig Stunden pro Woche. Leslie hatte sich beurlauben lassen, um sich um Erin zu kümmern. Für Erin war das phantastisch und für Leslie auch, aber ich war nicht da, um meinen Beitrag dazu zu leisten, damit sie Vertrauen anstatt Mißtrauen lernen konnte.

Bei meiner jüngeren Tochter Kendall war das ganz anders. Als sie geboren wurde, hatte ich mein Büro zu Hause. Leslie arbeitete wieder in ihrem erlernten Beruf, und so war ich ein paar Tage pro Woche ganz allein für Kendall zuständig. Natürlich brauchte sie trotzdem auch ihre Mutter und fand bei ihr Sicherheit, aber zwischen Kendall und mir geschah etwas ganz Erstaunliches. Sie lernte es, sich auf mich zu verlassen. Essen, ein Bad, Küsse und Zärtlichkeiten kamen von mir, und sie wußte das. Ich war es, bei dem sie Sicherheit fand. Und das hat unsere gemeinsamen Jahre entscheidend beeinflußt.

Andere Väter können Ähnliches berichten...

> Ich wünschte, ich hätte für meine Tochter da sein können, als sie noch kleiner war. Ich habe mich so in die Arbeit gestürzt, damit ich gut für sie sorgen konnte, daß ich von dem kleinen Mädchen selbst kaum etwas mitbekam. Ich habe etwas verpaßt, was ich nie nachholen kann.
>
> *Randy*

> Ich dachte, als Vater käme ich erst später an die Reihe; für Babys und Kleinkinder sei «natürlich» die Mutter zuständig. Vielleicht hätte ich es nicht genauso formuliert, aber so verhielt

ich mich auf jeden Fall. Dadurch habe ich etwas verpaßt. Ich hätte mich mehr engagieren sollen.

Tim

Wenn ich mich mit meiner Mutter unterhalte, erzählt sie mir, mein Vater habe eigentlich nie richtig mit mir gespielt, als ich noch ganz klein war. Natürlich kann ich mich daran nicht mehr erinnern, aber was mir bei Jeff (meinem Mann) besonders gefällt, das ist, daß er sich Zeit nimmt für Melissa, obwohl er ziemlich hart arbeiten muß. Sie ist erst ein Jahr alt, aber sie ist Papas kleine Freundin.
Manchmal sieht sie aus wie ein kleines Hündchen, wenn sie an der Tür darauf wartet, daß er nach Hause kommt. Die beiden haben es ganz toll miteinander. Ich denke, das wird sich später noch auszahlen.

Melanie

Was also ist zu tun? Nun, nehmen Sie sich trotz Ihres hektischen Alltags Zeit für Ihre kleine Tochter! Nehmen Sie sie auf den Schoß. Erzählen Sie ihr Witze, die sie bestimmt noch nicht versteht, und lachen Sie laut. Lassen Sie sie an Ihrer Schulter einschlafen, und drücken Sie sie an sich, wenn sie anfängt zu wimmern. Aber vor allem lassen Sie sie auf alle nur mögliche Arten spüren, daß Sie da sind. Sicher, sie wird bestimmt nicht eines Tages voller Begeisterung ausrufen: «Danke, Paps, daß du mich hältst, weil ich gerade aufstoßen muß.» Aber unterschwellig wird sie lernen, daß Sie die Sicherheit und Geborgenheit in Person sind und man Ihnen vertrauen kann.

Verläßlichkeit ist das zweite Element, mit dem wir Sicherheit schaffen. Das heißt nicht, daß wir pünktlich mit dem Glockenschlag zu Hause sein müssen oder nie mehr ganz spontan reagieren dürfen. Es heißt vielmehr, daß wir regelmäßig am Leben unserer Tochter Anteil nehmen. Ich kenne einige Väter, die zwar ganz aus dem Häuschen sind, wenn sie an ihre Vaterrolle denken, aber die Begeisterung hält nicht an. Eine Woche lang sind sie vielleicht jeden Abend mit ihren Töchtern unterwegs, und in den nächsten zwei Monaten geben sie ihnen nur hin und wieder einen leichten Klaps auf die Schulter. Das ist nicht verläßlich, und ich denke, für einen kleinen Menschen, der Sicherheit braucht, die auf Vertrauen basiert, ist ein solches Verhalten ziemlich verwirrend.

Als ich Erica das erste Mal begegnete, war sie ein Teenager und voller Wut auf ihre Eltern und die ganze Welt. Ihre Eltern hatten mich gebeten, mir etwas Zeit für sie zu nehmen und ein paar der Punkte mit ihr aufzuarbeiten, die sie so rasend machten. Erica hatte schon drei Therapeuten besucht, als ihre Eltern beschlossen, sie zu mir zu bringen. Ich kann nicht sagen, daß ich mit Erica einen entscheidenden Durchbruch erlebte. Sie verließ meine Praxis so wütend, wie sie gekommen war, aber eine ihrer Bemerkungen hat mich hellhörig werden lassen. Sie sagte es auf drei oder vier verschiedene Arten: «Mit meinem Vater zu leben, ist unmöglich. Du weißt nie, wie er reagieren wird.» Dann erzählte sie mir, wie inkonsequent ihr Vater sich ihr gegenüber verhielt. Alle Geschichten stammten aus der Grundschulzeit. «Mein Vater spielte Fangen mit mir und sagte, ich sei die Beste. Aber dann konnte er wochenlang buchstäblich kein Wort mit mir reden. Manchmal hielt er zu mir, wenn ich Krach mit Mama hatte. Ein anderes Mal schrie er mich an und sagte: ‹Hör auf, so mit deiner Mutter zu reden. Du hast sie nicht in Frage zu stellen.› Seine Reaktion ließ sich nie im voraus abschätzen.»

Wer so widersprüchlich ist, schadet dem Sicherheitsbedürfnis seiner Tochter. Sie weiß nicht, woran sie ist. Sie weiß nicht, welche Rolle sie einnimmt.

2. *Zärtlichkeit*

Wir müssen unseren Töchtern nicht nur ein Gefühl der Sicherheit vermitteln, wir müssen ihnen auch helfen, ein Gefühl des Vertrauens zu entwickeln, und zwar durch Zuneigung und Zärtlichkeit. Es ist kein Zufall, daß dadurch auch Sicherheit entsteht. Zuneigung ist nicht nur ein Gefühl. Sie muß ausgedrückt werden, und zwar auf drei verschiedene Arten, die aber doch miteinander zu tun haben: durch den Tonfall unserer Stimme, durch Berührungen und durch andere wortlose Gesten.

Wer kann sich nicht an die Szene aus dem Film *Drei Männer und ein Baby* erinnern, in welcher der eine der völlig nervösen Junggesellen anfängt, dem Baby aus der Sportillustrierten vorzulesen! Das Kind ist begeistert. Wieso? Wegen des Tonfalls, in dem der Mann vorliest. Sie können Ihrer Tochter den größten Blödsinn vorsingen. Die Worte sagen ihr sowieso noch nichts; aber mit dem sanften Tonfall, aus dem Liebe und eine große Zuneigung sprechen, gewinnen Sie ihr Herz und helfen ihr, Vertrauen zu erleben.

Auch Berührungen sind für kleine Kinder lebenswichtig. Unzählige klinische Studien haben gezeigt, daß Babys, die nur selten berührt werden, in fast allen Bereichen mehr Probleme haben als Kinder, die durch die Hände ihrer Eltern, durch Körperkontakt mit ihnen, regelmäßig getröstet und beruhigt wurden. Nehmen Sie Ihre Tochter so oft wie nur möglich auf den Arm. Machen Sie sich nichts daraus, wenn die Großmutter vorwurfsvoll tadelt, Sie würden «das Kind nur verwöhnen». Es ist *Ihre* Tochter, und es ist meiner Überzeugung nach nicht möglich, sie zu oft zu halten, ihre Atemzüge zu oft zu spüren, wenn sie an Ihrer Schulter einschläft, sie zu oft zu kitzeln und ihr fröhliches Lachen zu hören.

Zu den wortlosen Ausdrucksmitteln gehört der Tonfall unserer Stimme, daneben unser Gesichtsausdruck, unsere Gestik, ja schon unsere Bereitschaft, uns in der Nähe des Babys aufzuhalten. Wir zeigen Zuneigung und fördern das Vertrauen, wenn wir dem Kind zulächeln, uns zu ihm setzen und Gebärden gebrauchen, die beruhigen, anstatt zu erschrecken.

Sind Sie also bereit, ins Kinderzimmer zu laufen, Ihre Tochter hochzunehmen und sie spüren zu lassen, daß sie Ihnen vertrauen kann? Daß sie bei Ihnen sicher und geborgen ist? Sind Sie bereit, Wege zu suchen, wie Sie Ihre Zuneigung ausdrücken können? Sind Sie bereit, Ihrer Tochter mit Ihren Worten, Ihrer Berührung und Ihrem Lächeln mitzuteilen, daß sie für Sie ungeheuer wichtig ist und daß Sie sie nie im Stich lassen wollen? Ich hoffe es!

Wenn unsere Tochter die ersten Schritte tut, ändern sich nicht nur ihre Bedürfnisse, sondern auch das, was in ihr vorgeht. Nachdem sie ein Grundgefühl des Vertrauens entwickelt hat, begibt sich unsere Tochter nun auf eine Reise in die Unabhängigkeit, die erst aufhört, wenn sie erwachsen ist. Ob Sie es glauben oder nicht, Ihre zwei- oder dreijährige Tochter macht bereits jetzt die ersten Schritte aus Ihrem Haus.

Dabei muß sie unbedingt wissen: Sie stehen ihr zur Seite, schenken Liebe und bieten Unterstützung. Genauso wichtig ist es, daß sie sich allein hinauswagen, ihre Welt erkunden und ein kleines bißchen Unabhängigkeit ausprobieren darf, und ich meine wirklich nur ein kleines bißchen. Fachleute sagen, dies sei die Zeit, in der Ihre Tochter beginnt, sich als eigenständigen Menschen zu sehen, als von Mutter und Vater unterschiedenes Wesen. Während das Leben in den ersten achtzehn Monaten vor allem eine blinde Suche nach Sicherheit und Geborgenheit war – der Versuch, sich an Ihnen festzuhalten, zu wissen, wem man vertrauen kann –, beginnt in den nächsten vier Jahren das, was die Entwicklungspsychologen die Individuation nennen. Dieses komplizierte Wort will im Grunde nichts anderes sagen, als daß Ihre Tochter nun ein Individuum, ein eigenständiger Mensch wird. Das merken Sie natürlich, denn wahrscheinlich hat sie keine Hemmungen, Ihnen zu sagen, was sie braucht und was sie will.

Was müssen Sie als Anwärter auf die Auszeichnung «Vater des Jahres» über diesen aufregenden Abschnitt im Leben Ihrer Tochter wissen? Zunächst einmal, daß sie Sie auch jetzt braucht – damit Sie sie aufheben, wenn sie gefallen ist; ihr den Staub abwischen; die «Wehwehs» wegküssen und sie wieder hinaus in den Kampf schicken. Den Kampf hat sie natürlich selbst angezettelt. Beim Versuch, die weite Welt (die aus dem Vorgarten, dem Hinterhof, dem Haus und der Wohnung besteht) in ihren Grundzügen zu verstehen, wird Ihre Tochter häufig stolpern und auf die Nase fallen. Was sie dabei wissen muß, ist, daß das Auskundschaften neuer Dinge bis zu einem gewissen Grad gut und nützlich ist und daß Sie da sind, um ihr herauszuhelfen, wenn das Abenteuer zu anstrengend wird und sie aus eigener Kraft nicht aussteigen kann. Was sie nicht braucht, ist Ihr Bemühen, sie von diesen notwendigen Entdeckungen abzuhalten.

Als ich ins Bad kam, war Kendall von Kopf bis Fuß weiß. Wie ein braves Mädchen hatte sie aufs Töpfchen gehen wollen, aber sie war ein Weilchen länger im Bad geblieben, als für die Erledigung des kleinen Geschäfts nötig war. Deshalb wollte ich nach dem Rechten sehen und stellte nun fest, daß sie entdeckt hatte, wo wir den Babypuder aufbewahrten. Und als kluges Kind hatte sie sofort erkannt, daß das Zeug für *sie* da war. So war es nur logisch, daß sie sich von oben bis unten eingepudert hatte, und als ich die Tür aufmachte, stand mir Casper, das kleine Gespenst, leibhaftig gegenüber, und die Wände des Badezimmers schimmerten wie neu. Natürlich kam auch noch der Hund dazu, schnüffelte ein paarmal und mußte dann heftig niesen, was das Putzen nicht unbedingt einfacher machte.

Eine halbe Stunde später saß Kendall in der Badewanne, und ich hatte auch schon den größten Teil des Puders vom Boden aufgewischt, da klingelte das Telefon, und mein Vater wollte mich sprechen. Ich erklärte ihm, was passiert war, und als Fachmann für das menschliche Verhalten ließ er mich wissen, daß «Kendall gerade versucht, ihren Lebensraum zu erkunden. Sie braucht das, Jack. Sie muß sich selbst entdecken. Sie muß die Unabhängigkeit ihrer drei Jahre behaupten …» Als ich wieder hinhörte, sagte er gerade: «Du solltest stolz auf sie sein, nicht böse», und ich verabschiedete mich und legte auf.

Mein Vater hatte recht, aber auch unrecht. Was Kendall getan hatte, war ganz natürlich und zeigte, daß sie auf dem Weg von Mißtrauen zu Vertrauen schon gut vorangekommen war. Aber sie brauchte auch Anleitung und Grenzen. Wenn man hier die Balance hält, muß man nicht erst kurz bevor die Ehefrau nach

Hause kommt hektisch mit dem Putzen beginnen, so daß sie noch den Eindruck gewinnt, man sei selbst der Anstifter zum Puderkrieg gewesen!

Unsere Töchter brauchen die Freiheit, ihre Welt zu erkunden, aber sie brauchen auch einen kundigen Führer in diese Welt. Und wie ein guter Fremdenführer helfen wir unserer Tochter, das Beste von dem zu erleben, was die Welt einer Vierjährigen zu bieten hat, ersparen ihr aber auch Erfahrungen, die sie noch nicht zu machen braucht, und bewahren sie vor Dingen, die ihr schaden könnten. Nie vergessen dürfen wir dabei, daß wir zwar ihr Führer in diese neue, verlockende Welt sind, ihr die Erfahrungen aber nicht abnehmen können. Wie ein guter Führer können wir auf das hinweisen, was sich lohnt, aber sie muß sich die Dinge selbst ansehen, sonst lernt sie nichts dabei.

Neun Schritte, wie Sie Ihrer kleinen Tochter ein Freund werden können …

Alles Wissen um die psychosoziale Entwicklung Ihrer Tochter nützt nicht viel, wenn Sie es nicht aktiv in die Beziehung einbringen. Ich kenne viele Väter, denen zwar vom Verstand her klar ist, was ihre Töchter brauchen, die sich aber nie die Mühe machen, das alles im Alltag auch auszuprobieren, sie als Personen wahrzunehmen und zu lieben und ihr Wissen in die Praxis umzusetzen. Die folgenden Punkte stammen von den Vätern und Töchtern, mit denen wir geredet haben. Es sind keine besonders weltbewegenden Erkenntnisse. Vielmehr handelt es sich einfach um ein paar praktische Anregungen, wie Sie Ihrem Mädchen im Kindergartenalter ein wenig näherkommen können.

1. Spielen Sie mit ihr

Als wenn ich das nicht selber wüßte, denken Sie vielleicht. Aber ich möchte betonen, daß Sie schon allein damit ganz entscheidend dazu beitragen, die Beziehung zu Ihrer Tochter zu stärken, und zwar nicht nur jetzt, sondern für den Rest ihres Lebens. Wenn Sie mit Ihrer Tochter spielen, wenn Sie sich zu ihr auf den Boden knien und mit ihren Puppen spielen, wenn Sie mit ihr herumtollen, sich mit ihrem Teddy unterhalten oder sie einfach auf sich herumkrabbeln lassen, zeigen Sie ihr, daß sie Ihnen wichtig ist und daß sie Ihnen vertrauen kann. Sie schaffen damit außerdem eine vertraute Atmosphäre, so daß Ihr kleines Mädchen keine Angst davor haben muß, wenn «Vater kommt», weil es weiß, daß Papa lustig ist und sich für seine Welt interessiert. Ein Vater berichtete uns: «Im Anfang kam ich mir ziemlich komisch vor. Ich bin sonst nicht so locker, und mir war nicht sonderlich wohl dabei, mich zu ihr auf den Boden zu hocken. Aber ich habe es trotzdem getan, und was bin ich dafür belohnt worden! Meine Tochter ist jetzt siebenundzwanzig. Wir haben ein phantastisches Verhältnis, und ich glaube, es fing alles auf dem schäbigen grünen Teppich in unserer ersten Wohnung an, als sie auf mir herumkrabbelte und ich (vergeblich) versuchte, dabei nicht allzu bescheuert auszusehen.»

2. Hören Sie ihr zu

Wenn Ihre Tochter redet, kann das zu neunzig Prozent «Geplapper» sein. Aber was soll's! Hören Sie ihr aufmerksam zu, nicken Sie mit dem Kopf, stellen Sie ihr Fragen, die irgendwie etwas mit dem, was sie da redet, zu tun haben. Wenn Sie ihr zuhören, fördern Sie damit ihre Selbstachtung. Sie spürt, daß sie Ihnen wichtig ist, denn Sie wollen wissen, was sie denkt. Ich beherrsche diese Kunst nicht besonders gut, aber mein Freund Mike zum Beispiel ist darin phantastisch.

Mike ist Geschäftsmann und ziemlich hektisch. Ein Gespräch, das länger als fünf Minuten dauert, ist für ihn schon eine Leistung. Er arbeitet viel; er redet schnell; er hört selten zu. Außer bei seinen beiden Töchtern. Die eine ist vier, die andere zwei. Sie reden ohne Unterbrechung, und es ist ein erhebender Anblick, wie Mike in seinem teuren Anzug mit untergeschlagenen Beinen auf dem Boden sitzt und aufmerksam lauscht, wenn die Vierjährige berichtet, was sie am Tage erlebt hat. «Heute habe ich einen Film geguckt, Papa, und weißt du was, da war ein böser Mann, der hat einen Dinosaurier gejagt, und dann hat Mama Würstchen gemacht und den Senf verschmiert, und dann war der Film zu Ende, und sag mal, Papa, warum rennen die Eichhörnchen immer weg, wenn ich komme?» Er paßt auf, damit er auch ja jedes Wort mitbekommt, und auf fast jede Frage gibt er eine ernsthafte Antwort.

Einer Tochter in diesem Alter zuzuhören, erfordert Disziplin und Übung. Es ist nicht einfach. Aber sie wegzuscheuchen oder nur so zu tun, als würde man zuhören, das ist nicht fair. Lassen Sie sie spüren, daß Sie an ihrem Leben interessiert sind. Lassen Sie sie Vertrauen entwickeln. Hören Sie ihr zu.

3. Erweitern Sie ihren Horizont

Ihre kleine Tochter ist auf einer unglaublichen Entdeckungsreise. Jedes Betasten einer Baumrinde ist ein Abenteuer, jeder Geruch ein Geheimnis, jeder neue Raum eine große, fremde Welt. Sie können sie führen, ihr helfen, diese Welt zu verstehen, und ihr viele erstaunliche Dinge zeigen. Nehmen Sie sie mit zum Rudern oder Fischen. Lassen Sie sie selbst entdecken, wie groß und schön die Welt ist. Wichtig ist, daß sie selbst das Tempo angeben kann, daß ihre natürlichen Bedürfnisse und ihr Entdeckerdrang den Ausschlag geben. Aber dann stehen Sie ihr zur Seite, seien Sie ihr Führer und zeigen Sie ihr damit, daß sie Ihnen vertrauen kann, daß Sie da sind und bei ihr sein wollen.

Ein Vater ging drei Mal im Jahr mit seiner Tochter zum Zelten. Ein anderer nahm seine Tochter mit zu Baseballspielen und erklärte ihr die Regeln, während sie die Leute vor ihr mit Ketchup von ihren Hotdogs bekleckerte. Die Welt ist so groß und hat so viel Schönes und Überraschendes zu bieten. Sie wartet nur darauf, von Ihrer Tochter entdeckt zu werden.

4. Nehmen Sie sie mit in Ihr Leben hinein

Es ist sicher nicht ratsam, eine Zweijährige mit zu einer wichtigen Besprechung zu nehmen, aber zeigen Sie ihr doch einmal an einem Samstag, wo Sie arbeiten. Erklären Sie, womit Sie Ihr Geld verdienen, zeigen Sie ihr, wo Sie die meiste Zeit Ihres Lebens verbringen. Machen Sie sich keine Sorgen darum, was die anderen Leute denken könnten. Sagen Sie ihnen, daß Ihre Tochter Ihnen wichtig ist, daß Sie sie gern bei sich haben und daß Ihnen selbst die Arbeit nicht so viel bedeutet wie dieser kleine Mensch. Wenn Sie einkaufen gehen, organisieren Sie nicht jedesmal einen Babysitter, sondern nehmen Sie sie mit. Leben Sie nicht zwei Leben – eines mit und eines ohne Tochter. Nehmen Sie sie mit in Ihr Leben hinein. Lassen Sie Ihre Tochter spüren, daß sie keine Nebenrolle spielt, sondern eine Hauptfigur ist.

5. Zeigen Sie anderen, daß Sie stolz sind auf Ihre Tochter

Reden Sie nur Gutes über Ihre Tochter, wenn sie dabei ist. Lassen Sie sie schon in jungen Jahren spüren, daß Sie stolz auf sie sind, daß Sie sie für etwas ganz Besonderes halten. Sie müssen dabei nicht prahlen oder übertreiben. Loben Sie sie einfach, und tun Sie es oft. Ein dreijähriges Mädchen muß wissen, daß es für Papa der wichtigste Mensch ist auf der ganzen Welt. Aber es weiß es nicht, solange wir es ihm nicht sagen. Und wenn wir es im Beisein anderer Leute tun, ist das wie das Sahnehäubchen auf dem Kuchen.

6. Kümmern Sie sich um Ihre Tochter

Überlassen Sie die «Grundversorgung» – Windeln wechseln, Nahrung zuführen, ins Bett bringen, baden – nicht allein Ihrer Frau. Erstens braucht auch sie öfters einmal eine Pause von dem anstrengenden Mutterdasein. Und außerdem, warum soll sie allein das Vergnügen haben? Nehmen Sie Anteil am Leben Ihrer

Tochter. Sie sollten wissen, welche Hustentropfen sie bekommt, welchen Saft sie am liebsten trinkt und welche Kindersendung sie am liebsten anschaut. Bleiben Sie einmal zu Hause, wenn Ihre Frau sich mit ein paar Freundinnen treffen will, und anstatt ein Mittagsschläfchen zu halten, reden Sie mit Ihrer kleinen Tochter und versuchen Sie herauszufinden, wofür sie sich interessiert und womit sie sich beschäftigt. Sie soll merken, daß auch Sie sich um sie kümmern können. Versorgen Sie sie. So fördern Sie Vertrauen, und natürlich lernen auch Sie eine Menge über Ihr Kind.

7. Sagen Sie öfter ja als nein

Dieser Satz ist unserem ersten Buch über Großeltern entnommen, aber hier ist er noch wichtiger. Hindern Sie Ihre Tochter nicht daran, ihre Welt zu entdecken und die ersten Schritte als eigenständiger Mensch zu tun. Schichten Sie nicht eine Mauer aus «Neins» um sie auf. Es ist viel leichter, nein zu sagen als ja, aber besser ist es, wo immer möglich ja zu sagen.

«Papa, kann ich mit dir spielen? Papa, kannst du mir helfen? Papa, wann bist du mit der Arbeit fertig? Papa, Papa, wach auf. Ich will dir was zeigen.» Die einfachste Antwort auf diese hartnäckigen und endlosen Fragen ist ein «Nein» oder «Gleich, nur einen Augenblick» (aber der Augenblick geht nie vorbei). Nach einer Weile hat Ihre kleine Tochter begriffen, daß Sie sich nicht wirklich für sie interessieren, und sie hört auf zu fragen. Ihre Kopfschmerzen haben sich erledigt, aber um welchen Preis?

8. Fördern Sie die Kreativität

Helfen Sie Ihrer Tochter, kreative Ausdrucksmöglichkeiten zu finden, die ihr entsprechen. Wenn sie gern malt und herumkritzelt, fördern Sie das! Kaufen Sie ihr einen Packen Papier oder bringen Sie die Fehlkopien aus dem Geschäft mit nach Hause. Wenn sie malen will, besorgen Sie ein Stück Leinwand und Farben. Wenn sie singt, erfinden Sie ein paar neue Lieder. Ganz egal.

Lassen Sie sie das wunderbare Wesen sein, als das Gott sie erschaffen hat, und geben Sie ihr Gelegenheit, ihre Gaben und Talente herauszufinden, indem Sie sie alles einmal ausprobieren lassen. Versuchen Sie nicht, sie in ein Schema zu pressen. Lassen Sie sie einfach so sein, wie sie mit drei oder vier Jahren sein möchte.

9. Üben Sie sich in Großmut

Wenn Ihre Tochter nicht nur in den nächsten zwei oder drei, sondern in den nächsten zwanzig oder dreißig Jahren ihren Weg in diese Welt hinein sucht, wird sie dabei eine Menge Fehler machen. Sie wird das Badezimmer mit Puder bestreuen. Sie wird sich (in ein paar Jahren) in den falschen Jungen verknallen. Darum üben Sie sich möglichst früh darin, eine positive Grundeinstellung zu bewahren. Ihre Tochter muß nicht den Eindruck gewinnen, es sei alles richtig, was sie mache. Sie muß aber wissen, daß sie sich durch nichts Ihre Liebe verscherzen kann. Sie muß wissen, daß Sie sie gern haben, egal, was passiert und wie sie sich verhält. Selbst da, wo sie etwas tut, was Ihnen mißfällt, nehmen Sie sie an – als einen Menschen, der von unserem himmlischen Vater ganz einzigartig erschaffen wurde.

Checkliste für Väter von Vorschultöchtern

Anleitung: Haken Sie ab (✔), was auf Sie zutrifft. Aussagen, die nicht zutreffen, versehen Sie mit einem Kreuz (✘). Gehen Sie die Liste anschließend noch einmal durch, und sehen Sie sich an, wo Sie gut sind. Nehmen Sie sich dann die Sätze mit den Kreuzchen vor, und überlegen Sie, was Sie hier in der nächsten Zeit ändern können.

- ❑ Ich spiele gern und regelmäßig mit meiner kleinen Tochter.
- ❑ Ich passe auf und höre aufmerksam zu, wenn meine Tochter mir etwas erzählen will.
- ❑ Ich bin der Fremdenführer, der meiner Tochter die große, weite Welt zeigt.
- ❑ Ich versuche meine Tochter soweit wie möglich an meinem Leben teilhaben zu lassen.
- ❑ Ich erzähle anderen, wie stolz ich auf meine Tochter bin (wenn möglich, wenn sie dabei ist).
- ❑ Ich kümmere mich häufig um die «Grundversorgung» meiner kleinen Tochter.
- ❑ Ich sage zu meiner Tochter öfter «ja» als «nein».
- ❑ Ich erlaube es meiner Tochter, ihre kreativen Seiten zu entfalten, und ermuntere sie sogar dazu. Ihre Versuche, ihre Gaben und Talente zu entdecken, werden von mir nicht unterdrückt oder behindert.
- ❑ Ich zeige meiner Tochter auf vielerlei Weise, daß ich sie akzeptiere und annehme. Sie weiß, daß ich sie gern habe, so wie sie ist.

Kapitel 4

Im Schultaumel

Unsere Tochter in der zweiten Hälfte der Kindheit

Meine Tochter ist jetzt elf, und ich habe das Gefühl, wir verstehen uns immer besser. Jeden zweiten Samstag haben wir ein Vater-Tochter-Frühstück. Dann erzählt sie mir aus ihrem Leben, und ich höre einfach zu. Wir haben Zeit, die Fragen und Probleme anzusprechen, die gerade anstehen, und ich erfahre, wer ihre Freunde sind – und wie sie sind –, indem ich einfach hinhöre.

Adam

Mein Vater ist jetzt dreiundfünfzig, und ich kann mich nicht entsinnen, daß ich ihn jemals so etwas wie «Ich habe dich gern» hätte sagen hören. Ich wußte bei ihm nie, wo ich dran war. Am schlimmsten war es während der Grundschulzeit. Er sagte mir nie, ich hätte irgend etwas gut gemacht. Er hat mich zwar auch nie heruntergeputzt, aber ich hätte so gern einmal von ihm gehört, daß ich irgendwo gut war. Er kam nie zu den Veranstaltungen in der Schule, er hat mich nie bei einem Theaterstück oder einer Vorführung mitmachen sehen. Und zwar nicht, weil er nicht gekonnt hätte; er wollte einfach nicht. Ich frage mich heute noch, warum er so auf Abstand machte. Wir sind uns auch jetzt noch fremd.

Ellen

Mein Vater war für mich eine Art Mentor – jemand, der mir half, Aufgaben und Probleme zu bewältigen. Er war ein phantastischer Lehrer, und ich ließ mich gern von ihm unterrichten. Da er seine Anleitungen immer mit einer Prise Humor würzte, habe ich eine Menge gelernt. Es hat immer Spaß gemacht. Ich bewundere Papa sehr. Er ist ein richtiger Tausendsassa. Er kennt sich fast überall aus. Am besten war es, daß er sich in den Grundschuljahren so viel Zeit genommen hat, um mir alles zu erklären.

Sandy

Abwesend, Mentor, Kumpel, Patriarch, Gesetzgeber... Was würden Sie gern in zwanzig Jahren aus dem Mund Ihrer Tochter hören?

In unseren Gesprächen mit den Töchtern wiesen viele darauf hin, daß sich gerade während der Grundschuljahre ihr Vaterbild herausgebildet und verfestigt hat. Interessant dabei war, daß die positiven Eindrücke aus der Grundschulzeit im Gedächtnis haftenblieben und das Bild des Vaters auch dann noch beeinflußten, wenn im Teenageralter die Väter als eher schwierig betrachtet wurden oder der Blick der erwachsenen Töchter kritischer wurde. Es sind also genau diese Jahre, in denen Sie entscheiden, wie die Beziehung zu Ihrer Tochter für den Rest Ihres gemeinsamen Lebens aussehen soll. Ich glaube nicht, daß das zu kraß ausgedrückt ist. Diese Jahre sind wichtig, und Väter, die ihre Töchter verstehen und eine freundschaftliche Beziehung zu ihnen haben wollen, sollten ganz genau aufpassen.

Die Welt erobern!

Ihre Tochter im Schulalter hat in diesen Jahren vor allem *ein* Bedürfnis – sie muß Fähigkeiten erwerben und Zutrauen in die eigenen Fähigkeiten entwickeln. Wenn das nicht gelingt, wird Ihre Tochter mit Minderwertigkeitsgefühlen in die Teenagerzeit hineinstolpern. Sie wird das Gefühl haben, sie sei nicht gut genug und werde es nicht schaffen. Und das läßt für den Eintritt in die Pubertät nichts Gutes ahnen.

> Mein Vater war phantastisch. Als ich acht war, fing er an mit mir zu schreinern. Damals fand ich das nicht so erstaunlich. Erst jetzt, zwanzig Jahre später, wird mir klar, über welche Rollenklischees er sich damit hinwegsetzte. Das Schönste daran war, daß ich mit ihm zusammen war. Wir arbeiteten zusammen, aber ich hatte auch dieses unglaubliche Gefühl, etwas geleistet zu haben. Wir bauten ein Vogelhäuschen, drei Büchergestelle und alle möglichen anderen Sachen. Wissen Sie, was das für das Selbstwertgefühl eines kleinen Mädchens bedeutet? Ich hatte das Gefühl, ich könnte die ganze Welt erobern!
>
> *Barbara*

Wenn Ihre Tochter in die Grundschule kommt, blickt sie zu Ihnen auf. Sie sind ihr großer Held. Sie meint, Sie könnten überhaupt nichts falsch machen. Wie Sie sich in den nächsten vier oder fünf Jahren verhalten, wird deshalb darüber entscheiden, welches Bild Ihre Tochter von Ihnen hat, wenn sie die fünfte oder sechste Klasse verläßt. Wenn Sie Zeit und Energie investieren, damit sie Selbstvertrauen lernen und ihre eigenen Fähigkeiten entwickeln kann, bleiben Sie der Held. Barbaras Vater zeigte ihr Dinge, die er konnte. Er scherte sich nicht darum, daß Mädchen in den sechziger Jahren sich nicht handwerklich zu betätigen hatten. Er hatte beobachtet, wie sie bei ihm an der Werkbank stand und zuschaute, und dann ließ er sie mit anfassen. Er wurde zum Helfer und Ratgeber, und noch heute, mehr als zwanzig Jahre später, hat sie nicht vergessen, was für ein tolles Gefühl das war.

> Ich wollte von meinem Vater gern gleichwertig behandelt werden. Aber es schien, als kämen immer erst meine Brüder an die Reihe. Wir lebten auf einem Bauernhof und betrieben Milchwirtschaft. Als sie in der Grundschule waren, mußten sie beim Melken und Füttern der Kühe helfen. Obwohl ich die Älteste war, durfte ich nie mit anfassen. Ich fand das schrecklich, aber mein Vater erklärte mir nie, warum. Ich war halt ein Mädchen, das war alles. Aber für mich war es nicht alles, und es hat mir weh getan. Wie gern hätte ich wenigstens einmal Mist geschaufelt, um ihm zu zeigen, daß ich auch etwas tun konnte und nicht nutzlos war. In der Schulzeit war mein Vater sehr weit weg.
>
> *Naomi*

Naomis Vater hat seine Tochter gern. Ich kenne ihn und habe gespürt, wie sehr er seine Tochter liebt. Aber er gab ihr nie eine Chance, ihm zu zeigen, was sie konnte. Sie wollte neben ihren Brüdern als gleichberechtigt dastehen, aber er ließ sie überhaupt nicht zum Vergleich antreten. Naomi hat nie das Selbstvertrauen entwickelt, das ihre Brüder haben, und die Dinge, für die sie sich interessiert, entsprechen nicht dem, was ihre Eltern für ein Mädchen für angebracht halten. Sie hat nie besonders gut gekocht oder sich in einer anderen traditionell hausfraulichen Tätigkeit ausgezeichnet. Die Grundschule verließ sie mit Minderwertigkeitskomplexen und einem Gefühl der Unzulänglichkeit. Während ihrer Zeit am Gymnasium entfremdete sie sich von ihrer Familie, ihrer Gemeinde und Gott.

Vier Verhaltensweisen guter Väter während der Schuljahre

1. Erklären anstatt erledigen

Wer etwas kann, der tut es; wer nichts kann, der erklärt es, heißt es in einem alten Witz. Doch wenn es darum geht, einer Tochter im Grundschulalter zu Kompetenz und Selbstvertrauen zu verhelfen, ist es viel besser, ihr die Dinge zu erklären, als sie selbst zu erledigen. Es ist allerdings schwerer und verlangt mehr Geduld, mehr Zeit und Liebe und in der Regel auch mehr Hinhören auf das, was Ihre Tochter sagt.

Wie kann das aussehen? Nehmen wir einmal an, Sie sind ein begeisterter Tennisspieler. Tennis ist Ihr Leben. Es ist für Sie mehr als ein Spiel, fast so etwas wie ein heiliger Ritus. Schlechtes Tennis finden Sie abscheulich; für gute Spiele können Sie sich begeistern. Ihre zehnjährige Tochter weiß, was das Tennisspielen Ihnen bedeutet. Sie sieht Ihr Gesicht strahlen, wenn Sie gewonnen haben, und weiß, wie Sie vor dem Fernseher hängen, wenn in Wimbledon die ganz Großen spielen. Nun möchte sie auch Tennis spielen lernen. Ihre Motive dafür sind sicher gemischt. Zunächst einmal möchte sie gern mit Ihnen zusammen sein, und da sie weiß, daß Sie Tennis lieben, möchte sie mit Ihnen spielen. Außerdem sehnt sie sich nach Ihrer Anerkennung. Wahrscheinlich hofft sie, wenn sie es in Ihrem Lieblingsspiel zu einem gewissen Erfolg bringt, wird sie auch von dem wichtigsten Mann in ihrem Leben – Ihnen! – akzeptiert werden. Was Sie nicht wissen, ist, daß sie zudem in der Schule Probleme hat. Sie möchte gern dazugehören. Aber sie kommt sich vor wie eine Außenseiterin. Da ist nichts, was sie von anderen unterscheidet, nichts, was sie besonders anziehend macht. Nun hat sie irgendwo im Hinterkopf das Gefühl, Tennis sei die Antwort.

Sie stehen jetzt vor der Entscheidung. Bis jetzt war Ihre Tochter damit zufrieden, Ihnen beim Spielen zuzusehen, und Sie haben sich gefreut über das Publikum. Ihr Zuschauen hat Ihnen gutgetan und Ihre Vatergefühle gestärkt. Aber jetzt möchte sie auf einmal mitmachen. Sie möchte, daß Sie sie in Ihren Sport mit hineinnehmen und sie damit an einem Bereich Ihres Lebens teilhaben lassen, der bis jetzt nur Ihnen gehörte. Was tun Sie? Sie könnten sie in einen Tenniskurs schicken, wo ein hervorragender Lehrer ihr das Spielen beibringt. Dann hätten Sie nichts mit den ersten ungelenken Schlägen und der endlosen Jagd nach den Tennisbällen zu tun, wie das nun einmal zum Lernen dazugehört. Oder Sie könnten ihren Wunsch einfach abtun und sie dazu verdammen, weiterhin Zuschauerin zu bleiben. Sie können jemand anderen suchen, der ihr das Spielen beibringen kann. Oder Sie können sie selbst unterrichten, mit ihr üben und vielleicht noch einen Trainer engagieren, der ihr die Grundbegriffe erklärt, die Sie nicht so gut vermitteln können. Und Sie sollten dabei eines nicht vergessen: Es geht nicht in erster Linie um das Tennisspielen. Es geht um Sie und darum, daß Ihre Tochter an Ihrem Leben Anteil haben möchte.

Wir waren ziemlich wohlhabend. Ich glaube, es war mir damals gar nicht bewußt, was für ein gutes Leben wir führten und daß die Väter der meisten Kinder nicht in der Liste von Fortune 500 erscheinen. Aber Vater war sehr oft fort, und ich vermißte ihn so sehr, daß ich seine Arbeit wirklich als meine Feindin ansah. Paps spielte gern Golf. Das war seine ganze Leidenschaft, und ich wette, es war auch für das Geschäft recht hilfreich. Als ich acht war, beschloß ich, daß ich auch Golf lernen wollte, wahrscheinlich, weil ich mit meinem Vater zusammensein wollte. Als ich ihn fragte, ob ich Golf lernen dürfte (nein, eigentlich fragte ich ihn, ob er mir das Golfspielen beibringen könnte), nun, da war das Golfen nicht so wichtig wie das Lernen von meinem Vater. Aber Paps reagierte so, wie er es gewohnt war. Er buchte für mich einen Kurs bei einem Könner in seinem Country Club, und in meinem ganzen Leben habe ich nur zweimal mit ihm selbst gespielt. Er hatte nicht verstanden, was ich wollte.

Janet

Wenn Sie Ihrer Tochter etwas beizubringen versuchen, statt die Sache für sie zu erledigen oder sie gar *ohne sie* zu tun, erreichen Sie gleich mehrere Dinge. Erstens, und das ist wohl das Wichtigste, verbringen Sie Zeit mit ihr – Zeit, in der Sie etwas über ihr Leben erfahren und sie etwas über Ihres erfährt. Außerdem helfen Sie ihr, das Zutrauen in die eigenen Fähigkeiten zu entwickeln, das sie so nötig braucht. Sie lernt etwas, entwickelt Kompetenz und gewinnt so Selbstvertrauen. Wenn Sie ihr die Dinge abnehmen, erreicht sie nichts von alledem.

Werden Sie als Vater einer schulpflichtigen Tochter ihr Lehrer! Zeigen und erklären Sie ihr die Dinge, die Ihnen lieb und wichtig sind. Sie wird nicht an allem den gleichen Gefallen finden, aber gewiß werden Sie irgend etwas finden, was Sie beide interessiert. Werden Sie der Mentor Ihres Kindes. Und üben Sie Geduld und Nachsicht und sehr viel Liebe. Lassen Sie Ihre Tochter das Tempo bestimmen, denn Sie sind schließlich nicht in der Schule. Es geht nicht um die richtige Antwort oder um das Endergebnis, sondern darum, wie man dorthin kommt.

Ich zum Beispiel liebe Bücher. Eigentlich ist das viel zu platt ausgedrückt für das, was ich dem gedruckten Wort gegenüber tatsächlich empfinde. Seit meinem siebten Lebensjahr bin ich förmlich verliebt in Bücher. Ich liebe ihr Aussehen. Ich nehme sie gern in die Hand. Ich liebe den Geruch, den sie verströmen. Auch meine älteste Tochter liest gern. Sie ist sehr wißbegierig und will aus Büchern lernen. Aber ich möchte ihr gern beibringen, nicht nur um des Lernens willen zu lesen. Ich möchte, daß sie die Sprache genauso lieben lernt wie ich. Im Anfang dachte ich, ich könnte das am besten dadurch erreichen, daß ich sie mit guten Büchern eindeckte. Zwar freute sie sich über meine Geschenke, aber sie las nur selten, was ich ihr besorgt hatte, und interessierte sich weiterhin mehr für die neuste Sendung im TV-Kinderprogramm. Ich fragte mich, wie ich damit umgehen sollte und wie ich sie dazu bringen könnte, gute Bücher zu mögen – Erzählungen mit einem guten Stil. Meine Frau meinte, ich müßte ihr Anleitung geben.

«Wie denn?» fragte ich.

«Wie hast *du* es gelernt?» fragte sie zurück.

«Ich habe es mir selbst beigebracht», erwiderte ich.

«Nun, bei Erin funktioniert das nicht», sagte Leslie. «Es liegt auf der Hand, daß sie jemanden braucht, der ihr zeigt, wie man es macht; jemanden, der sie anleitet.»

Also begann ich ganz am Anfang. Ich helfe meiner Tochter, unsere Sprache und Bücher liebzugewinnen, indem ich ihr laut vorlese. Wenn sie selbst läse, käme sie schneller voran, und ich selbst hätte auch genug anderes zu tun. Aber es funktioniert. Indem ich ihr vorlese und mir die Zeit nehme, sie beim Lesen anzuleiten, spürt sie etwas davon, warum ich den Klang der Wörter so liebe. Sie hört aus meiner Stimme heraus, wie ich mich freue, wenn ich einen besonders schönen Satz von C. S. Lewis oder Tolkien vor mir habe. Sie unterbricht mich und fragt: «Warum benutzt er hier dieses Wort und nicht ein einfacheres, geläufigeres?» Und ich erkläre ihr die Nuancen und wie man verschiedene Worte mit derselben Bedeutung gebrauchen und gezielt einsetzen kann. Und das Schönste ist, allmählich geht ihr ein Licht auf. Ich glaube, ich konnte sie überzeugen. Sie ist ganz offensichtlich lernfähig.

Nun, bei Ihnen mag das vielleicht funktionieren, denken Sie jetzt unter Umständen. Aber mit diesem Beispiel wollen wir vor allem zeigen, wie wichtig es ist, Kindern im schulpflichtigen Alter Anleitung zu geben. Dadurch, daß Erin neue Wörter lernt und erkennt, wie man sie benutzen kann, lernt sie auch selbst besser zu schreiben. Ihre schulischen Leistungen haben sich verbessert (von gut zu sehr gut), und sie bekommt auch mehr Vertrauen in ihre eigene sprachliche Ausdrucksfähigkeit, ob beim Reden oder Schreiben. Wir haben etwas Gemeinsames, und ihre Entwicklung wird dabei gefördert. Darum ist das Anleiten im Gegensatz zum Selbererledigen so wichtig.

Bitte nehmen Sie sich ein paar Minuten Zeit für die folgende Übung. Ihnen werden hoffentlich ein paar Dinge einfallen, die Sie Ihrer Tochter beibringen können, und Sie können auch überlegen, wie Sie das anfangen wollen. Aber vergessen Sie nicht – das Ganze soll Spaß machen. Es kommt weniger auf die Ergebnisse an als auf das gemeinsame Tun.

Übung 1

Überlegen Sie, welche Tätigkeit Sie selbst gern ausüben und Ihrer Tochter beibringen könnten. Wenn Sie kein guter Lehrer sind, lassen Sie sich die Grundbegriffe zunächst selbst von einem Fachmann erklären und üben Sie dann zusammen mit Ihrer Tochter. Hier ein paar Vorschläge, was Sie tun könnten: Skifahren, Surfen, Blumen pflanzen, einen kleinen Gemüsegarten anlegen, das Öl im Rasenmäher wechseln, Heimwerkern, die Natur beobachten, Fotografieren usw. Schreiben Sie auf, was Ihre Lieblingsbeschäftigungen sind.

Beschäftigung: ____________________

Benötigtes Material: ____________________

____

Zeitlicher Bedarf: ____________________

Meine Tochter interessiert sich für folgendes: ____________________

____

Wir beginnen am: ____________________

2. Stellen Sie Ihrer Tochter realistische Aufgaben, die sie aber dennoch herausfordern

Väter, die sich angewöhnt haben, ihre Tochter in ihre Tätigkeiten mit einzubeziehen, haben festgestellt, daß sie einander dadurch näher kommen, daß gemeinsame Erinnerungen geschaffen werden und das Selbstvertrauen ihrer Tochter ganz enorm gefördert wird.

Jeden Sommer habe ich mit meiner Tochter irgendeine Aufgabe angepackt. Ein Jahr haben wir Segeln gelernt; im Jahr davor lernten wir Schwimmen. Ich bin von Natur aus ein zielorientierter Mensch. Ich habe darum, wenn wir mit einer Sache anfingen, zunächst mir selbst ein Ziel gesetzt, und dann hat Joanne eines für sich formuliert. Zusammen haben wir dann versucht, unsere Ziele zu erreichen. Es hat immer Spaß gemacht, und ich glaube, die kleinen Erfolgserlebnisse haben ihr sehr geholfen, Selbstbewußtsein zu entwickeln.

Dick

Mein Vater hat mir die verrücktesten Sachen abverlangt. «Wenn der Sommer vorbei ist, können wir zusammen durch den See schwimmen.» Solche Sachen, aber irgendwie haben wir es immer geschafft, und das war ein herrliches Gefühl.

Joanne

Dick und Joanne haben etwas davon begriffen, was allzu viele Erzieher in unserem Schulsystem noch immer nicht einsehen wollen. Mit Worten allein können wir unseren Kindern keine Selbstachtung beibringen. Die Mantras der Selbsthilfegurus sind genauso nutzlos. Die besten Väter wissen, daß Vertrauen und Selbstachtung da entstehen, wo man etwas erfolgreich erledigt hat. Wenn unsere Töchter das Bewußtsein brauchen, daß sie etwas können, *gut* können, hilft es ihnen nicht allzuviel, wenn wir sie auf den Schoß nehmen und ständig beteuern: «Du bist die Beste. Glaub mir, es gibt bestimmt etwas, was du gut kannst.» Viel besser und erfolgversprechender ist es, wenn wir ihnen tatsächlich helfen, etwas zu finden, was sie anpacken können, und ihnen dann Mut machen, ihr Ziel in kleinen Schritten anzusteuern. Am allerwichtigsten ist es, sich *realistische* Ziele zu setzen.

Bills Tochter ist sieben und hat gerade mit einem Gymnastikkurs angefangen. Wenn Bill nun zu ihr sagen würde: «Ende des Jahres bist du bestimmt die Beste in der ganzen Stadt», wäre das nicht realistisch. Das Ziel wäre aller Voraussicht nach unerreichbar. Realistischer wäre es zu sagen: «Ende des Jahres kannst du bestimmt Übung X und Übung Y auf dem Schwebebalken, ohne herunterzufallen.» Das ist ein Ziel, das sie erreichen kann, die Aufgabe ist realistisch. Das gilt übrigens nicht nur für Dinge, die unsere Tochter neu lernt. Vertrauen und Selbstachtung können jeden Tag wachsen, wenn sie es zum Beispiel schafft, ihr Zimmer aufzuräumen, ein Buch ganz durchzulesen, einen Satz zu schreiben, auf einen Baum zu klettern, den Ball zu treffen, das Laub zusammenzurechen oder den Schnee von der Einfahrt wegzuschaufeln.

Also: realistische Aufgaben und Ziele – aber die müssen auch eine Herausforderung darstellen. Erin zum Beispiel liest inzwischen wie ein Weltmeister. Sie verschlingt ein Buch pro Woche. Es wäre darum für sie keine große Sache, wenn ich sie auffordern würde, wenigstens ein Buch pro Monat zu lesen. Genauso wäre es für meine Nichte Lauren nichts Besonderes, wenn mein Bruder sie aufforderte, drei Basketbälle nacheinander von der Freiwurflinie in den Korb zu befördern – das schafft sie im Schlaf. Eine Herausforderung wäre es, wenn ich Erin vorschlagen würde, ein Buch aus der *Narnia*-Reihe innerhalb von einer Woche zu lesen. Das wäre ziemlich anspruchsvoll. Eine Herausforderung wäre es auch, wenn mein Bruder seine Tochter auffordern würde, drei Bälle von der Seitenlinie aus in den Korb zu befördern.

Die Grenze zwischen Herausforderung und Überforderung ist sehr fein. Die Ziele und Aufgaben müssen schwer genug sein, daß unsere Töchter sich auch ernst genommen und gefordert fühlen. Wenn nicht, fehlt das befriedigende Gefühl, etwas geleistet zu haben, und es entsteht kein Vertrauen in das eigene Können. Die Aufgaben müssen aber, auch wenn sie auf den ersten Blick vielleicht eine Nummer zu groß erscheinen, dennoch zu schaffen sein. Wenn wir die Ziele zu hoch ansetzen, wenn die Aufgaben zu schwer sind und unseren Töchtern ständig mißlingen, dann produzieren wir Verzweiflung und Versagensängste, und das ist ja genau das Gegenteil von dem, was wir eigentlich wollen. Wenn Sie Ihrer Tochter aber helfen, etwas zu schaffen, was ihr auf den ersten Blick als schwierig erschien, dann haben Sie dazu beigetragen, ihr Selbstvertrauen zu entwickeln und zu stärken.

Übung 2

Finden Sie heraus, was Ihre Tochter gut kann oder wofür sie sich interessiert. Das kann eine körperliche Betätigung sein, eine Freizeitaktivität, etwas Intellektuelles oder etwas im sozialen Bereich. Stellen Sie ihr die nötigen Hilfsmittel zur Verfügung, und helfen sie ihr, sich realistische Ziele zu setzen. Setzen Sie mit ihr zusammen auch jeweils ein Datum oder einen Zeitpunkt fest, an dem das Ziel erreicht sein sollte. Formulieren Sie zunächst nur kurzfristige Ziele (3 – 6 Monate). Später können Sie sie vielleicht auf ein ganzes Jahr oder mehr ausdehnen, aber jetzt noch nicht. Töchter im schulpflichtigen Alter müssen Fortschritte sehen können und das Gefühl haben, auch etwas zu schaffen. Überprüfen Sie regelmäßig das Vorwärtskommen, und spenden Sie Beifall und Aufmunterung, wo es nötig ist. Vergessen Sie dabei nicht: Die Aufgaben müssen realistisch sein und trotzdem eine gewisse Herausforderung bieten. Ziel ist es, das Selbstvertrauen zu stärken.

Tätigkeit: ______________________________

Ziel: ______________________________

Tätigkeit: ______________________________

Ziel: ______________________________

3. Vermeiden Sie Klischees

Erfolgreiche Väter haben die einzigartige Fähigkeit, ihre Töchter als Originale zu akzeptieren und zu fördern. Das heißt, der erfolgreiche Vater sorgt dafür, daß sich seiner Tochter neue Möglichkeiten eröffnen, und er sperrt sie nicht in Klischees ein. Wir alle sind ja moderne Männer. Wir reden von der Gleichberechtigung der Frau. Aber trotzdem haben viele von uns noch recht eingefahrene und feste Vorstellungen davon, was sich für ein Mädchen schickt und was nicht. Wir sagen das normalerweise nicht laut, weil wir spüren, wie dumm das klingen würde. Aber wir bringen es in vielen kleinen Dingen zum Ausdruck.

Ich zum Beispiel schaue mir gern mit meinem Sohn im Fernsehen die Football-Übertragungen an. Am Sonntag nach dem Gottesdienst hocken wir uns zusammen aufs Sofa und sehen den Detroit Lions und Barry Sanders zu. Ich gehe davon aus, daß Jonathan Spaß daran hat, und zu meiner Erleichterung ist das auch tatsächlich der Fall. Aber meine älteste Tochter interessiert sich auch für Football. Und doch vermittle ich ihr, fürchte ich, häufig den Eindruck, es sei zwar ganz «nett», daß sie mit mir zusammen Football schaut, aber es sei für mich doch nicht ganz dasselbe, wie wenn ich mit Jonathan vor dem Fernseher sitze. Die Botschaft ist unüberhörbar. Ich brauche gar nicht zu sagen: «Football ist was für Jungen. Geh und such dir eine andere Beschäftigung.» Wenn ich mich so verhalte, presse ich sie in ein Klischee, und das ist falsch. Gleichzeitig enthalte ich ihr eine Gelegenheit vor, Selbstvertrauen zu entwickeln.

Es reicht nicht aus, den Töchtern zu sagen, sie dürften sich ihre Lieblingsbeschäftigungen selbst aussuchen. Wir müssen uns auch entsprechend verhalten. Wenn Ihre Tochter gern Baseball spielt, dann bringen Sie es ihr bei. Wenn sie gern näht, dann lassen Sie sie nähen. Es kommt nicht darauf an, ob die Interessen Ihrer Tochter den überkommenen Traditionen entsprechen. Wichtig ist, daß wir ihr helfen, herauszufinden, was sie gut kann, wo sie Erfolg erleben und etwas leisten kann.

Machen Sie sich nichts draus, wenn sie zuviel mit Puppen spielt – oder gar nicht. Sorgen Sie sich nicht, wenn sie ein ausgesprochener Wildfang ist – oder etwas lebhafter sein könnte. Machen Sie ihr einfach Mut, sie selbst zu sein und herauszufinden, was sie gern tut, und dann lassen Sie sie es auch tun.

Übung 3

Schlagen Sie Ihrer Tochter eine Tätigkeit oder ein Projekt vor, das Sie normalerweise als Jungensache betrachten würden. Bringen Sie ihr das bei, oder bitten Sie sie, Ihnen dabei zu helfen. Lassen Sie sie spüren, daß auch Mädchen alles können, was sie wollen. Wir müssen nicht bestimmte Dinge für die Jungen reservieren.

4. Aufbauen oder fertigmachen?

> Mein Vater starb, als ich zweiundzwanzig war. Es gab so vieles, was ich ihm nie gesagt habe, «Entschuldige bitte, tut mir leid» zum Beispiel. Noch mehr aber macht mir zu schaffen, daß ich von ihm so vieles nie gehört habe. Nicht *einmal* hat er zu mir gesagt: «Toll, das hast du aber gut gemacht.» Oder: «Ich bin stolz auf dich.» Nur so Sachen wie: «Das hättest du aber besser gekonnt» und: «Warum kannst du nicht so sein wie Soundso?» Ich denke, er wäre inzwischen doch stolz auf mich, aber genau werde ich es nie wissen, weil er es nie gesagt hat.
>
> *Valerie*

Ich weiß nicht, woher so viele von uns die Idee haben, was unsere Töchter am meisten brauchten, seien ständige Ermahnungen und Zurechtweisungen. Ich habe beobachtet, wie viele Väter – Männer, die ihre Töchter wirklich gern haben – mit ihren Töchtern reden, als wüßten die nicht selbst, was mit ihnen nicht stimmt, und als seien sie, die Väter, von Gott selbst dazu berufen, auf alle Fehler hinzuweisen. In den Grundschuljahren müssen unsere Töchter von uns aufgebaut, nicht fertiggemacht werden. Das heißt nicht, daß wir sie nicht auch strafen oder zurechtweisen. Es heißt nicht, daß wir ihnen nie sagen dürfen, was sie falsch gemacht haben. Aber es bedeutet, daß wir die meiste Zeit darauf verwenden, das Gute in ihnen zu suchen. Wir können jeden Tag hundert Möglichkeiten finden, unseren Töchtern zu sagen, wie gern wir sie haben, wie toll und begabt sie sind und wie sehr wir uns von Gott gesegnet fühlen, weil wir mit ihnen zusammenleben dürfen.

Ich glaube, selbst wenn wir unsere Töchter in dieser Lebensphase ermahnen müssen, sollten wir das in einem mutmachenden Sinn tun und nicht herabsetzend. Mit anderen Worten, es sollte folgendermaßen klingen: «Erin, ich verstehe nicht, warum du deinen Bruder so fertiggemacht hast. Du hast ihm weh getan, das war nicht recht. Es sieht dir eigentlich gar nicht ähnlich, einem anderen weh zu tun. Ich weiß, daß du im Grunde nett bist und ihn liebhast. Aber heute hat man davon nichts merken können.» Und nicht so: «Ich fasse es nicht, wie du wieder mit deinem Bruder umgegangen bist. Du kannst dich wohl überhaupt nicht zusammenreißen? Kannst du dich denn nicht mal eine Minute lang benehmen wie ein artiges Kind?» Die erste Aussage läßt Ihre Tochter zwar wissen, daß sie unrecht gehandelt hat, aber sie macht ihr auch Mut und hilft ihr, sich so zu sehen, wie Sie sie gern sehen würden. Damit bauen Sie sie auf, trotz Ermahnung und Strafe. Die zweite Bemerkung bringt zum Ausdruck, daß Ihre Tochter für Sie eine einzige Enttäuschung ist und wahrscheinlich nie Ihr Vertrauen gewinnen kann. Was meinen Sie, was baut Ihre Tochter auf und macht ihr Mut, es das nächste Mal besser zu machen?

Der Apostel Paulus schrieb: «Redet nicht schlecht voneinander. Was ihr sagt, soll für jeden gut und hilfreich sein, eine Wohltat für alle» (Epheser 4,29). Fördern Sie Ihre Tochter in diesen so entscheidenden Jahren. Machen Sie sie nicht fertig.

Unsere schulpflichtigen Töchter sind ein Paradox. Die Hälfte ihres Lebens verbringen sie damit, so zu tun, als würden sie alles schaffen und als könnte nichts sie aufhalten; und die übrige Zeit fürchten sie sich und haben vor allem Angst, besonders davor, zu versagen. Unsere Töchter beobachten sehr aufmerksam, was ihre Freundinnen schon können. Sie kennen die Rangordnung unter den Gleichaltrigen und wissen auch, welchen Platz sie darin einnehmen. Wenn sie mit einer gefestigten Persönlichkeit in die Pubertät hineinkommen sollen, müssen sie ihr Selbstvertrauen und das Zutrauen in die eigenen Fähigkeiten entwickeln können. Sie müssen erreichen, was der Psychologe Erik Erikson «Leistung» anstatt «Minderwertigkeitsgefühle» nennt. Und sie müssen wissen, daß ihr Vater an sie glaubt und Zutrauen in sie hat. Es geht nicht um hochtechnische Fragen, liebe Mit-Väter! Es geht darum, unsere Töchter aufzubauen und ihnen Aufgaben zu geben, die sie fordern, die sie auch schaffen können. Das bedeutet, daß wir sie nicht in ein Klischee pressen und daß wir ihnen Anleitung geben, anstatt die Dinge selbst für sie zu erledigen.

Übung 4

Ergänzen Sie die folgenden Sätze. Sprechen Sie sie anschließend mit Ihrer Tochter durch:

1. Ich war stolz auf dich, als du ______________________________
____

2. Ich fand es nett, wie du ________________________________
____

3. Du bist immer so _____________________________________
____

4. Letztens war für mich ein ganz besonderer Tag, weil du ______________________________________
____

5. Du bist mir wichtig, weil du ___________________________
____

KAPITEL 5

Nicht nur Vaters kleiner Schatz

Die Pubertät

Lizzy war elf und Vaters Augapfel. Alles unternahmen sie gemeinsam – segeln, schwimmen, Wasserski fahren, lachen, bis die Tränen kamen. Und sie konnten auf gute Art miteinander zärtlich sein. Arthur wußte, daß andere Väter Probleme mit ihren heranwachsenden Töchtern hatten, aber zu Recht nahm er an, daß die meisten von ihnen auch nicht so viel Zeit und Kraft in die Beziehung mit ihren Töchtern investierten, wie er es ganz bewußt und gewissenhaft tat. Sicher, er war nicht gerade begeistert, wenn er daran dachte, daß sein «kleines Mädchen» bald ein Teenager sein würde; aber er hatte auch keine Angst davor. Als sie vierzehn war, nur drei knappe Jahre später, war Arthur ein Fall für den Psychiater. Im Gespräch schilderte er seine Gefühle:

> Es ist schwer, darüber zu reden, und ich glaube nicht, daß es nur ihr Fehler ist. Um ehrlich zu sein, die meiste Zeit denke ich, es sei alles meine Schuld. Wir reden nicht mehr miteinander.

Wir schreien uns nur noch an. Sie kommt spät nach Hause. Ich bleibe auf und warte auf sie. Dann mache ich sie fertig, und am nächsten Wochenende haut sie ab. Mehrere Tage sehen wir uns nicht. Sie schimpft und flucht auf mich. Ich raste aus und fluche zurück. Es ist grauenhaft. Ihre Mutter verzieht sich einfach ins nächste Zimmer und geht der Sache aus dem Weg. Ich weiß nicht, was ich machen soll. Ich weiß nicht, wo ich etwas falsch gemacht habe. Lizzy ist mir lieber als alles andere in der Welt, aber sie hat sich so verrannt, und sie ist doch noch so jung.

Arthur

Ich habe immer mit Dad reden können. Ich meine, er hat mich immer mitgenommen, und wir hatten es immer toll miteinander. Aber irgendwie habe ich das Gefühl, er will, daß ich dauernd zehn Jahre alt bleibe. Aber das bin ich nicht. Ich bin jetzt fast fünfzehn, und die meisten Lehrer sagen, ich sei für mein Alter recht reif. Dad denkt, ich wäre immer noch ein kleines Mädchen. Aber ich tue das, was ich will, und das muß er einfach begreifen. Ich habe ihn gern, aber er muß mich nicht mehr ständig kontrollieren.

Lizzy

Sehen wir uns daneben einmal Martins Geschichte an:

Ich weiß nicht, ob die Teenagerjahre wirklich sehr viel schlimmer waren. Wir hatten nicht mehr so engen Kontakt, aber ich glaube, damit hatte ich gerechnet. Ich meine, sie mußte ja irgendwie herausfinden, wer sie ist, und ich hätte ihr dabei nicht helfen können, auch wenn ich ihr dauernd über die Schulter geschaut hätte. Ich überließ es ihr, wie sie mit mir umgehen wollte. Wenn sie mich nötig hatte, dann versuchte ich für sie da zu sein. Wenn nicht, versuchte ich, deshalb nicht gekränkt zu sein oder mir irgendwie zurückgewiesen vorzukommen. Manchmal war es nicht einfach, und ein paarmal ist sie ganz schön auf die Nase gefallen. Aber ich glaube, wir sind da ganz gut durchgekommen. Ich hab sie noch genauso gern wie früher, und ich glaube, sie mag mich auch.

Martin

Teenie-Töchter: ein Wort, das dem heutigen Vater kalte Schauer über den Rücken jagt. Schlimmer kann es nur noch werden, wenn im selben Satz auch noch die Worte «Ohrring» (oder gar «Piercing») und «Freund» auftauchen. Warum haben wir vor diesen Jahren im Leben unserer Töchter solche Angst? Warum kommt es zu solchen Auseinandersetzungen zwischen Eltern und Kindern? Und vor allem, wie kommt es, daß sich gerade in dieser Zeit zwischen Vätern und Töchtern eine Kluft auftut, die kaum zu überwinden ist? *Was passiert mit meinem kleinen Schatz? Was kann ich tun, um ihr in der Pubertät zu helfen?* Viele Fragen und noch mehr Ängste plagen uns in dieser Zeit.

Ich denke, wir spüren irgendwie, daß unsere Töchter nur noch ein paar Wimpernschläge vom Erwachsenwerden entfernt sind, gleichzeitig aber erscheinen sie uns kaum den Kinderschuhen entschlüpft. Wir wissen, daß sie der großen Welt da draußen noch nicht gewachsen sind, und doch streben sie mit Siebenmeilenstiefeln hinaus. Wir kennen die Gefahren, die Fallen, die Katastrophen, die schon der kleinste Fehltritt heraufbeschwören kann, während unsere Töchter in fröhlicher Ahnungslosigkeit meinen, sie seien unsterblich und würden schon jetzt Entscheidendes verpassen. Also setzen sie alles daran, endlich erwachsen zu werden. Was soll ein Vater da tun?

In diesem Kapitel wollen wir ein paar Mythen über die Teenagerjahre zerstören, in der Hoffnung, Ihnen damit Mut zu machen und ein paar Ihrer Ängste zu zerstreuen. Dann wird es auch darum gehen, wie Ihrer Tochter zumute ist und was in ihrer Welt vorgeht. Schließlich wollen wir am Beispiel von ein paar Vätern und Töchtern Wege aufzeigen, wie Sie sich als Vater einer heranwachsenden Tochter verhalten können.

Drei Mythen über die Zeit der Pubertät

Mythos Nr. 1: Sturm und Streß

Viele Väter glauben, die Jahre der Pubertät seien für ihre Tochter eine ungeheuer schwierige Zeit – und damit auch für sie. Wir meinen, der junge Mensch würde von Stürmen nur so geschüttelt und erlebe den größten Streß. Wir sitzen vor dem Fernseher, sehen bekiffte oder sexuell aktive Teenies und meinen, das sei heute die Norm und unsere Tochter könne von Glück reden, wenn sie diese turbulenten Zeiten unversehrt übersteht.

Aber die Wahrheit mag ganz anders aussehen. Jedes Mädchen erlebt die Pubertät anders. Für manche ist sie gewiß eine schwierige Zeit. Jüngere Untersuchungen zeigen jedoch, daß diese Phase für viele weder stürmisch noch besonders stressig verläuft. Sicher, es ist nicht unbedingt eine ruhige, sorgenfreie Zeit, aber viele Mädchen erleben das Heranwachsen als angenehm und spannend. Natürlich weiß ich nicht, wie Ihre Tochter die Teenagerjahre empfinden wird, aber wenn Sie selbst mit Zittern und Zagen an diese Epoche herangehen, in der festen Überzeugung, nun sei sowieso alles verloren und Ihre Tochter werde in die größten Schwierigkeiten geraten, dann wird es wohl auch so kommen. Wenn Sie sich jedoch auf diese Jahre freuen und gespannt sind, welche Veränderungen in Ihrer Tochter auf dem Weg zur «Beinah-Erwachsenen» wohl vorgehen werden, dann läßt sie sich womöglich davon anstecken, und die positive Einstellung macht ihr vieles leichter.

Oft meinen wir auch, es müßte in dieser Zeit ständig zu Auseinandersetzungen kommen und das Verhältnis zu unserer Tochter müßte zwangsläufig leiden. Der Streß und die Stürme würden auch zwischen Vater und Tochter hohe Wellen schlagen. Aber das muß nicht so sein. Auch hier haben neuere Untersuchungen gezeigt, daß die Beziehung zwischen Eltern und Kindern während der Pubertät durchaus angenehm und normal sein kann. Entscheidend ist unsere eigene innere Einstellung. Wenn wir bereit sind, unserer Tochter den Weg zum Erwachsenwerden zu ebnen, ihr immer mehr Freiheit und Verantwortung zuzugestehen, dann werden wir diese Phase vermutlich viel besser hinter uns bringen, als wenn wir sie mit aller Macht festhalten wollen.

Mythos Nr. 2: Sie braucht mich nicht mehr

Viele der Väter, die wir über diese Phase im Leben ihrer Töchter befragten, klagten, sie hätten das Gefühl gehabt, ihre Töchter bräuchten sie nicht. Sie kamen sich unnütz, ungeliebt und überflüssig vor. Ich möchte hier nicht in Frage stellen, daß sie es tatsächlich so empfanden, aber sie hatten damit nicht recht. Es kann sogar sein, daß Ihre Tochter Sie gerade in dieser kritischen Phase ihrer Entwicklung mehr braucht als je zuvor. Sie braucht Sie nur auf andere Art. Sie stehen nicht mehr als der Held und Superstar im Mittelpunkt. Statt dessen bleiben Sie hinter den Kulissen. Aber wenn sie fällt, sich weh tut oder ungeliebt fühlt, dann sind Sie da, um ihr wieder Mut zu machen.

Leider lassen nur allzu viele Väter ihre Töchter während der Pubertät gefühlsmäßig im Stich. Wir sind nicht bereit zu warten und unsere Tochter das Tempo bestimmen zu lassen. Weil wir uns selbst zurückgesetzt fühlen und gekränkt sind, ziehen wir uns auch innerlich zurück. Und wenn unsere Tochter sich dann umdreht und Trost und Hilfe bei uns sucht, sind wir nicht da, und sie bleibt allein. Fallen Sie darum nicht auf diesen so gefährlichen Mythos herein. Ihre Tochter braucht Sie mehr denn je zuvor, nur anders als früher.

Mythos Nr. 3: Nur Mütter haben Verständnis

Der Eintritt unserer Tochter in die Pubertät ist durch die Menstruation gekennzeichnet – ein Geschehen, das uns völlig fremd ist. Wir wollen auch gar nichts darüber wissen. Im Gegenteil, das Thema ist uns peinlich. Aber Mutter versteht. Sie nehmen Ihre vierzehnjährige Tochter in den Arm, und ihre weiche Brust bringt sie durcheinander. Ja, Ihre Tochter hat inzwischen richtige Brüste! Daran wollen Sie lieber gar nicht denken. Sie werden rot, wenn Sie den Stapel Post in die Hand nehmen und obendrauf liegt eine Reklame für Tampons. Aber das macht ja nichts; Mutter ist da, und sie kennt sich aus.

Viele Väter ziehen sich aus dem Leben ihrer Töchter zurück, weil sie meinen, sie könnten sowieso nicht richtig verstehen, was da mit ihren kleinen Mädchen passiert, und darum sei es das Beste, alles Mutter zu überlassen. Unsere Töchter allerdings sehen nur, daß wir gerade jetzt in einer Zeit von ihnen Abstand nehmen, wo sie selbst gar nicht genau wissen, was mit ihnen los ist. Sie sind verletzt und fühlen sich im Stich gelassen, und wir kommen uns überflüssig vor. Sicher, wir müssen nicht so tun, als würden wir alles begreifen, aber wir waren ja auch einmal in der Pubertät. Die Veränderungen, die wir erlebt haben, waren wohl anderer Art, aber auch wieder ähnlich genug, daß wir ein wenig Verständnis aufbringen können. Dazu kommt, daß das Ganze auch unserer Tochter wahrscheinlich mehr als unangenehm ist. Darum ist der bisher wichtigste Mann in ihrem Leben gerade jetzt so wichtig für sie. Wenn er versucht, sie zu verstehen, und sich von allen Peinlichkeiten nicht abschrecken läßt, dann ist ihr das eine große Hilfe. Reden Sie darum freundlich mit Ihrer Tochter, erkundigen Sie sich nach ihrem Ergehen. Zeigen Sie ihr, daß Sie sich über ihre Entwicklung freuen und voller Zuversicht sind, daß sie mit all diesen Veränderungen gut zurechtkommen wird.

Persönlichkeit ist alles

Eines sollte jedem Vater ganz klar sein – im Feuer der Pubertät wird die Persönlichkeit Ihrer Tochter geformt. Sie wird nun «beinah erwachsen». Das heißt in gewissem Sinne, daß man sie in alle möglichen Richtungen zu zerren versucht, jetzt, wo sie vielleicht zum ersten Mal im Leben selber entscheiden muß, wer oder was sie sein will.

1. *Körperkult*

Unlängst saß ich vor dem Fernseher. Es kam nichts Besonderes, und ich zappte einfach ein bißchen zwischen den Sendern hin und her, als mir ganz plötzlich etwas auffiel. Alle jungen Mädchen sahen aus, als seien sie zwanzig oder fünfundzwanzig. Sie waren alle sehr schlank, und viele waren blond. Außerdem waren sie groß und wirkten, als würden sie den ganzen Tag im Fitneßraum verbringen. Wenn meine Teenagertochter den Fernseher einschaltet, sieht sie jedesmal dasselbe. Aber anders als ich läuft sie anschließend ins Badezimmer, wo sie dann etwas zu sehen bekommt, was vom Idealbild meilenweit entfernt ist. Die Lippen sind zu breit, die Beine zu dick, der Hintern zu voluminös. Die Arme sehen irgendwie komisch aus, und außerdem hat sie Pickel. Vielleicht nicht gerade dreihundert, aber doch genug, um ihr angst zu machen. Was schließt sie daraus? «Ich bin häßlich. Und weil ich so häßlich bin, bin ich nichts wert.»

Sie und ich wissen, daß das Fernsehen nicht die Wirklichkeit ist und daß die meisten Teenies im Fernsehen aussehen, als ob sie zwanzig oder fünfundzwanzig wären, weil sie in Wirklichkeit tatsächlich zwanzig oder fünfundzwanzig sind. Wir wissen, daß die Pickel unterm Make-up versteckt werden und die Mädchen im Fernsehen aus Millionen ausgesucht werden und nicht die Mehrheit der weiblichen Bevölkerung repräsentieren. Auch unsere Tochter weiß das vielleicht mit ihrem Verstand, aber in ihrem Herzen ist sie zu fett, zu dürr oder was es sonst sein mag, und darum weniger Frau.

Das zentrale Thema für viele Mädchen beim Eintritt in die Pubertät ist das Bild, das sie von ihrem Körper haben. Es bestimmt über ihr Selbstbewußtsein, ihre Freunde und ob sie sich für Sport begeistern oder nicht. Das ist das Gefährliche an unserer Kultur. Unsere Töchter sind die Opfer eines unmöglichen Schönheitsideals – eines Ideals, das keinen Bauch und keine kurzen Beine zuläßt, eines Ideals, dem vielleicht auf der ganzen Welt jeweils nur zwanzig Frauen entsprechen. Aber diese zwanzig

Frauen sind in jeder Illustrierten abgebildet, die unsere Tochter in die Hand nimmt, und lächeln ihr von jeder Reklametafel entgegen.

Unsere Töchter haben aber nicht nur mit einem unmöglichen Schönheitsideal zu wetteifern, sie kämpfen mit noch einer anderen Lüge unserer Kultur, nämlich dem Anspruch, das Aussehen sei wichtiger als alles andere. Das ist zwar nicht wahr, aber dieses Märchen begegnet uns in unserer modernen Welt wieder und wieder. Das hübsche Mädchen bekommt den gutaussehenden Typ. Das hübsche Mädchen ist beliebt. Das hübsche Mädchen gewinnt. Das häßliche Entchen bekommt, wenn es Glück hat, das, was übrigbleibt.

> Unsere Tochter war bildhübsch. Zumindest fanden wir das. Sie hatte schönes braunes Haar und ein entzückendes Lächeln. Weil sie soviel Zeit in der Sonne verbrachte, war ihr Gesicht mit Sommersprossen übersät. Sie war groß, nicht unbedingt stämmig, aber doch recht kräftig. Sie meinte, sie sei fett. Ständig machte sie irgendeine Diät. Ich zog sie auf, weil sie nie etwas Gescheites aß. Manchmal schien sie richtig deprimiert über ihr Aussehen. Ich habe dem keine allzu große Beachtung geschenkt. Ich wußte auch nicht, was ich sagen sollte. Aber ich sagte ihr immer, daß ich sie schön fände. Dann fand sie schließlich einen Freund. Sie war überglücklich und ich übernervös. Ich war froh, als sie sich trennten. Ich hatte das Gefühl gehabt, die Sache ging zu weit. Sie war am Boden zerstört; und als er dann anfing, mit einem Mädchen auszugehen, das wirklich aussah wie eine Barbie-Puppe, da konnte sie das wohl nicht mehr verkraften. Wir fanden sie in ihrem Zimmer. Sie hatte ein ganzes Röhrchen Tabletten geschluckt. Sie wäre fast gestorben.
>
> *Rick*

Ihnen ist der Körper Ihrer Tochter vielleicht nicht so wichtig, für Ihre Tochter aber hat er eine große Bedeutung. Es kann sein, daß all ihre Gedanken nur darum kreisen. Wenn Sie Ihre Tochter verstehen wollen, müssen Sie das wissen. Gehen Sie nicht einfach darüber hinweg, wenn sie anfängt, sich selbst herabzusetzen. Es könnte zur Gewohnheit werden. Vielleicht ist es schwierig, ihr mit Argumenten beizukommen. Aber hören Sie auf jeden Fall aufmerksam zu, was sie über sich selbst sagt. Sie erhalten damit einen Einblick in ihre Seele. Das fällt vielen Vätern schwer. Wir sind anders erzogen worden. Das Körperbild, das wir als Männer von uns haben, hat mit den Erfahrungen unserer Tochter so gut wie nichts zu tun. Wenn wir heranwachsen, sehen wir immer nur, wie ältere, oftmals sogar übergewichtige und kaum attraktive Männer das schöne Mädchen erobern. Wir stehen nicht ständig unter Druck, gut auszusehen und uns an einem unmöglichen Schönheitsideal zu messen. Deshalb müssen wir lernen. Wir müssen anfangen, mit kritischem Blick darauf zu achten, wie die Frauen in unserer Kultur dargestellt werden. Und noch einmal und vor allem: Wir müssen unseren Töchtern zuhören.

Helfen Sie Ihrer Tochter zu erkennen, daß sie völlig normal und sich selbst gegenüber nicht fair ist, wenn sie sich ständig mit dem gerade aktuellen Supermodel vergleicht. Reden Sie ganz vernünftig mit ihr über diese Dinge. Fragen Sie sie, wen sie denn für schön hält, damit Sie erfahren, an wem sie sich mißt. Sagen Sie ihr, daß Sie sie gern haben, ganz egal ob sie nun hübsch ist oder nicht. Aber bedenken Sie auch, daß Sie gegen Windmühlen kämpfen. Ihre Tochter sorgt sich trotzdem weiter um ihr Aussehen und kämpft mit der Furcht, daß sie ihrem Schönheitsideal nie gerecht werden wird.

2. Wer bin ich ohne dich?

Das ist die Frage, die Ihre Tochter sich insgeheim schon in den letzten Jahren ihrer Kindheit gestellt hat. Nun wird sie laut herausgerufen. Entwicklungspsychologisch betrachtet, ist es in dieser Phase ihres Lebens ihre Aufgabe, herauszufinden, wer sie unabhängig von ihren Eltern ist. Sie muß es lernen, selbständig zu werden. Denn am Ende der Pubertät sollte sie schließlich schon fast wie eine Erwachsene «funktionieren», Verantwortung übernehmen und eigene Entscheidungen treffen können. Ihre Tochter wird Ihnen in dieser Zeit ein Rätsel sein. Einmal ist sie unkompliziert und noch wie ein Kind. Am nächsten Tag gibt sie sich wie eine Erwachsene und will auch so behandelt werden. Aber sie ist nicht verrückt, und Sie sind es auch nicht. Das ist das normale Hin und Her der Pubertät.

> Ich habe meine Tochter als Teenager sehr gern gehabt. Sie war schon so erwachsen. Man konnte wirklich mit ihr reden. Wir haben uns über Politik unterhalten und Religion. In vieler Hinsicht hat das großen Spaß gemacht. Aber es war ganz anders als früher. Als sie ein kleines Mädchen war, mußte ich sie beschützen. Als sie dann in der Sekundarschule war, mußte ich lernen, sie loszulassen, manchmal nur ein bißchen, dann wieder mehr. Es war sehr schwer, immer zu wissen, ob ich es richtig machte oder die Leine so weit losließ, daß sie sich damit auch hätte aufhängen können. Aber ich glaube, es ist alles gut geworden.
>
> *Ted*
>
> Mein Vater war ziemlich komisch, als ich ein Teenager war. Er wollte, daß ich spüre, daß er da ist, sich aber trotzdem nicht einmischen will. Deshalb fing er jedes Gespräch mit dem Satz an: «Schätzchen, ich will dir ja nicht in dein Leben hineinreden, und ich will auch nicht rumschnüffeln, aber ...» Trotzdem hat es funktioniert. Ich durfte manches selbst ausprobieren, und er hatte nicht das Gefühl, ich sei rebellisch. Er dachte, ich wolle nur Verschiedenes probieren, um zu sehen, ob es für mich das richtige war. Und er hatte recht. Ich glaube, das ist einer der Gründe, warum wir uns auch heute noch so gut verstehen – ich durfte in diesen Jahren ganz ich selbst sein.
>
> *Dana*

Unabhängigkeit lernen und Erwachsenenpflichten übernehmen ist keine leichte Aufgabe und kein gerader Weg. Oft geht es zwei Schritte vor und drei zurück. Es entstehen Spannungen, wenn Sie Ihrer Tochter zum Beispiel in einem bestimmten Bereich Verantwortung übertragen und sie es dann nicht schafft. Sie wissen nicht, wie weit Sie sie gehen lassen sollen. Sie wissen nicht, wo die Linie zu ziehen ist. Das sind auch schwierige Fragen; aber jeder Vater sollte sich vor Augen halten, daß seine Tochter nach diesen Jahren in der Lage sein sollte, erwachsene Entscheidungen zu treffen. Sie muß wissen, welche Folgen ihre Entscheidungen haben und wie sie damit umzugehen hat. Wenn Sie Ihrer Tochter nicht erlauben, Dinge auszuprobieren, auch wenn es danebengeht, bis es dann endlich klappt, wird sie ihre Lektion nie lernen und die Aufgaben, die sich ihr in diesen Jahren stellen, nie in den Griff bekommen.

Das Schlimmste, was unseren Töchtern passieren kann, sind nicht die Fehler – auch wenn sie noch so gravierend sind. Das Schlimmste ist, wenn sie beim Auszug aus dem Elternhaus nicht wissen, wie das wirkliche Leben aussieht, wenn sie nicht wissen, wie man die richtigen Entscheidungen trifft, und nicht bereit sind, sich mit den Folgen ihres eigenen Tuns auseinanderzusetzen. Das größte Problem ist es, wenn unsere Töchter beim Eintritt ins Erwachsenenalter nicht unterscheiden können zwischen Gut und Böse und das Gute nicht vom Besseren trennen können. Wenn wir sie in der Teenagerzeit nicht ganz allmählich loslassen, werden sie, bis sie unser Haus verlassen, nicht zu gesunden Erwachsenen heranreifen, und das ist eine ganz gefährliche Sache.

3. Was soll ich glauben?

Diese Frage hängt eng mit der letzten zusammen – wer bin ich ohne dich? Aber für den Christen ist sie noch schwerer zu ertragen. Wenn unsere Töchter heranwachsen, beginnen sie Dinge zu hinterfragen, die uns lieb und teuer sind. Es reicht ihnen nicht mehr, etwas nur deshalb zu glauben, weil es aus unserem Munde kommt. Viele Vater-Tochter-Beziehungen sind schon zerbrochen, weil die Tochter sich weigerte, nur so zu tun, als würde sie an Gott glauben, und den Glauben ihrer Eltern in Frage stellte.

Ich wußte, daß sie es in diesen Jahren nicht leicht haben würde. Aber ich habe nicht begriffen, warum sie einfach alles, was wir ihr nahegebracht hatten, über Bord geworfen hat. Sie hat nie mit uns diskutiert oder gestritten. Wir haben gar nicht darüber geredet. Irgendwie hat sie einfach aufgehört zu glauben.

Fred

Als Caroline uns erklärte, sie hätte ziemliche Zweifel, was unsere Gemeinde und den Glauben angeht, da war das nicht einfach. Ich bin katholisch erzogen worden und habe auch katholische Schulen besucht, und wir nehmen es mit dem Glauben wirklich ernst. Das hat mein Leben ganz tief geprägt. Im Anfang wußte ich gar nicht, was ich mit Caroline machen sollte, aber mein Priester hat mir dann einen guten Rat gegeben. Er hat mir gesagt, ich sollte versuchen zuzuhören, ohne ihr sofort ins Wort zu fallen oder sie zu korrigieren. Der Rat war gut. Ich mache mir immer noch ein bißchen Sorgen; aber es sieht aus, als fände sie langsam wieder zurück. Letzte Woche ist sie sogar wieder mit uns in die Kirche gegangen, ohne daß wir etwas sagen mußten.

Andy

Wenn Ihre Tochter beginnt, ihren Glauben zu hinterfragen, haben Sie zwei Möglichkeiten: Sie können ihr zuhören und ihr Mut machen, mit Ihnen über alles zu reden, was sie beschäftigt. Oder Sie können ihr das Wort abschneiden, ihr sagen, was sie glauben soll, und damit eine wichtige Gelegenheit verpassen, einen guten Einfluß auf sie auszuüben. Irgendwann zwischen zwölf und zweiundzwanzig muß Ihre Tochter entscheiden, ob der Glaube ihrer Familie auch ihr eigener ist. Tut sie das nicht, bleibt ihr Glaube schwach und ist leicht zu beeinflussen oder zu zerstören. Ein starker Glaube entsteht da, wo eigene Überzeugung dahintersteht. Man glaubt nicht, weil man soll und andere es einem sagen, sondern weil man damit eigene Erfahrungen gemacht hat. Widerstehen Sie darum der Versuchung, Ihrer Tochter zu sagen, was sie glauben soll. Fragen Sie sie vielmehr, was in ihr vorgeht. Fragen Sie, was sie beschäftigt, und dann halten Sie ihr keine klugen Vorträge, sondern hören Sie einfach zu. Denn höchstwahrscheinlich kennt Ihre Tochter bereits die richtige Antwort. Aber sie muß sie sich selbst zu eigen machen.

4. Andere Stimmen

> Ich war immer der King. Sie hatte mich so gern, immer wollte sie, daß ich sie in den Arm nehme, ihr vorlese, sie mitnehme. Ich war ihr Vertrauter, und ich dachte, daran würde sich nie etwas ändern. Ich dachte, sie würde mich immer um meine Meinung fragen. Wie falsch das war! Als Sabrina sechzehn wurde, waren plötzlich ihre Freunde das Wichtigste in ihrem Leben. Es war, als gäbe es mich überhaupt nicht.
>
> *Thomas*

Wenn unsere Töchter heranwachsen, brauchen sie uns zunächst noch als Rückhalt. Wir sind ihr Freund, ihr Lehrer, ihr Fan. Wenn sie Hilfe brauchen, kommen sie zu uns. Wenn sie ein Problem haben, fragen sie uns. Aber dann scheint es auf einmal, als seien wir über Nacht blöde geworden. Die Töchter fragen uns nicht mehr um Rat. Sie behandeln uns, als wären wir irgendwann lange vor der Sintflut geboren und hätten folglich keine Ahnung von dem, was in der modernen Welt vor sich geht. Aber bleiben Sie ruhig! Sie sind nicht blöd, und der Kontakt zu Ihrer Tochter ist auch nicht gestört. Ihre Tochter fängt in diesem Alter nur an, auch auf andere Stimmen zu hören. Die Stimmen von Freunden und Freundinnen werden jetzt wichtig, während unsere an Bedeutung abnimmt.

Die Freundschaft Ihrer Tochter mit anderen Mädchen schenkt ihr Selbstvertrauen und gibt ihr Halt. Es ist für sie wichtig zu wissen, daß auch andere Mädchen mit Fragen des Aussehens zu kämpfen haben und daß auch die anderen Mädchen die Jungen einfach nicht begreifen können. Unsere Töchter benutzen ihre Freundinnen auch, um verschiedene Persönlichkeiten und Stile auszuprobieren. Uns kommt es vielleicht vor, als würde sie einfach der Menge folgen, wenn sie sich so anzieht und so verhält wie eine der Freundinnen. In Wirklichkeit probiert sie aber diese Persönlichkeit aus. Vielleicht ist sie innerlich noch nicht so stark, daß sie einfach sagen kann: «Schaut nur her, das bin ich.» Doch indem sie andere Persönlichkeiten «anzieht», kann sie versuchen herauszufinden, wer sie selbst ist, ohne daß ihre Selbstachtung dabei allzu großen Schaden nehmen muß.

Unsere Töchter werden sich auch endlos mit den Freundinnen vergleichen. Sie versuchen herauszufinden, wer gescheiter oder hübscher ist oder bei den Jungen besser ankommt. Das bringt Sie vielleicht zur Verzweiflung, aber machen Sie sich deshalb nicht allzu verrückt. Ihre Tochter ist gerade dabei, ihren eigenen Stil zu finden. Der Vergleich mit anderen hilft ihr zu erkennen, wer sie ist und wer nicht. Die meisten Mädchen lassen dieses Stadium irgendwann ohne große Beschwerden hinter sich. Wenn Ihre Tochter allerdings ein fast zwanghaftes Verhalten zeigt und in Depressionen verfällt, dann wäre es gut, fachlichen Rat einzuholen.

Die Bedeutung von Freundschaften wird im Leben Ihrer Tochter allmählich zunehmen, auch wenn die Zahl der Freundinnen vielleicht abnehmen wird. Beim Beginn der Teenagerjahre spielt die Größe der Gruppe wahrscheinlich noch eine Rolle als ein Zeichen dafür, daß man «dazugehört». Später aber wird der Kreis der Freunde kleiner, Ihre Tochter wird kritischer in der Auswahl, hat dafür aber ein engeres Verhältnis zu den «besten» Freundinnen. Das ist gut: Sie lernt soziales Verhalten und wie man erwachsene Beziehungen gestaltet. Auch das Kräftespiel innerhalb von Freundschaften wird ihr jetzt bewußt. Sie entdeckt, daß es Leute gibt, die nehmen und den anderen benutzen, und solche, auf die man sich verlassen kann. Haben Sie keine Angst davor, wenn hier ein Machtwechsel stattfindet zwischen Ihnen und diesen Freundinnen. Es ist ein ganz natürlicher Prozeß, und auch wenn Sie nicht mehr im Mittelpunkt stehen, so sind Sie für Ihre Tochter und ihr Sicherheitsbedürfnis doch immer noch sehr wichtig. Die Freundinnen werden sie irgendwann enttäuschen. Vielleicht verliert sie das Selbstvertrauen. Oder sie hat ein Problem, das sie selbst mit den besten Freundinnen nicht besprechen kann. Dann muß sie wissen, daß Sie da sind und sie bei Ihnen Hilfe finden kann.

Was sollte ein Vater tun?

1. Spielen Sie nicht den Supervater

Wenn wir spüren, daß unsere Töchter anfangen, eigene Wege zu gehen, ob hin zu den Freundinnen, zu einem Freund oder einfach aus unserer Welt hinaus, dann besteht die Gefahr, daß wir versuchen, uns unentbehrlich zu machen. Wir versuchen, selbst die beste Freundin zu sein. Wir bemühen uns, der wichtigste Mann in ihrem Leben zu bleiben. Wir meinen, wenn wir nur ständig für sie da sind, sie mit unseren Ideen und Vorstellungen überhäufen, dann würde sie uns nicht verlassen und wir würden für alle Zeiten der Mittelpunkt ihres Lebens bleiben. Aber das ist ein Irrtum.

In der Teeniezeit braucht Ihre Tochter Sie nicht als Mittelpunkt ihres Lebens. Falls doch, dann ist das wahrscheinlich für Sie beide eher ungesund. Jetzt, wo sie entdecken muß, wer sie ist, ist unsere Tochter sich selbst der Mittelpunkt. Sie brauchen nicht den Supervater zu spielen. Sie müssen nur ein wenig über diese Entwicklungsphase Bescheid wissen und begreifen, daß Sie für Ihre Tochter trotz allem noch wichtig sind. Ihr Lob ist jetzt wichtiger als je zuvor. Daß Sie Ihre Tochter als gleichwertige Person akzeptieren, als «fast» erwachsen, ist ungeheuer wichtig. Aber es wäre egoistisch, wollten Sie immer noch der Mittelpunkt ihres Lebens sein. Sie muß es lernen, Freundschaften mit anderen zu pflegen. Sie muß es lernen, Distanz zu schaffen zwischen Ihnen und sich selbst, damit sie herausfinden kann, wer sie ist, und ihre eigene Persönlichkeit sich festigt.

Lieben Sie sie auch weiterhin von ganzem Herzen, aber seien Sie damit zufrieden, daß das die meiste Zeit ganz unspektakulär geschieht und hin und wieder auch nur aus der Ferne.

2. Entmystifizieren Sie die Jungen

Darauf werden wir im Abschnitt über die Sexualität noch eingehender zu sprechen kommen. An dieser Stelle wollen wir nur sagen, daß ein Vater seiner Tochter helfen sollte, die Jungen zu verstehen. Mädchen müssen wissen, wie Jungen denken und was sie interessiert. Da kann ein Vater helfen. Unsere Töchter müssen erkennen, daß Männer oft dazu erzogen werden, mit Spannungen und mit Nähe anders umzugehen als Frauen. In unserer Rolle als Aufklärer können wir den Töchtern wertvolle Erkenntnisse schenken, wie ein Mann denkt und was uns antreibt. Das müssen sie für den Umgang mit Lehrern, Arbeitskollegen oder Freunden wissen.

Vaterlos aufgewachsene Töchter haben unter Umständen ein ganzes Leben am «Geheimnis Mann» herumzuknabbern. Traurig ist es aber, wenn Töchter einen Vater haben, der ihnen helfen könnte, zu verstehen, wie Männer «ticken», dieser sich jedoch in Schweigen hüllt. Für allzu viele ist der Vater lediglich der erste in einer Reihe von Männern, die sie weder verstehen noch begreifen und denen sie verzweifelt zu gefallen suchen.

Verschaffen Sie Ihrer Tochter Eintritt in die Männerwelt. Nehmen Sie sich Zeit, ihr zu erklären, wie Sie empfinden und warum. Wenn sie weinend von einem Rendezvous heimkommt, helfen Sie ihr, aus der Sicht des Mannes zu verstehen, was passiert ist. Dazu gehört zunächst, daß Sie selbst für Ihre Tochter verständlich sind. Sorgen Sie dafür, daß Ihr Verhältnis offen und ehrlich ist. Und dann führen Sie sie behutsam an das Geheimnis Mann heran.

3. Loben Sie und loben Sie noch einmal

Ihr Lob ist für Ihre Teenagertochter ungeheuer wichtig. Wenn Sie es zurückhalten, hat das ernsthafte Auswirkungen auf ihre Selbstachtung. Sagen Sie ihr, daß Sie sie für phantastisch halten, für etwas ganz Besonderes. Sie müssen nicht übertreiben. Erfinden Sie bitte auch nichts, was nicht stimmt, und behandeln Sie sie nicht von oben herab. Aber überlegen Sie, was Ihnen an Ihrer Tochter gefällt, und dann sagen Sie es ihr, immer und immer wieder.

> Mein Vater hat mir fast jeden Tag gesagt, daß ich etwas gut gemacht habe. Er sah mein Schulheft an und entdeckte irgendwo ein «gut», und dann sagte er, er sei stolz auf meine Leistungen. Er sah mir zu, wie ich den Rasen mähte, und dann erzählte er, wie hart ich arbeitete. Jedesmal, wenn ich mich umdrehte, war er da und sagte, wie toll ich wäre. Und ich brauchte das. Ich war in der Schule nicht sonderlich beliebt und hatte nur eine oder zwei enge Freundinnen. Sein Lob half mir, die Jahre in der Oberstufe zu überstehen.
>
> *Lisa*

Wenn Sie Ihre Tochter bestätigen, helfen Sie ihr damit, Vertrauen zu entwickeln – zu sich selbst und auch zu Ihnen. Wenn sie weiß, daß Sie mit ihr zufrieden sind, wird sie auch eher zu Ihnen kommen, wenn sie einmal Hilfe braucht. Versuchen Sie herauszubekommen, was Ihre Tochter besonders gut kann, und dann sagen Sie ihr das.

4. Machen Sie klar, daß Aussehen nicht entscheidend ist

Ihre Tochter wird ständig mit einer ungesunden, ja gefährlichen Botschaft bombardiert – nämlich daß es vor allem auf Schönheit und die äußere Erscheinung ankommt. Diese Botschaft kann das Selbstwertgefühl Ihrer Tochter nachteilig beeinflussen und sie zur Verzweiflung treiben. Es ist unmöglich, dem Schönheitsideal zu entsprechen. Schon der Versuch ist für die meisten Mädchen völlig unrealistisch. Unsere Töchter müssen wissen, daß unser Wert uns letztlich von Gott dem Schöpfer gegeben wurde. Er hängt nicht davon ab, wie wir aussehen. Wichtig ist, wer wir sind. Es kommt nicht auf die Jeans oder die Schuhe an. Wichtig sind unsere Seele und unser Geist. Das kommt in unserer Gesellschaft nicht so gut an, aber wir müssen es vermitteln. Wenn Ihre Tochter hübsch ist, okay. Sagen Sie es ihr, aber halten Sie sich nicht zu lange dabei auf. Lassen Sie sie vielmehr spüren, daß es auf den ganzen Menschen ankommt. Wie wichtig das Äußere ist, das hört sie von anderer Seite mehr als genug.

5. Seien Sie da

Ihre Tochter ist unterwegs vom Kind zur Erwachsenen, von Freundschaft zu Freundschaft, vom einen Persönlichkeitsstil zum nächsten. Da ist es leicht, sie aufzugeben und abzuschreiben. Aber tun Sie das nicht! Seien Sie da, wenn sie Sie braucht. Drängen Sie sich nicht auf. Aber lieben Sie sie in der Stille, bis sie nach Ihrer Hilfe ruft. Dann seien Sie zur Stelle, und ziehen Sie sich anschließend wieder zurück. Aber geben Sie sie in Ihrem Inneren nicht auf, weil Sie vielleicht meinen, sie brauche Sie nicht mehr. Ziehen Sie sich nicht aus ihrem Leben zurück, weil sie schon fast erwachsen ist. Sie ist es nicht. Glauben Sie nicht, ihr Freund gebe ihr genug von der Zuwendung, die sie von männlicher Seite braucht. Weit davon entfernt. Wir Väter müssen für unsere Töchter da sein und ruhig auf sie warten, bis sie uns rufen.

> Mein Vater war eigentlich nichts Besonderes – außer in einem Punkt: Er war für mich da. Egal, wann ich ihn brauchte, er war da. Als der Junge, mit dem ich zur Abschlußfeier verabredet war, mit einem anderen Mädchen loszog, durfte ich mich bei Papa ausweinen. Als ich ein Stipendium, das ich so gern wollte,

nur knapp verpaßte, war er da. Als ich für den Abschluß eine besondere Auszeichnung bekam, da saß er unter den Zuhörern.
Egal, was geschah, er war immer für mich da.

Rhonda

6. Vergeben und vergessen Sie

In den rund sechs Jahren der Pubertät wird Ihre Tochter Sie wahrscheinlich mehr verletzen als in ihrem ganzen übrigen Leben. Sie wird Ihnen Worte an den Kopf schleudern, die Sie ihr nie im Leben zugetraut hätten. Sie wird den größten Blödsinn bauen. Sie wird Dinge tun, die ihr selbst schaden. Sie wird Sie enttäuschen und Ihnen mit Sicherheit mehr als einmal weh tun. Ihre Aufgabe ist es, ihr zu vergeben und das Ganze zu vergessen. Wenn sie nicht auf Sie hört, verzeihen Sie ihr. Wenn sie wütend auf Sie ist und Sie verachtet, verzeihen Sie ihr. Und selbst wenn sie Ihnen in irgendeiner Weise Schande bereitet – vergeben Sie ihr.

Vater einer pubertierenden Tochter zu sein, kann ziemlich anstrengend sein. Und der Weg führt auf jeden Fall ins Ungewisse. Wir wissen nie, was hinter der nächsten Biegung auf uns wartet. Aber ohne die Bereitschaft zur Vergebung werden wir nicht durchkommen.

Checkliste für Väter von Töchtern im Pubertätsalter

Anleitung: Bewerten Sie die folgenden Aussagen mit Hilfe der angegebenen Skala: 1 = Trifft überhaupt nicht zu; 2 = Trifft kaum zu; 3 = Teils/teils; 4 = Stimmt ziemlich; 5 = Stimmt hundertprozentig.

____ 1. Meine Tochter braucht mich während der Pubertät sehr.

____ 2. Ich verstehe meine pubertierende Tochter sehr gut.

____ 3. Es macht mir nichts aus, daß ich nicht mehr der Mittelpunkt ihres Lebens bin.

____ 4. Meine Tochter scheint sich von mir wegzuentwickeln, aber das ist schon in Ordnung.

____ 5. Ich sage meiner Tochter regelmäßig, wieviel sie mir bedeutet.

____ 6. Ich habe nichts dagegen, wenn meine Tochter ihren (und meinen) Glauben in Frage stellt.

____ 7. Ich höre meiner Tochter aufmerksam zu.

____ 8. Ich habe keine Probleme, meine Tochter mit ihren Freundinnen zu teilen.

____ 9. Ich versuche nicht, meiner Tochter ein «Supervater» zu sein.

____ 10. Ich kann mit meiner Tochter problemlos über mich selbst und meine Auffassungen reden.

____ 11. Ich lobe meine Tochter regelmäßig.

____ 12. Ich achte darauf, daß ich das Aussehen meiner Tochter ihr gegenüber nicht überbetone.

____ 13. Meine Tochter weiß, daß ich sie für ein tolles Geschöpf halte.

____ Total

Auswertung: Zählen Sie Ihr Ergebnis zusammen. Die Summe sollte irgendwo zwischen 13 und 65 liegen. Es geht uns hier nicht um eine wissenschaftliche Untersuchung. Ihre Angaben sagen aber etwas aus über Ihr Verhältnis zu Ihrer heranwachsenden Tochter. Wenn Sie über 45 Punkte haben, kommen Sie mit Ihrer Rolle als Vater einer Tochter ziemlich gut zurecht. Machen Sie weiter so! Wenn Sie zwischen 33 und 45 Punkte haben, dann machen Sie schon einiges richtig. Versuchen Sie an den Stellen zu arbeiten, wo Sie eine niedrige Punktzahl haben, und behalten Sie die guten Dinge bei. Haben Sie weniger als 33 Punkte, dann sollten Sie Ihr Verhältnis zu Ihrer heranwachsenden Tochter einmal einer genauen Prüfung unterziehen. Fragen Sie andere um Rat. Bitten Sie Gott um Weisheit. Nehmen Sie sich einen oder zwei Punkte vor, und beginnen Sie daran zu arbeiten! Reden Sie mit Ihrer Tochter darüber, was Sie sich vorgenommen haben. Fragen Sie sie, was sie braucht, und hören Sie ihr aufmerksam zu.

KAPITEL 6

Wechsel und Veränderungen

Unsere Tochter als junge Erwachsene

Ich war zweiundzwanzig und wohnte nicht mehr zu Hause, sondern besuchte das College. Meine Eltern wollten wissen, warum ich nie nach Hause kam. Ehrlich gesagt, ich konnte es bei ihnen einfach nicht mehr aushalten. Es war, als wäre ich wieder sechzehn. Ein paar Stunden konnte ich es ertragen, sogar einen Tag lang, aber eine ganze Woche? Vater war am schlimmsten. Bitte verstehen Sie mich nicht falsch, ich habe ihn sehr gern, und er war und ist ein guter Vater. Aber irgendwie schien er nicht zu begreifen, daß ich inzwischen erwachsen war.

Leslie

Als meine Tochter mir sagte, sie würde heiraten, war ich ganz und gar nicht begeistert. Wir hatten den jungen Mann nie gesehen. Auch am Telefon hatte sie kaum einmal von ihm erzählt. Aber schließlich ist sie dreiundzwanzig. Was sollte ich tun? Ich beschloß, ihr einfach zu sagen, wie mir zumute war. Ich konnte es auch nicht für mich behalten. Sie wurde ziemlich wütend.

«Du brauchst dich nicht in mein Leben einzumischen», sagte sie. «Sag mir nicht, was ich machen muß...» Das war schlimm.

George

Ich glaube, mit Eileen habe ich es ganz verdorben. Sie wollte in einem anderen Bundesstaat die Schule besuchen, aber ich hielt das für keine so gute Idee. Ich sagte, wir würden nur für sie zahlen, wenn sie ein christliches College in der Nähe besuchen würde. Damals erschien uns das als das einzig Richtige, und sie ging dann auch auf das College, das wir für sie ausgesucht hatten. Aber sie haßte es. Noch im ersten Jahr wurde sie rausgeschmissen. Wenn ich zurückblicke, dann muß ich sagen, ich habe versucht, zu tun, was ich selbst für richtig hielt. Aber sie hatte gar keine Möglichkeit, mitzureden.

Don

Meine Töchter sind jetzt alle erwachsen. Zwei sind verheiratet und haben eigene Kinder. Ich schätze sie heute viel mehr als damals, als sie noch klein waren. Ich unterhalte mich gern mit ihnen und höre mir an, was sie denken, obwohl sie in vielem nicht unbedingt recht haben. Es war wirklich interessant, als sie damals aufs College gingen. Sie fehlten mir, aber ich begann sie auch mehr zu mögen. Sie sind jetzt richtige Persönlichkeiten. Ich kann mit ihnen reden, wie ich mit den Leuten im Büro rede oder mit meinen Freunden. Ich glaube, wir stehen uns jetzt näher als je zuvor.

Frank

Ich sehe meinen Vater etwa zweimal im Monat. Ich arbeite am anderen Ende unseres Bundesstaates, aber ich versuche, jedes zweite Wochenende nach Hause zu fahren. Ich glaube, ich verstehe Vater jetzt viel besser als damals, als ich noch ein Teenager war. Damals schien er so weit fort zu sein. Jetzt bin ich vierundzwanzig, und wir stehen uns viel näher. Sicher, er hat auch seine Fehler. Aber ich kann jetzt doch auch ziemlich klar erkennen, wie gern er mich hat und daß er mich immer gemocht hat.

Rachel

Pubertät und Adoleszenz Ihrer Tochter haben Sie überlebt. Die junge Dame ist jetzt auf dem Weg zur Hochschule oder beginnt an der ersten richtigen Arbeitsstelle. Sie ist das, was man einen jungen Erwachsenen nennt. Sie darf wählen, sie darf Verträge unterzeichnen und fängt vielleicht schon bald an, sich über das Heiraten und eine eigene Familie Gedanken zu machen. Für sie ist das eine sehr interessante Lebensphase. Der Psychologe Erik Erikson spricht von einer Zeit von Intimität oder Isolierung. Ihre Tochter versucht herauszufinden, was es bedeutet, eine wirkliche Erwachsenenfreundschaft zu pflegen. Entweder wird sie in die Welt mit all ihren Freuden und Gefahren hinausgehen, oder sie wird versuchen, den Eintritt in diese Welt hinauszuzögern, und sich für Rückzug und Isolierung entscheiden.

Was Ihre Tochter jetzt durchmacht

In dieser Phase ist Ihre Tochter ganz besonders verletzlich. Obwohl sie wählen und Entscheidungen treffen darf, ist die Persönlichkeit, zu der sie sich entwickelt hat, noch nicht ganz fertig. Der letzte, entscheidende Schliff fehlt noch. Sie freut sich vermutlich über all die neuen Möglichkeiten, ist ein wenig aufgeregt, vielleicht aber auch verwirrt und überfordert von all dem Neuen, das auf sie zukommt. «Soll ich auf die Uni? Auf welche? Was soll ich mit meinem Leben anfangen? Ist es mir ernst mit diesem jungen Mann? Wo werde ich einmal wohnen? Ob ich Kinder bekomme?» Fragen über Fragen, auf die es noch keine direkten Antworten gibt.

In dieser Phase ihres Lebens hat Ihre Tochter drei Aufgaben, die sich zum Teil überschneiden:

- Sie festigt ihre Identität.
- Sie entwickelt ihre Unabhängigkeit.
- Sie wählt ihren Lebensstil.

Es ist zu wünschen, daß Ihre Tochter die Entwicklung der eigenen Persönlichkeit weitgehend abgeschlossen hat, bevor sie in diese Lebensphase eintritt. Jetzt ist es nötig, daß sie ihre Identität an anderen «ausprobiert», vor allem an anderen Erwachsenen, um zu sehen, ob sie wirklich diese Persönlichkeit ist und sein will. Wenn sie versucht, aufgrund dieses neu entwickelten Selbstbewußtseins erste erwachsene Beziehungen anzuknüpfen, ist sie dabei noch immer sehr verletzlich. Mit Ablehnung kann sie noch nicht richtig umgehen, und es kommt vielleicht zu einer ernsthaften Identitätskrise. Deshalb ist sie in der Wahl ihrer Freunde nun besonders vorsichtig. Wohl hat sie einen großen Bekanntenkreis, ein enges Verhältnis pflegt sie aber nur mit ein paar wenigen oder sogar mit überhaupt niemandem.

Unsere Töchter brauchen an diesem Punkt Sicherheit. Sie müssen wissen, daß sie dem anderen Menschen etwas so Empfindliches wie ihr Ich wirklich anvertrauen können. Deshalb erscheinen die Freundschaften, die sie in dieser Phase pflegen, oft sehr seicht und oberflächlich. Nur wenigen sorgfältig getesteten Menschen gewähren sie Zugang zu ihrem Inneren. Und das ist richtig und sogar gut. Es sind Schritte auf dem Weg zu echter Intimität anstatt Isolierung. Sollte Ihre Tochter genau das Gegenteil tun und praktisch jedem das Herz ausschütten, der ihr über den Weg läuft, versucht sie im Grunde dasselbe zu erreichen, nur mit anderen Mitteln. Sie will damit prüfen, ob der bzw. die andere ihre Ehrlichkeit und auch ihre Probleme wirklich ertragen kann. Wer diesen Test besteht, verdient Vertrauen; die anderen nicht.

Beide Typen sind durchaus normal; beide können aber, wenn sie ins Extrem abgleiten, Probleme bekommen. Eine junge Erwachsene, die mit niemandem über ihre Gefühle und Träume reden kann, ist innerlich verkrüppelt. Sie ist auf dem Weg in die Einsamkeit, wo sie keine Freundschaft und echte Liebe erleben wird. Doch auch die junge Frau, die wahllos aus ihrem Leben erzählt, wird einsam werden. Sie zu lieben, ist ein Wagnis, und nur wenige Gleichaltrige werden dieses Wagnis eingehen.

Auf eigenen Füßen

Ihre Tochter ist jetzt auch dabei, die eigene Unabhängigkeit zu sichern. Sie muß es jetzt lernen, ein eigenes Leben aufzubauen, in dem die Eltern nicht mehr im Mittelpunkt stehen. Sie braucht zwar Ihre Unterstützung, aber sie muß auch das Gefühl haben, sie könnte es allein schaffen. Manche jungen Frauen gelangen auf recht eigenartigen Wegen zu dieser Unabhängigkeit. Ich denke an eine, die sich bei einer der großen Universitäten einschrieb. Einmal dort, hörte sie sofort auf, weiter in die Kirche zu gehen. Das bedrückte ihre Eltern, allerdings nicht so sehr wie der Nasenring, den sie sich auch noch piercen ließ. Eher zufällig entdeckte die Mutter an einem Morgen während der Weihnachtsferien, als sie versehentlich ins besetzte Badezimmer stolperte, daß die Tochter auf einer der Hinterbacken eine tätowierte Rose trug. Ihr Vater war nicht sonderlich begeistert, als er die Neuigkeit erfuhr. Als er mich anrief und fragte, was er tun sollte, mußte ich lachen. Ich wollte seine Sorgen zwar nicht herunterspielen oder mich über ihn lustig machen. Aber ich fand es einfach ulkig. Ich riet ihm schließlich, sich eher wegen ihres Rückzugs aus der Gemeinde Gedanken zu machen als wegen des Nasenrings und des Tattoos.

Dieses Mädchen versuchte seine Unabhängigkeit zu demonstrieren, indem es Dinge tat, die es früher nie hatte tun dürfen. Sie sagte den Eltern damit: «Ich kann jetzt machen, was ich will. Ihr habt mir nicht mehr reinzureden.» *Ihre* Tochter läßt sich vielleicht nicht tätowieren, aber sie muß trotzdem lernen, unabhängig zu werden. Vielleicht hört auch sie auf, in die Kirche zu gehen. Vielleicht sucht sie sich eine eigene Gemeinde. Oder sie kommt eines Tages heim und schockiert Sie mit ihren politischen Vorstellungen. Sie sagt, sie wolle jetzt glauben, was *sie* wolle, und das sei allein ihre Entscheidung. Kann sein, daß Ihnen das angst macht, aber für viele junge Frauen gehört es zum Prozeß der Abnabelung dazu.

Entscheidung für das Leben

Es ist nötig, daß unsere Töchter eine eigene Identität finden und unabhängig werden. Nur so können sie entscheiden, wie ihr weiteres Leben aussehen soll. In den nächsten rund sieben Jahren werden sie Entscheidungen zu treffen haben, die über den Rest ihres weiteren Lebens bestimmen. Sie müssen eine Ausbildung und einen Beruf wählen. Sie wählen vielleicht auch einen Ehepartner und überlegen, ob sie Kinder haben wollen oder nicht. Das sind wichtige Fragen, und die Phase, in der sie entschieden werden, ist für uns Väter ebenso beängstigend, wie sie für unsere Töchter aufregend ist. Wir Erwachsenen wissen, welche Folgen ein falscher Schritt hier haben kann. Wir haben Angst vor dem einen Fehltritt, der ihr ganzes Leben ruinieren kann. Und sie sind so unbekümmert und ahnungslos. Manche Töchter scheinen diese Phase ihres Lebens sogar regelrecht zu genießen. Sie wissen ja nichts von unseren angeknabberten Fingernägeln und den Magenkrämpfen.

Aber nun ist es fast zu spät. Wir können unseren Töchtern nicht mehr sagen, wo es langgeht. Wir können sie nicht zwingen, die Dinge zu tun, die wir für gut und richtig halten. Nun stellt sich heraus, ob sie all die Jahre hingehört haben oder nicht. Jetzt sehen wir, ob unser Bemühen, ihnen bleibende Werte und Hilfen zur rechten Entscheidung zu vermitteln, etwas gefruchtet hat. Die langen Jahre der Elternschaft zeigen nun ihre Früchte. Und für unsere Töchter ist diese Phase wichtig. Sie müssen sich ihr Leben selbst gestalten. Sie müssen ihre Entscheidungen treffen. Tun sie es nicht, werden sie nie erwachsen, werden nie zu der unabhängigen, starken Frau, die wir uns doch eigentlich wünschen.

Fünf Fallen

1. Festhalten

Für manche Väter ist dies eine sehr schwierige Periode. Viele freuen sich ein ganzes Leben lang darauf, daß ihre Töchter endlich erwachsen werden. Aber wenn es dann soweit ist, scheuen sie ganz seltsam davor zurück, sie auch loszulassen. Manche Väter versuchen ihre Töchter regelrecht zu überwachen, auch wenn sie schon lange aus der Schule und an der Uni oder im Beruf sind. Die Töchter, die mit uns über ihre Väter redeten, nannten dies den größten Fehler, den ein Vater machen kann – die erste Falle, die wir im Umgang mit unserer jungen erwachsenen Tochter vermeiden müssen: das Festhalten.

Wenn wir unsere Tochter festhalten, stellen wir ihre so hart erkämpfte und überaus nötige Unabhängigkeit in Frage. Wir bewahren sie vielleicht vor manchem Übel (oder meinen es zumindest), aber um welchen Preis? Vergessen wir nicht, jetzt entscheidet sich unsere Tochter für Intimität oder Isolierung, jetzt probiert sie zum ersten Mal aus, wie es ist, als Erwachsene mit erwachsenen Freunden in erwachsenen Beziehungen umzugehen. Wenn wir sie festhalten, verzögern wir ein Stück natürlicher Entwicklung und Ablösung. Und je fester wir sie umklammern, desto heftiger versucht sie sich zu lösen. Ihre Tochter sollte Ihnen ihre Unabhängigkeit nicht mühsam abringen müssen. Geben Sie sie ihr wie ein Geschenk – ein Geschenk zur Abschlußfeier, das wertvoller ist als alles, was man mit Geld kaufen kann.

Wir wissen von einem Vater, der seine Tochter eine Woche, bevor sie zum College abreiste, zum Essen einlud. Sie saßen hoch über der Stadt in einem verglasten Restaurant, unten funkelten die Lichter, vor ihnen flackerten die Kerzen. Das Essen wurde aufgetragen, und er gab seiner Tochter ein kleines Päckchen. «Das ist mein Abschluß- und Abschiedsgeschenk für dich», sagte er. «Hier drin ist alles, was ich dir beizubringen versucht habe, und alles, wofür Mutter und ich dein ganzes Leben lang gearbeitet haben.» Das Päckchen enthielt eine kleine Bibel und einen Brief. Darin stand etwa folgendes:

> Liebe Susan,
> ich habe dich sehr gern, und ich bin stolz auf dich. Ich freue mich darauf, mitzuerleben, wie du nun eine erwachsene Frau wirst, mit all den Entscheidungen und Veränderungen, die jetzt auf dich zukommen. Was ich dir hier heute abend schenke, das ist deine Unabhängigkeit. Du hast sie dir verdient. Du bist jetzt erwachsen. Du sollst deine eigenen Entscheidungen treffen, das ganze Leben wartet auf dich. Ich vertraue dir. Ich glaube, du wirst eine wunderbare Frau werden. Die Bibel soll dir helfen, den richtigen Weg zu finden. Ich kann nicht mehr immer für dich dasein. Du brauchst jetzt andere Hilfe. Lies dieses Buch. Mir hat es immer geholfen.
>
> *In Liebe,*
> *Dein Vater*

Dieser Vater hat etwas davon begriffen, was Unabhängigkeit bedeutet, und er hat so die Falle des Festhaltens erfolgreich umschifft.

2. Rückzug

Es ist eine Sache, die Tochter loszulassen und ihr genug Freiheit zu geben, damit sie sich zur Erwachsenen entwickeln kann – zu einer erwachsenen Person, die fähig ist zu eigenen Entscheidungen und auch dazu, die Folgen ihres Tuns zu überdenken. Etwas anderes ist es, sich nun aus dem Leben der Tochter gänzlich zurückzuziehen. Die zweite Falle, die wir vermeiden müssen, besteht darin, unsere Töchter nun einfach ihrem Schicksal zu überlassen. Sie brauchen zwar ihre Unabhängigkeit, sie müssen aber auch immer noch wissen, daß sie uns wichtig sind und wir für sie da sind, wenn sie uns brauchen. Das ist oft eine regelrechte Gratwanderung. Halten wir sie zu fest, rauben wir ihnen die Unabhängigkeit. Lassen wir sie gänzlich los, nehmen wir ihnen das Gefühl von Sicherheit und Geborgenheit.

Janina ist eine lebhafte Vierundzwanzigjährige. Sie erzählte, sie habe immer ein enges Verhältnis zu ihrem Vater gehabt, selbst während der Pubertät. Aber als sie aufs College ging, passierte etwas Seltsames. «Es war, als sei Vater plötzlich vom Erdboden verschluckt», sagt sie. «Wenn ich anrief, wechselten wir ein paar kurze Worte, und dann gab er den Hörer an Mutter weiter. Wenn ich in den Ferien zu Hause war, verbrachte er die ganze Zeit mit meinem jüngeren Bruder. Ich kam mir vor, als wäre ich eine Fremde. Das hat mir weh getan, und als ich ihn im zweiten Jahr am College gebraucht hätte, da habe ich mich nicht getraut, bei ihm anzurufen, weil ich Angst hatte, er würde mich abwimmeln.»

Janinas Vater hatte das Gefühl, sein Auftrag sei nun erledigt. Er hatte die Tochter großgezogen, und nun stand sie auf eigenen Füßen. Aber er sagte ihr das nie. Er fing einfach an, sich mehr dem jüngeren Kind zu widmen. Janina kam sich überflüssig und mißachtet vor. Sie wollte zwar unabhängig sein; genauso brauchte sie aber noch die Sicherheit, die der Vater ihrem Leben geben konnte. Er dachte, er verhalte sich richtig, wenn er ihr nicht ständig über die Schulter schielte und jeden Schritt kontrollierte. Damit hatte er zwar recht, aber er übersah, daß ein großer Unterschied besteht zwischen dem Festklammern und dem Trotzdem-noch-Dasein, wenn man gebraucht wird. Er zog sich von ihr zurück. Das Fundament, auf dem ihre Sicherheit sich gründete, war aber seine Liebe und Zuwendung. Weil sie nun das Gefühl hatte, er hätte ihr seine Liebe und Zuneigung entzogen, wurde sie unsicher.

3. Retter aus jeder Not

> Wenn ich zurückschaue, erkenne ich ziemlich deutlich, was ich eigentlich getan habe. Jedesmal, wenn sie irgendwelche Probleme hatte, habe ich sie rausgeholt. Als sie aufs College ging,

gaben wir ihr fünfhundert Dollar für das erste Semester. Wir sind nicht reich. Wir hatten lange gespart, damit sie überhaupt aufs College konnte, und das Geld war für uns keine Kleinigkeit. In vier Wochen hatte sie es ausgegeben. Als sie anrief und anfing zu betteln, schickten wir ihr mehr. So ging es dann immer weiter. Aber es war nicht nur das Geld. Jedesmal, wenn sie irgend etwas falsch machte, bügelte ich den Fehler aus. Jedesmal, wenn sie ein Problem hatte, versuchte ich zu helfen. Ich dachte, so sollte es auch sein. Jetzt ist sie fast dreißig, nicht verheiratet und hat einen Sohn. Wir kümmern uns um ihn. Sie selbst hat dazu keine Lust. Sie lebt immer noch so verantwortungslos wie ein Kind.

Ryan

Wenn unsere Töchter sich zu jungen Erwachsenen entwickeln und wir sie in die Unabhängigkeit entlassen, müssen sie auch lernen, die Verantwortung zu übernehmen, die damit verbunden ist. Wir können nicht jedesmal zu ihrer Rettung herbeieilen, wenn sie eine falsche Entscheidung getroffen haben. Eine der Grundlagen des Erwachsenseins besteht darin, mit den Folgen unseres Handelns leben zu lernen. Unsere Töchter müssen lernen, daß ein Erwachsener für das, was er sagt oder tut, die Verantwortung übernimmt. Sie müssen wissen, daß ein Erwachsener die Konsequenzen trägt. Erwachsene rennen nicht hilfesuchend zu Mama oder Papa, um bei ihnen Schutz zu verlangen.

Wir müssen sie zwar unterstützen und lieben, aber wir müssen sie nicht immer freikaufen. Wenn Ihre Tochter das Auto zu Schrott fährt und die Versicherung in die Höhe schnellt, dann nehmen Sie sie nicht einfach mit auf Ihre Police. Lassen Sie sie ein Jahr lang zu Fuß gehen oder den Bus benutzen. Das heißt erwachsen sein. Wenn sie mit der neuen Kreditkarte das Konto überzieht und nicht weiß, wie sie die Kosten zahlen soll, dann lassen Sie sie eine Arbeit suchen und die Schulden abstottern. Zu viele Väter versuchen ihre Töchter zu «retten». Es ist, als wären sie noch einmal sieben Jahre alt und wir könnten mit einem Kuß und unserem Scheckheft alle Probleme verscheuchen. Sie schenken uns ein entwaffnendes Lächeln, sagen uns, wie toll sie uns finden, und einen Tag lang oder zwei kommen wir uns vor wie der große Held. Unser Ego wird gekitzelt, unser Beschützerinstinkt erhält neue Nahrung. Aber was dabei herauskommt, ist nicht immer gut.

Wenn wir unsere Töchter aus allen Nöten retten, werden sie keine guten Ehepartner, keine guten Freunde und auch keine guten Mütter. Wenn wir ihnen ständig zu Hilfe kommen, dann werden sie irgendwann sogar anfangen, uns zu verachten – sie verlieren den Respekt vor uns, weil wir ihnen so offensichtlich zu Füßen liegen. Aber vor allem ziehen wir so ein Kind heran, das kein Verantwortungsbewußtsein kennt, das nie wirklich erwachsen wird. Darum spielen Sie nicht den Retter aus jeder Not. Aber seien Sie bereit, Mut zu machen und bedingungslose Liebe zu schenken.

4. Einmischung

Falle Nummer vier ist für viele geradezu unwiderstehlich. Wir tun es zwar nicht absichtlich, und wir wollen auch nicht den Anschein erwecken, als kämen unsere Töchter ohne uns nicht zurecht, aber trotzdem mischen wir uns in ihr Leben ein. Sie überlegen, an welche Uni sie gehen wollen, und wir kommen mit einem besseren Vorschlag und drängen sie in diese Richtung. Sie bewerben sich um eine Stelle, aber wir vermitteln ihnen einen Bombenjob in der Firma ganz in der Nähe unseres eigenen Arbeitsplatzes. Sie kommen mit einem Freund, und wir unterziehen ihn einer sorgfältigen Prüfung und kommen zum Schluß, daß ihm Intelligenz und Initiative fehlen, und wir erklären unserer Tochter auch haargenau, was uns an ihm nicht paßt. Kurz, wir müssen in alles unsere Nase hineinstecken. Diese Art der Einmischung hat aber schon viele Vater-Tochter-Beziehungen kaputtgemacht. Wenn wir uns nicht heraushalten können, bedeutet das letztlich, daß wir unseren Töchtern nicht wirklich vertrauen. Wir geben ihnen zu verstehen, daß sie ohne uns eigentlich nicht zurechtkommen. Das schadet ihrem Selbstbewußtsein und bringt ihre Persönlichkeit durcheinander. Wenn sie uns dann irgendwann anbrüllen, wir sollten uns aus ihrem Leben heraushalten, wenden wir uns beleidigt ab und fragen uns, was wir denn eigentlich falsch gemacht haben.

> Mein Vater konnte einen einfach nicht allein machen lassen. Ich meldete mich für eine neue Schule an, und er brachte mich mit dem Auto hin und unterhielt sich dann eine halbe Stunde lang mit meinem Tutor. Es war mir furchtbar peinlich. Als ich die Zwischenprüfung in Englisch nicht bestand, rief er den Lehrer an. Als ich den Ferienjob hinschmiß, telefonierte er mit dem Chef. Zum Schluß habe ich ihm gar nicht mehr erzählt, was ich mache. Das war einfacher.
>
> *Janda*

Das Schlimmste, was wir mit unserer ständigen Einmischung bewirken, ist, daß wir die Gesprächsbasis mit unserer Tochter zerstören. Sie wird wütend, oder sie fängt an zu schmollen und zieht sich zurück. Das kann soweit gehen, daß wir in ihrem Leben schließlich keine nennenswerte Rolle mehr spielen. Wir setzen eine über Jahre gewachsene Beziehung aufs Spiel, weil wir es nicht schaffen, Grenzen zu ziehen und uns dann auch daran zu halten.

5. Liebesentzug

Das ist von allen die schlimmste Falle. Wenn unsere Töchter zu jungen Erwachsenen werden und anfangen, ihr Leben selbst zu gestalten, werden sie unweigerlich auch Entscheidungen treffen, zu denen wir nicht ja sagen können. Sie tun Dinge, die in unseren Augen Sünde sind und die wir verabscheuen. Manche Väter reagieren darauf mit Liebesentzug. Wir strafen unsere Töchter, weil sie nicht unseren Wünschen folgen, und machen ihnen klar, daß unsere Liebe von ihrem Wohlverhalten abhängt.

So kann man vielleicht einen Hund dressieren, aber nicht die eigene Tochter.

Gewiß müssen wir nicht alle Entscheidungen unserer Töchter gutheißen. Wir brauchen auch nicht schweigend zuzusehen, wie sie einen falschen Weg einschlagen. Wir können und sollen unsere Bedenken angemessen äußern. Aber unsere Töchter müssen wissen, daß wir sie immer lieben, egal, was sie tun, und egal, wie weit sie in die Irre laufen. Wir können streng sein, aber auch die Strenge muß in der Liebe gründen, und sie müssen das wissen. Sie müssen wissen, daß unsere Liebe nicht davon abhängt, was sie tun, sondern daß wir sie als Person lieben.

Wenn sie statt dessen von uns lernen, daß wir sie nur dann lieben, wenn sie das Richtige tun – zu unserer Zufriedenheit funktionieren und die richtigen Antworten geben –, dann tragen wir dazu bei, daß sie einer ganz gefährlichen Lüge auf den Leim gehen, einer Lüge, die alle ihre Freundschaften und auch ihre Ehe beeinträchtigen wird. Unsere Liebe darf nicht davon abhängen, was unsere Töchter tun. Wir lieben sie, weil sie unsere Töchter sind. Unsere Liebe ist auch nicht wie die berühmte Karotte, mit der wir sie in die Richtung lenken wollen, die wir uns vorstellen. Das wäre nichts anderes als Manipulation, und das ist falsch. Unsere Liebe muß beständig sein.

Manchmal kann Liebe bedeuten, daß wir sie zur Rede stellen. Manchmal kann sie bedeuten, daß wir die finanzielle Unterstützung verweigern und sie nicht aus jedem Schlamassel herausholen, aber es ist immer noch Liebe. Wenn Sie möchten, daß Ihre Tochter einen Irrtum einsieht und wieder auf den rechten Weg zurückfindet, dann muß sie wissen, daß ihr vergeben wird, daß sie jederzeit nach Hause zurückkommen kann und Sie dort voll Liebe auf sie warten. Sie muß wissen, daß Sie sie nie aufgeben und nie aufhören werden, sie zu lieben, auch wenn sie das Verkehrte tut. In Ihrer Liebe liegt die Kraft, sie zum Guten zu führen.

Paps sagte, ich sei jetzt selbständig, aber im Grunde hat er es nie so gemeint. Wenn ich etwas tat, womit er nicht einverstanden war, strafte er mich mit Liebesentzug und tat so, als würde ich gar nicht existieren. Er war nicht mehr zärtlich und nahm mich nicht mehr in den Arm, wenn ich zur Tür hereinkam. Das war ziemlich hart. Ich habe meinen Vater gern, aber nach einer Weile habe ich ihn nur noch verwünscht. Wenn er mich nicht um meiner selbst lieben kann, dann kannst du das doch vergessen.

Rachel

Was sollen wir tun?

Nun, jetzt wissen wir zwar, was wir *nicht* tun sollen. Was aber brauchen unsere Töchter von uns, wenn sie junge Erwachsene sind? Die Töchter, mit denen wir gesprochen haben, erwähnten vor allem drei Dinge, obwohl sie sie auf die verschiedenste Weise geschildert haben: unsere Weisheit, unser Wissen und unsere Erfahrung.

Ich stehe vor ein paar recht schwierigen Entscheidungen. Ich bin froh, daß ich meinen Vater habe. Er hat in seinem Leben einige gute Entscheidungen getroffen. Ich muß meine Ideen an ihm ausprobieren. In der Regel bekomme ich von ihm ein sehr gutes Echo.

Lori

Dad ist phantastisch. Er hat selbst eine Menge erlebt und viel gesehen. Dadurch hat er ein gutes Urteilsvermögen. Wenn ich Hilfe brauche, dann weiß er fast jedesmal eine Geschichte, die mir hilft, die Sache in einem neuen Licht zu sehen.

Tamara

Mein Vater ist, glaube ich, ziemlich gescheit. Er ist besonnen und nachdenklich. Wenn ich ihn um Rat frage, dann denkt er manchmal einen ganzen Tag nach, bevor er mir antwortet. Ich weiß, daß er sich sehr viele Gedanken gemacht hat.

Dana

Unsere Töchter brauchen etwas, das nur wir ihnen geben können – die Weisheit, das Wissen und die Erfahrung, die wir selbst im Laufe unseres Lebens angesammelt haben. Unsere Töchter stehen vor schwierigen Entscheidungen, und ihnen stehen der Reichtum an Informationen und der sichere Instinkt, der aus der Erfahrung kommt, noch nicht zur Verfügung. Wenn sie uns fragen, erwarten sie von uns auch Hilfe. Wenn sie Angst haben, rechnen sie damit, daß wir sie aufgrund unserer Erfahrung trösten können. Wenn das Leben ihnen eins auswischt, gehen sie davon aus, daß die vielen Jahre, die wir ihnen voraus haben, uns etwas gelehrt haben, das wir nun an sie weitergeben können. Wenn alles so kompliziert erscheint, hoffen sie, daß die Weisheit unserer Jahre ihnen die richtige Richtung zeigen kann.

Aber setzen Sie Ihr Wissen, Ihre Weisheit und Erfahrung möglichst behutsam ein. In den meisten Fällen ist es am besten, wenn Sie warten, bis Sie gefragt werden. Wenn Sie Ihr Wissen zu häufig ungefragt anbieten, wird es irgendwann überhört. Wenn Sie es andererseits zu lange für sich behalten, ist auch nichts gewonnen. Darum achten Sie darauf, daß Sie den richtigen Moment erwischen, und sagen Sie dann in aller Ruhe, was Sie wissen. Und dann treten Sie wieder zurück und überlassen es Ihrer Tochter, was sie mit den Informationen anfängt und wie sie reagiert. Versuchen Sie nicht, ihr mit Gewalt Ihr Wissen einzutrichtern. Gebrauchen Sie Ihre Erfahrung nicht wie eine drohende Keule. Hüten Sie sich vor Bevormundung, und achten Sie darauf, daß diese drei Dinge für Ihre Tochter zu einem sicheren Wert werden können, auf den sie auf dem Weg zum Erwachsenwerden und in ein eigenes Leben gern und dankbar zurückgreifen kann.

Entscheidungen und Veränderungen

Anleitung: Bewerten Sie die folgenden Aussagen mit Hilfe der angegebenen Skala: 1 = Stimmt hundertprozentig; 2 = Trifft ziemlich zu; 3 = Bin unsicher; 4 = Trifft kaum zu; 5 = Trifft überhaupt nicht zu.

____ 1. Ich habe meine Tochter immer noch fest im Griff, auch wenn sie eine junge Erwachsene ist.

____ 2. Es fällt mir schwer, meiner Tochter die Unabhängigkeit zuzugestehen, die sie will und braucht.

____ 3. Ich muß nicht mehr für meine Tochter «da sein». Sie ist schließlich selbständig.

____ 4. Meine Tochter möchte gern selbständig sein, und ich habe das Gefühl, sie braucht mich jetzt nicht mehr.

____ 5. Ich fühle mich immer noch verantwortlich für meine fast erwachsene Tochter und für das, was sie tut.

____ 6. Ich eile meiner Tochter als Retter in der Not zu Hilfe, sooft sie Probleme hat.

____ 7. Ich mische mich immer noch ein, wenn meine Tochter Entscheidungen treffen muß.

____ 8. Meine Tochter würde sagen, ich mische mich zu sehr in ihr Leben ein.

____ 9. Wenn meine Tochter etwas tut, womit ich nicht einverstanden bin, reagiere ich kühl und abweisend.

____ 10. Ich lasse meine Tochter manchmal spüren, daß ich sie wegen ihres Lebensstils und ihres Verhaltens nicht mehr so gern habe.

____ Total

Auswertung: Zählen Sie die Punkte zusammen. Liegt die Summe zwischen 40 und 50, schaffen Sie es recht gut, die Fallen zu vermeiden, in die viele Väter fast erwachsener Töchter tappen. Haben Sie zwischen 30 und 40 Punkten, machen Sie einiges richtig, sollten sich die Punkte, wo Sie nicht so gut abgeschnitten haben, aber einmal etwas genauer ansehen. Hatten Sie weniger als 30 Punkte, dann sollten Sie vielleicht bei einem Freund, einem Seelsorger oder einem Therapeuten Hilfe suchen.

Teil 3

Unsere Tochter und die Sexualität

Kapitel 7

Ein Wort mit «S»

Über die Sexualität reden lernen

Es war, als wäre mein kleines Mädchen über Nacht erwachsen geworden. Sie war hübsch, und das hatte ich immer für einen Vorteil gehalten. Aber dann wurde mir bewußt, daß das die Sache mit dem Sex wahrscheinlich ziemlich kompliziert machen würde. Und plötzlich wünschte ich mir, meine Tochter wäre doch nicht ganz so attraktiv.

Tony

Ich habe mit Ruth nie über Sex geredet. Ich weiß, eigentlich hätte ich es tun sollen, aber ich hatte keine Ahnung, was ich ihr sagen sollte. Deshalb überließ ich die ganze Sache ihrer Mutter. Mir war einfach nicht ganz wohl dabei.

Robert

Mir wurde bewußt, daß meine Tochter eine Frau geworden war, als ich einmal zufällig ins Bad stolperte, während sie unter der Dusche stand. Sie schrie und brüllte mich an. Ich hatte zwar nichts gesehen, aber ich kam mir doch ziemlich komisch vor. Ich meine, wie geht man damit um, wenn das Mädchen, das man sonst immer auf dem Schoß gehalten hat, auf einmal all das hat, wovon man selbst als Junge ständig geträumt hat? Das kann einen wirklich durcheinanderbringen.

Daniel

Mein Vater versuchte mit mir über Sex zu reden. Er hat sich wirklich bemüht, aber irgendwie schaffte er es nie, einen Satz zu Ende zu bringen. Er fing an, dann sah er mir ins Gesicht und wurde nervös, seine Stimme begann zu schwanken, und schließlich sagte er: «Na ja, du weißt schon, was ich meine, nicht wahr?» Ich habe ihn sehr gern, aber wenn es um das Thema Sex ging, war er keine große Hilfe.

Rachel

Mein Vater hat mit mir über Sex geredet, aber es klang bei ihm alles so unnatürlich. Mir war wirklich nicht wohl, wenn ich mit ihm darüber sprach. Und ich glaube, ihm war auch ziemlich ungemütlich dabei. Das Komische war: Als er anfing, mit mir darüber zu reden, da hatte ich schon Sex – nicht ständig, aber ich war keine Jungfrau mehr. Das habe ich ihm natürlich nicht gesagt. Ich glaube, er hätte einen Herzinfarkt bekommen.

Nicole

Mein Vater hat nie mit mir über Sex gesprochen. Er hat mir nur immer Vorträge gehalten und mich angebrüllt. Und später kamen dann die Vorwürfe. Ich kann mich nicht entsinnen, daß er mich je einmal gefragt hätte, was ich denke oder wie mir zumute sei. Er hatte für alles eine Antwort; er wußte, was richtig ist und was falsch, und das setzte er durch. Die ganze Zeit, die ich in der Highschool war, vermittelte er mir das Gefühl, als würde er mir nicht trauen. Erst am Ende des letzten Schuljahrs habe ich zum ersten Mal mit einem Jungen geschlafen, aber mein Vater behandelte mich die ganze Zeit, als wäre ich eine Nutte.

Tanja

Sex. Drei Buchstaben, die jedem Vater, mich eingeschlossen, ein hilfloses Stammeln entlocken, das gewöhnlich mit den Worten endet: «Willst du nicht lieber mit Mutter darüber reden?» Ich weiß nicht wieso, aber es fällt uns ungeheuer schwer, überhaupt nur zuzugeben, daß unsere Töchter sexuelle Wesen sind. Und noch schwerer fällt es uns, mit ihnen darüber zu sprechen. Am liebsten würden wir dem Thema ganz aus dem Wege gehen, weil wir von vornherein das Gefühl haben, es könnte nichts Gutes dabei herauskommen. Was passiert, wenn wir etwas Falsches sagen? Was ist, wenn unsere Töchter uns für hoffnungslos antiquiert halten? Oder noch schlimmer: Wie soll ich mich verhalten, wenn ich meine Tochter selbst sexuell anziehend finde? Bin ich schon ein halber Sexualtäter, wenn ich auf ihre erotische Ausstrahlung anspreche?

Das sind heiße Fragen; deshalb versuchen wir in der Regel schlichtweg zu ignorieren, daß unsere Töchter einen Busen und Schamhaar bekommen. Auf keinen Fall wollen wir über ihre, nun... «du weißt schon, die Sache jeden Monat» sprechen. Und der Gedanke, unsere Kleine könnte womöglich Geschlechtsverkehr haben, wird so schnell wie möglich verdrängt. Daran wollen wir nun wirklich nicht einmal denken.

> Christine und ich waren die besten Freunde. Ich dachte, wir kämen sehr gut miteinander aus. Die Pubertät setzte bei ihr recht spät ein, sie war schon dreizehn. Aber dann war es, als wäre sie über Nacht eine erwachsene Frau geworden. Sonst hatte ich sie immer auf den Schoß genommen, aber dafür war sie jetzt zu alt, und mir war auch nicht mehr wohl dabei. Eines Tages streifte sie mich zufällig mit ihrer Brust. Sie war erst vierzehn, aber irgendwie fand ich das ziemlich sexy. Danach habe ich mich nicht mehr getraut, sie zu berühren. Das Thema Sex brachte ich überhaupt nie zur Sprache. Das habe ich ihrer Mutter überlassen.
>
> *Richard*

Richards Verwirrung und seine Befangenheit sind normal und verständlich. Die meisten Väter begreifen nicht bis ins Letzte, was da mit ihrer nicht mehr ganz so kleinen Tochter vorgeht. Wir wissen, was die Pubertät für *uns* bedeutet hat, aber wir vermuten, daß Mädchen diese Zeit ganz anders erleben und wir völlig ungeeignet sind, mit ihnen darüber zu reden oder ihnen womöglich einen Rat zu geben. Wenn die Tochter uns den neuen Badeanzug vorführt und plötzlich erotische Gefühle in uns wach werden, grunzen wir vielleicht eine unverständliche Bemerkung und verschwinden schnell wieder hinter der Zeitung. Die eigene Reaktion macht uns angst, und wir sind nicht bereit, uns damit auseinanderzusetzen. Die Tochter wendet sich daraufhin enttäuscht ab. Sie hat den Eindruck, ihr Vater lehne sie als sexuelles Wesen ab und sie sei nicht liebenswert. Und dieses Empfinden kann in ein paar Jahren verheerende Folgen zeitigen.

Väter, die ihre Tochter ganz und umfassend und in der rechten Weise lieben und ihrer Tochter ein Leben lang ein guter Freund sein wollen, müssen es lernen, mit der Sexualität ihrer Tochter umzugehen. Wir müssen verstehen, was in unserem Kind vorgeht, was es von uns braucht und wie wir mit ihm über die erwachende Sexualität reden können.

Was passiert mit meiner Kleinen?

Beschäftigen wir uns zunächst ein wenig mit Biologie! Das beginnende Wachstum der Brüste ist normalerweise ein erstes Zeichen für den Anfang der Pubertät. Bei manchen Mädchen sprießt zunächst das Schamhaar. Im allgemeinen beginnt der Busen ab etwa dem zehnten Lebensjahr zu wachsen, und das setzt sich über drei Jahre fort. Die erste Menstruation, Menarche genannt, tritt verhältnismäßig spät ein, im allgemeinen im Alter von etwa dreizehn Jahren. Für die Eltern wie die Tochter kommt diesem Ereignis meist eine recht große Bedeutung zu. Es ist, als wäre die Tochter plötzlich zur Frau geworden. Wirkliche sexuelle Reife wird allerdings erst in den frühen zwanziger Jahren erreicht.

Soviel zur Biologie. Sexualität ist aber weit mehr. Sie hat genauso psychologische, zwischenmenschliche und sogar geistliche Aspekte. Mit den biologischen Fakten kennt sich jedes Kind aus, das am Aufklärungsunterricht in der Schule teilgenommen hat. Es sind die anderen Bereiche, die unserer Tochter die Probleme bereiten (und in der Folge auch uns Vätern).

Mit zunehmender sexueller Entwicklung entdeckt unsere Tochter zweierlei. Zunächst einmal erlebt sie, daß die Jungen mit ihrer Entwicklung nicht Schritt halten. Die Pubertät setzt bei Jungen später ein, und die körperlichen Veränderungen gehen langsamer vonstatten und sind natürlich bei den Jungen nicht so sichtbar wie zum Beispiel der Busen bei den Mädchen. Das führt dazu, daß viele Mädchen sich jetzt in der Gegenwart von Jungen unwohl fühlen. Gerade jetzt, wo sie anfangen, für die Jungen, mit denen sie schon im Kindergarten befreundet waren, erotische Gefühle zu entwickeln, stellen sie auf einmal fest, daß der eigene Körper sich verändert. Und das macht sie unter Umständen befangen. Sie sehen die Jungen an und können dort keine entsprechenden Veränderungen entdecken. Das führt sie womöglich zu dem Schluß: «Ich bin anders. Ich bin häßlich. Ich bin plump und komisch.» Dazu kommt noch, daß die Jungen selbst in dieser Phase keine große Hilfe sind. Mädchen, die schon früh einen Ansatz zum Busen entwickeln, werden oft ausgelacht oder begafft. Das macht sie dann noch gehemmter.

Das zweite, was unseren Töchtern auffällt, sind ihre körperlichen Veränderungen im Vergleich zu denen anderer Mädchen ihres Alters. Nicht nur Jungen und Mädchen, auch die Mädchen selbst entwickeln sich unterschiedlich schnell. Und: Jedes Mädchen sieht anders aus. Ihre Tochter wird die Größe ihrer Brust wahrscheinlich mit Form und Größe der Brust ihrer Freundin vergleichen, und dann kann es leicht zu Minderwertigkeitskomplexen kommen. Wenn der Busen Ihrer Tochter schneller wächst und größer ist als bei den anderen, schämt sie sich womöglich. Wächst er hingegen langsamer und sie sieht noch «kindlich» aus, während alle Freundinnen wirken, als wären sie schon dreiundzwanzig, ist ihr das genauso peinlich.

Kurz gesagt, unseren Töchtern ist oft äußerst unwohl in ihrer Haut. Deshalb werden sie häufig unsere Bestätigung und Anerkennung suchen. Das ist für viele Väter eine eigenartige Situation. Irgendwie scheint es nicht recht, die Sexualität der eigenen Tochter lobend hervorzuheben. Ja, es erscheint uns eher unnatürlich, sie überhaupt zur Kenntnis zu nehmen. Aber genau das ist so wichtig.

Wenn wir die Sexualität unserer Tochter verstehen und mit ihr darüber reden wollen, müssen wir darum zunächst einmal eines tun: *Wir müssen diese Sexualität akzeptieren und bestätigen.* Bis jetzt sind wir der wichtigste Mann im Leben unserer Tochter. Wir verkörpern für sie in einem ganz konkreten Sinne «den Mann als solchen». Wenn wir sie mit ihrer Sexualität nicht annehmen, ist sie unter Umständen gezwungen, sich die Bestätigung anderswo zu suchen, oder es gelingt ihr nicht, die Entwicklung der eigenen Persönlichkeit so abzuschließen, wie es nötig wäre, denn Geschlecht und Sexualität sind ein wesentlicher Aspekt bei dieser Entwicklung.

Was heißt es nun konkret, die Sexualität unserer Tochter zu akzeptieren und zu bestätigen? Zunächst einmal wollen wir darüber reden, was es *nicht* bedeutet. Es heißt nicht, daß wir den sexuellen Kontakt mit unserer Tochter suchen. Erotische Berührungen, erotisches Flirten, ja selbst zweideutige Witze sind für einen verantwortungsbewußten Vater absolut tabu. Solches Verhalten ist eine Art sexueller Mißbrauch, auf den wir in Kapitel 9 noch ausführlicher zu sprechen kommen. Unsere Tochter als sexuelles Wesen bestätigen heißt aber, sie spüren lassen, daß wir stolz sind auf ihr Frausein; ihr zu verstehen geben, daß das Sexuelle ein Teil ihrer Persönlichkeit ist, ein wichtiger, guter Teil, der von Gott selbst in sie hineingelegt wurde. Sie braucht sich wegen ihrer Geschlechtlichkeit nicht zu schämen. Sie muß auch nicht so tun, als würde die äußere Entwicklung nicht von entsprechenden erotischen Gedanken begleitet. Die Geschlechtlichkeit ist ein Teil ihrer Persönlichkeit, und sie muß es lernen, sich damit wohlzufühlen.

Wenn Ihre Tochter Ihnen das neue Kleid vorführen will, dürfen Sie dazu ruhig Ihren Kommentar abgeben. «Du siehst phantastisch aus, Schatz, das Kleid steht dir ausgezeichnet. Du bist wirklich kein Kind mehr. Wenn ich dich so sehe, bin ich richtig stolz auf die Frau, die du allmählich wirst.» Das sind Sätze, die Ihre Tochter in ihrer geschlechtlichen Rolle bestätigen und ihr zeigen, daß Sie wahrnehmen, was mit ihrem Körper passiert. Sie enthalten aber keine Andeutung darauf, daß Sie auf der sexuellen Ebene reagieren oder Ihre Tochter in Zukunft Angst vor Ihnen haben muß. Eine Tochter, die solche Worte von ihrem Vater hört, fühlt sich geliebt und bestätigt. Sie spürt, daß ihr Vater die körperlichen Veränderungen an ihr zur Kenntnis nimmt und darauf in angemessener Weise reagiert. Das gibt ihr Sicherheit.

Wenn Ihre Tochter ein Kleid vorführt und Sie beim Anschauen sinnliche Gefühle bekommen, müssen Sie nicht gleich in Panik ausbrechen. Das heißt nicht, daß Sie nächstens wegen Mißbrauchs ins Gefängnis wandern. Nein, es ist ganz natürlich, daß Männer – Väter – beim Anblick eines hübschen Mädchens instinktiv und körperlich reagieren. Wichtig ist, was Sie mit diesen Gefühlen machen. Ihnen nachgeben ist auf jeden Fall verkehrt. Ja, selbst eine Bemerkung wie: «Wow, das bringt deine Kurven ja ganz schön zur Geltung!» ist keine allzu gute Idee. Damit wird schon eine Verbindung von der Sexualität Ihrer Tochter zu Ihrer eigenen gezogen.

Andererseits wäre es auch falsch, Ihre Tochter ganz zu ignorieren, wenn sie doch so offensichtlich Ihre Anerkennung sucht (warum sonst würde sie Ihnen das neue Kleid zeigen?). Dann meint sie, sie sei häßlich und nicht begehrenswert – ein Gefühl, das sie später vielleicht mit Hilfe anderer Männer zu widerlegen sucht. Oder sie bekommt den Eindruck, irgend etwas an ihr, an ihrem Aussehen, ihrer Geschlechtlichkeit, sei schmutzig, und man dürfe nicht darüber reden. Auch das ist nicht gesund.

Damit berühren wir einen zweiten Schlüssel zum Verständnis der Sexualität unserer Töchter und zum angemessenen Reden darüber: *Unsere Töchter brauchen Anleitung, wie sie ihre Geschlechtlichkeit in der rechten Weise ausleben können.* Ich sehe schon, wie Sie unruhig auf Ihrem Platz hin und herrutschen, während ich diesen Satz tippe. Wie kann ich, ein Mann, meiner Tochter beibringen, wie sie ihre Geschlechtlichkeit in der rechten Weise zum Ausdruck bringen kann? Wie kann ich als Vater meiner Tochter erklären, was sie mit bestimmten Verhaltensweisen bei Männern auslöst, ohne dabei komisch zu wirken?

Den meisten von uns wäre es lieber, wenn unsere Töchter das alles von ihren Müttern erführen. Aber das geschieht höchst selten. Viele Mütter fühlen sich genauso unbehaglich wie wir, wenn sie mit ihren Töchtern über sexuelle Fragen reden sollen. Zu viele Mädchen müssen es lernen, ohne die Hilfe und die liebevolle Anleitung ihrer Eltern mit ihrer Sexualität fertig zu werden. Dabei werden sie jedesmal mit dem Thema konfrontiert, wenn sie an einer Reklametafel vorbeikommen oder im Fernsehen einen Werbespot sehen. Sie erhalten ihre Informationen von Freunden, durch die Musik, die sie hören, und die Filme, die sie sich anschauen. Und die Botschaften, die ihnen da vermittelt werden, stehen meist in krassem Gegensatz zu unseren eigenen Werten. Die Botschaften unserer modernen Kultur zum Thema Sex sind im besten Falle unmoralisch, im schlimmsten Fall gefährlich. Liebe Väter, unsere Töchter brauchen uns! Es gibt viele Dinge, die unsere Frau besser im Griff hat. Aber es gibt auch manches, was nur ein Vater richtig kann, und manchmal gehört dazu auch das Gespräch über die Sexualität.

So müssen wir unserer Tochter zum Beispiel erklären, wie ihre Kleidung auf Männer wirkt. Sie muß erfahren, daß es nicht allein ihre Aufgabe ist, nein zu sagen, sondern daß auch die Jungen dafür verantwortlich sind, Grenzen zu setzen. Und vor allem müssen wir ihr zeigen, was die Bibel zum Thema Sexualität zu sagen hat. Gott hat uns als geschlechtliche Wesen geschaffen; er hat uns aber auch Richtlinien gegeben, an denen wir uns orientieren können. Diese Richtlinien müssen wir unseren Töchtern vermitteln und ihnen helfen, zu einem eigenen Wertsystem im Bereich der Sexualität zu gelangen.

Aber versuchen Sie das alles nicht allein. Reden Sie mit Ihrer Frau. Einigen Sie sich darauf, wer was sagen soll und wie Sie mit bestimmten Problemen umgehen wollen. Teilen Sie sich die Verantwortung, so daß Ihre Tochter von beiden Seiten informiert wird. Selbst wenn Sie geschieden sind, sollten Sie mit Ihrer Ex-Frau über dieses Thema reden. Gehen Sie nicht stillschweigend davon aus, daß sie Ihrer Tochter schon alles Nötige erklären wird.

Vier verbreitete Arten, mit Töchtern über die Sexualität zu reden

1. Der autoritäre Vater

> Mein Vater hat nie richtig über Sex mit mir geredet. Er hat mir nur Vorträge darüber gehalten, wie schlimm Make-up sei und daß die Jungen mich, wenn ich zuviel auftrage, für eine Nutte halten und auch entsprechend behandeln würden. Dasselbe galt für Shorts, wenn sie zu kurz waren, und für zu tiefe Ausschnitte. Aber er hat sich nicht richtig mit mir über diese Dinge unterhalten. Ich kam nie dazu, auch einmal etwas dazu zu sagen. Er hat mir einfach gesagt, wo es langgeht, und damit hatte es sich.
>
> *Alexa*

Der autoritäre Vater ist überzeugt, daß er das Rechte tut. Seine Tochter kennt genau seine Haltung zu den wichtigen Fragen des Lebens, und der Sex bildet da keine Ausnahme. Wenn er mit ihr darüber redet, was ihm wichtig ist, sorgt er dafür, daß ihr auch unmißverständlich klar ist, was er von ihr erwartet. Er duldet keine Abweichung von seinem Willen. Grauzonen gibt es nicht. Bei ihm ist alles schwarz oder weiß. Dieser Vater will gar nicht wissen, was in seiner Tochter vorgeht oder was sie zu einer bestimmten Frage denkt. Selbst wenn er sie nach ihrer Meinung fragt, hört er nicht auf sie, sondern erklärt ihr, was er von der Sache hält.

Autoritäre Väter sind häufig unsicher im Blick auf ihre eigene Sexualität. Sie nehmen sich kaum Zeit für ihre Töchter, und wenn, dann nur, um sie zu ermahnen oder zu korrigieren. Sie haben kein freundschaftliches Verhältnis zu ihnen, und deshalb meinen sie, sie müßten aus einer Position der Stärke heraus agieren.

Manche dieser Väter haben vielleicht durchaus mit erotischen Gefühlen gegenüber der eigenen Tochter zu kämpfen. Doch weil sie sich das nicht eingestehen und nicht auf gesunde Weise damit umgehen können, befehlen sie statt dessen ihren Töchtern: «Zieh dich nicht so provozierend an, als wolltest du einen Mann aufreißen!» – «Trag nicht so viel Make-up! Du siehst aus wie eine Nutte.» – «Der Bikini ist viel zu aufreizend. Ich will ihn nie wieder an dir sehen!» Sie versuchen, die eigenen sexuellen Gefühle in den Griff zu bekommen, indem sie ihre Töchter entsexualisieren. Aber das kann nicht klappen.

Natürlich muß es nicht immer so sein. Oft hat der autoritäre Vater einfach Angst, und aus der Angst heraus versucht er seine Tochter zu beherrschen, indem er ihr sagt, was sie anziehen, wie sie gehen, mit wem sie sich verabreden soll. Er hat Angst, seine Tochter könnte vielleicht schon sexuell aktiv sein. Gleichzeitig fürchtet er sich aber davor, das Thema wirklich zur Sprache zu bringen. Deshalb sagt er seiner Tochter, was sie glauben soll, in der naiven Hoffnung, sie werde schon allein aus Pflichtgefühl gehorchen. Doch der autoritäre Vater, der aus der Angst heraus agiert, treibt seine Tochter letztlich von sich fort. Bleiben Sie nicht auf diesem Weg. Kehren Sie um, stellen Sie sich Ihren Ängsten. Aus Liebe zu Ihrer Tochter.

2. *Der sinnliche Vater*

> Als ich noch in der Highschool war, war mein Vater wirklich zärtlich mit mir. Er hat mich geküßt und an sich gezogen. Ich hatte das gern. Es gab mir das Gefühl, geliebt zu werden. Aber als ich dann in die Oberstufe kam, hat er mir ein paarmal die Hände auf die Brust gelegt. Das erste Mal schien es eher zufällig. Aber beim zweiten Mal spürte ich, daß es Absicht war. Danach war mir bei seinen Küssen und Umarmungen nicht mehr wohl. Plötzlich fiel mir auch auf, wie oft er sexuelle Anspielungen machte... Von da an hatte ich ein bißchen Angst vor ihm.
>
> *Joyce*

Der sinnliche Vater schafft es nicht, angesichts der sexuellen Entwicklung seiner Tochter angemessene Grenzen zu ziehen. Sein Reden ist gespickt mit erotischen Anspielungen. Oft sind sie eher indirekt und einzeln betrachtet relativ harmlos. Aber gesamthaft gesehen offenbaren sie eine ungesunde Art des Umgangs mit der Sexualität. Der sinnliche Vater flirtet gern und oft auf provozierende Weise mit seiner Tochter. Ein bißchen Flirten ist zwar normal, aber dabei kann er es nicht belassen. Das Aussehen seiner Tochter macht ihn an; seine Bewunderung ist zu persönlich. Vielleicht vergleicht er die Tochter auch mit seiner Frau, die dabei gar nicht gut wegkommt.

Ein solcher Vater bringt seine Tochter in eine schwierige Lage. Unsere Töchter brauchen unsere Anerkennung, auch im sexuellen Bereich. Wenn wir sie attraktiv finden, haben sie das Gefühl, auch für Männer in ihrem Alter attraktiv zu sein. Wenn der Vater aber unangemessen reagiert, dann sind sie verwirrt und bekommen Angst. Außerdem ist es für die Tochter schwer, die Grenze zu ziehen. Sie fühlt sich vielleicht nicht mehr wohl in der Nähe des Vaters, und seine Reaktionen sind ihr unangenehm, aber sie weiß nicht, wie sie es ihm sagen soll. Schließlich entwickelt sie Schuldgefühle wegen ihrer Sexualität und gibt sich selbst die Schuld am Verhalten des Vaters.

Daß ein solches Verhalten nicht akzeptabel ist, liegt auf der Hand. Wo nicht entschieden und von Anfang an dagegen angegangen wird, kann es zu schwerstem sexuellem Mißbrauch führen. Töchter, Ehefrauen und vielleicht auch andere Väter sollten den sinnlichen Vater zur Rede stellen. Oft möchte er ja auch aufhören, weiß aber nicht, wie, und hat Angst, mit anderen über seine Gefühle zu reden. Wenn Sie hier betroffen sind, dann suchen Sie Hilfe. Nehmen Sie noch heute Kontakt mit einem Pfarrer oder Seelsorger auf. Es geht um die Gesundheit und das Wohlergehen Ihrer Tochter!

3. Der gehemmte Vater

Dieser Vater wird das Gefühl nicht los, daß es falsch sei, über Sex zu reden. Er fühlt sich dabei einfach nicht wohl. Die Sexualität seiner Tochter ist ihm peinlich, und er bemüht sich nach Kräften, ihre Entwicklung zu ignorieren. Er tut alles, um sie nicht ansehen zu müssen, denn er könnte ja einen Blick auf ihre knospenden Brüste erhaschen. Wenn sie ihn um Anerkennung bittend ansieht, weicht er ihrem Blick aus und murmelt irgend etwas Unzusammenhängendes. Die Sexualerziehung überläßt er anderen. Er hat kein Verlangen, das Thema bei seiner Tochter zur Sprache zu bringen. Er tut, als wäre Sex etwas Geheimnisvolles, etwas, worüber anständige Leute nicht reden.

Töchter von gehemmten Vätern neigen dazu, ihre eigene Sexualität äußerst negativ zu betrachten. Da niemand ihnen die Sache erklärt, wissen sie nicht, was mit ihnen vorgeht, und sind verwirrt. Vater scheint solche Angst davor zu haben, daß er nicht einmal andeutungsweise davon spricht. Also muß es etwas Schlimmes sein – etwas ganz Schmutziges. Diese ungesunde Haltung gegenüber der eigenen Sexualität schadet der Selbstachtung Ihrer Tochter und behindert ihre Persönlichkeitsentwicklung. Andererseits kann sie beschließen, daß sie dem Geheimnis nun selbst auf die Spur kommen will, und beginnt schon in jungen Jahren herumzuexperimentieren.

Der gehemmte Vater sollte wissen, daß seine Hemmungen den Vorgang der sexuellen Reifung in seiner Tochter nicht aufhalten werden. Sie wird eine Brust bekommen und ihre Periode, ob Sie nun darüber reden oder nicht. Sie wird wissen wollen, was es mit ihrer Sexualität auf sich hat, ob Sie darüber reden oder nicht. Einfach so tun, als wäre das Problem nicht vorhanden, hilft nicht weiter. Aber leider weiß sich der gehemmte Vater oft nicht anders zu helfen.

4. Der respektvolle Vater

Dieser Vater macht es richtig. Der respektvolle Vater ist zwar vielleicht ein bißchen prüde, was die Sexualität seiner Tochter anbelangt. Ihre körperlichen Veränderungen sind ihm unter Umständen unangenehm. Aber er weiß, daß seine Tochter ihn beobachtet und aufpaßt, wie er auf ihre Entwicklung reagiert. Er weiß, daß sie auch im Blick auf ihre sexuelle Entwicklung seine Bestätigung braucht, daß sie mit ihm reden können muß, wenn sie Probleme hat, und daß Sex kein schmutziges Geheimnis ist.

Der respektvolle Vater wahrt eine gesunde Distanz zur Sexualität seiner Tochter. Er bewundert sie aus der Ferne. Er muß seine eigenen sexuellen Bedürfnisse nicht mit ihrer erwachenden Weiblichkeit in Verbindung bringen. Er zeigt ihr, auf eher leise, zurückhaltende Art, wie sie Gottes Geschenk der Geschlechtlichkeit dankbar annehmen und sich selbst und ihren Körper achten kann. Er macht seiner Tochter ein wunderbares Geschenk – er schenkt ihr eine gesunde Einstellung zu ihrer Sexualität.

Fünf Prinzipien

Wir haben von den befragten Vätern und Töchtern fünf Dinge gelernt, die wir beim Reden über das berühmte Wort mit «S» beachten sollten. Dabei ist uns bewußt, daß wir hier nicht das letzte Wort zum Thema Sex sagen. Wir haben uns überdies bemüht, nicht unbedingt zu wiederholen, was in den vielen guten Büchern, die es zum Thema gibt, behandelt wird. Die folgenden Prinzipien sind darum nicht neu, aber sie sind überaus wichtig.

1. Sagen Sie immer die Wahrheit!

Unsere moderne Kultur füttert unsere Töchter Tag für Tag mit unzähligen Falschinformationen über Sex und Geschlechtlichkeit. Wir müssen nicht auch noch dasselbe tun. Sie haben ein Recht darauf, von ihren Vätern die Wahrheit zu hören, selbst wenn es uns unangenehm ist, über diese Wahrheit zu reden. Geben Sie eine direkte Antwort, wenn Sie gefragt werden. Weichen Sie nicht aus. Ehrlichkeit ist nötig. Wenn Sie die Wahrheit zurechtbiegen, wenn Sie versuchen, die Dinge zu beschönigen, und Ihre Tochter findet es heraus, wird sie Ihnen nichts mehr glauben, was Sie zu diesem so eminent wichtigen Thema sagen. Wenn sie fragt, ob Sex etwas Schönes ist, dann sagen Sie die Wahrheit. Wenn Ihre Achtzehnjährige Sie fragt, ob und womit Sie vor der Ehe herumexperimentiert haben, dann rufen Sie Ihre Frau herbei, damit Sie Ihnen hilft, die Unterhaltung in die richtigen Bahnen zu lenken, und sagen Sie die Wahrheit.

2. Haben Sie keine Angst!

Wenn unsere Töchter anfangen, sich sexuell zu entwickeln, müssen wir deswegen keine Angst vor ihnen bekommen. Zu viele Väter lassen Ihre Töchter gefühlsmäßig im Stich, wenn die Sexualität ein Thema wird. Dabei hat sie selbst genug Angst für Sie beide. Helfen Sie ihr, die heranreifende Sexualität voll Vertrauen zu erwarten, ja sich darauf zu freuen, daß sie nun Frau wird. Sorgen Sie dafür, daß Ihr Vertrauen in die Fähigkeiten Ihrer Tochter, die richtigen Entscheidungen zu treffen und mit den Veränderungen ihres Körpers in der rechten Weise umzugehen, ansteckend wird. Bedenken Sie aber auch, daß Ihre körperliche

Beziehung zu Ihrer Tochter nun eine Änderung braucht. Zusammen im Bett liegen ist jetzt out. Gute-Nacht-Küsse sind aber immer noch gefragt. Sie dürfen Ihre Zuneigung immer noch körperlich zum Ausdruck bringen. Haben Sie davor keine Angst. Seien Sie einfach ein bißchen rücksichtsvoller und umsichtiger.

3. Keine Überreaktionen!

Wenn Ihre Tochter sexuell heranreift, kann es leicht passieren, daß Sie nur noch mit dem Schlimmsten rechnen, denken, daß es nun jeder Junge auf sie abgesehen hat und sie den Angriffen hilflos ausgeliefert ist. Es ist leicht, sich all die Gefahren vorzustellen, in die sie hineinschlittern kann, und sich zu fragen, ob sie wohl die richtigen Entscheidungen trifft. Die Angst, die aus solchen Überlegungen entsteht, führt uns oft dazu, zu heftig zu reagieren, ohne uns mit den Umständen vertraut zu machen.

Es ist auch leicht, den Kauf des ersten BHs mit großem Tamtam und leichtem Spott zu begrüßen. Aber tun Sie's nicht! So eine große Sache ist es nicht. Es ist die ganz natürliche Folge des körperlichen Wachstums, und wenn wir sie allzusehr betonen, kann es für unsere Tochter schnell peinlich werden. Darum sollten wir jedesmal, wenn es in irgendeiner Weise um die Sexualität unserer Tochter geht, einen Moment die Luft anhalten und sorgfältig überlegen, ob wir wirklich unserem ersten Impuls folgen wollen. Wir sind Väter, und wenn es um die Sexualität unserer Töchter geht, dann reagieren wir nicht unbedingt vernünftig.

4. Lassen Sie sie ihre eigenen Entscheidungen treffen!

Auf diesen Punkt werden wir in einem der späteren Kapitel noch ausführlich zu sprechen kommen. Hier wollen wir nur kurz erwähnen, daß Ihre Tochter im Blick auf ihr Sexualleben ihre eigenen Entscheidungen treffen muß. Statt ihr Ihre Ideen einzuimpfen, helfen Sie ihr lieber, moralische Vorstellungen zu entwickeln, die sie selbst bejahen kann. Die Wahrscheinlichkeit, daß sie danach lebt und ihren eigenen Maßstäben treu bleibt, ist viel größer als die Chance, daß sie *Ihre* Vorstellungen übernimmt. Ich spreche hier nicht der Unmoral das Wort. Ich sage nur, daß Sie sie nicht bewachen können. Sie muß ihre eigenen Entscheidungen fällen. Helfen Sie ihr, ein klares und vernünftiges Wertsystem zu entwickeln. Dann wird sie viel eher den richtigen Weg gehen, als wenn Sie versuchen, sie zu zwingen, daß sie Ihren Willen tut.

5. Bringen Sie ihr Gottes Wahrheit nahe!

Es ist eine Sache, unserer Tochter unsere eigenen Moralvorstellungen einimpfen zu wollen. Das wird nicht funktionieren. Das heißt aber nicht, daß wir ihr nicht sagen sollen, was Gottes Wort zur Sexualität meint. Sie muß wissen, daß Gott nicht ein kosmischer Übervater ist, der alles Geschlechtliche haßt. Er hat uns als sexuelle Wesen geschaffen, die sich in der Ehe an der körperlichen Liebe freuen können. Unsere Tochter muß wissen, daß Sex eine gute Gabe Gottes ist, daß es dafür aber auch gewisse Spielregeln gibt. Im von Gott gesetzten Rahmen genossen, ist die körperliche Liebe etwas ungeheuer Schönes. Außerhalb seines Plans kann Sex aber zerstörerisch wirken.

Und schließlich…

Dies ist ein heikles Thema, ich weiß. Vor ein paar Minuten habe ich gerade noch einmal nach meiner ältesten Tochter gesehen. Im Moment liegt sie friedlich in ihrem Bett und schläft. Ihr Haar schimmert wie Gold. Ihr Gesicht ist wie das eines Engels. Noch zwei oder drei Jahre, dann kommt sie in die Pubertät. Ich will eigentlich nicht, daß sie erwachsen wird. Ich mag unsere Beziehung so, wie sie im Augenblick ist. Ich will mich nicht mit ihr als sexuellem Wesen befassen müssen. Und schon gar nicht will ich daran denken, daß andere sie so sehen. Aber ich kann nicht mit Scheuklappen durchs Leben laufen. In zwei oder drei Jahren wird meine Tochter eine eigene Sexualität entwickeln. Sie hat schon jetzt eine eigene Sexualität. Sie schlummert größtenteils noch in ihr und wartet darauf, in der Pubertät zu erwachen. Aber wir Väter müssen wissen, daß das, was wir tun, solange unsere Kinder klein sind, ganz entscheidend dafür ist, wie wir mit ihnen umgehen können, wenn sie in die Pubertät kommen. Was ich damit sagen will, ist einfach: Fangen Sie jetzt schon an, darüber nachzudenken, wie Sie sich verhalten wollen, selbst wenn Ihre Tochter noch ganz klein ist. Setzen Sie sich mit Ihrer Frau zusammen, und überlegen Sie, was Sie tun wollen. Machen Sie einen Plan, geben Sie sich ein paar Leitlinien, die Ihnen helfen, mit der erwachenden Sexualität Ihrer Tochter umzugehen. Und haben Sie keine Angst. Sie werden es schon schaffen. Ihre Tochter rechnet mit Ihnen und braucht Sie.

Wie komme ich klar?

Anleitung: Bewerten Sie die folgenden Aussagen mit Hilfe der angegebenen Skala: 1 = Stimmt hundertprozentig; 2 = Stimmt mehr oder weniger; 3 = Teils/teils; 4 = Trifft kaum zu; 5 = Trifft überhaupt nicht zu.

____ 1. Ich habe keine Probleme mit der heranreifenden Sexualität meiner Tochter.

____ 2. Ich kann die Sexualität meiner Tochter annehmen und stehe dazu.

____ 3. Meine Tochter bringt ihre Sexualität auf angemessene Weise zum Ausdruck.

____ 4. Wenn ich gefragt werde, gebe ich meiner Tochter eine offene, ehrliche Antwort.

____ 5. Ich habe keine Angst vor der sexuellen Entwicklung meiner Tochter.

____ 6. Ich versuche angesichts der Entwicklung meiner Tochter nicht überzureagieren.

____ 7. Ich bemühe mich, meiner Tochter genug Freiraum zuzugestehen und sie auch im Blick auf ihr Sexualleben selbst entscheiden zu lassen.

____ 8. Es ist mir ein großes Anliegen, meiner Tochter nahezubringen, was Gott zu ihrer Sexualität meint.

____ Total

Auswertung: Zählen Sie Ihre Punkte zusammen. Bei bis zu 20 Punkten kommen Sie mit dem oft heiklen Thema anscheinend verhältnismäßig gut zurecht. Bei 20 bis 30 Punkten brauchen Sie wahrscheinlich selbst Bestätigung und Anleitung. Haben Sie mehr als 30 Punkte, würden wir empfehlen, daß Sie sich für diese schwierige Phase fachliche Hilfe holen. Sprechen Sie mit einem Therapeuten oder Ihrem Seelsorger bzw. mit einem guten Freund!

Kapitel 8

Der Feind an der Haustür...

Wir, unsere Tochter und ihre Freunde

Wahrscheinlich passiert es an einem Abend so gegen sieben. Ohne besondere Vorwarnung. Wir haben kaum Gelegenheit, uns zu wappnen. Unsere Tochter ist gereizt, nervös und angespannt. Es klingelt an der Tür, und draußen steht der Feind. Er will unsere Tochter holen: Hunnenkönig Attila und Don Juan in einer Person, allerdings auch er ein wenig nervös. Vielleicht hat er sogar ein dümmliches Lächeln auf dem Gesicht, aber wir lassen uns davon nicht täuschen – er ist der Feind.

Wetten, daß mancher Vater eine ähnliche Vorstellung vom ersten Rendezvous seiner Tochter hat? Ich habe über dreizehn Jahre mit Jugendlichen gearbeitet und dabei von beiden Seiten mehr als genug gehört über die Probleme mit den Freunden unserer Töchter. Ich habe zornigen und besorgten Eltern zugehört. Ich habe mir stundenlang die Klagen empörter Kinder angehört. Ich habe mit angesehen, wie Menschen daran zerbrachen. Ich durfte aber auch miterleben, wie Väter und Töchter sich gerade in diesen Jahren näherkamen. Ich habe beobachtet, wie Töchter schöne und bereichernde Freundschaften mit Jungen ihres Alters pflegen konnten, in denen ihre Selbstachtung und ihr Selbstvertrauen wachsen konnten. Wir brauchen keine Angst zu haben vor dem Interesse, das unsere Töchter auf einmal am anderen Geschlecht entwickeln. Es muß nicht unbedingt das Ende unserer Beziehung sein. Im Gegenteil, es kann sein, daß sie uns gerade jetzt mehr brauchen als je zuvor.

Mein Vater war klasse gegenüber meinen Freunden. Er machte ihnen die Tür auf, bat sie herein und tat alles, damit sie sich wohlfühlten. Alle meine Freunde mochten meinen Vater. Er hat sie behandelt wie seinesgleichen. Ich glaube, das hatte dann auch einen Einfluß darauf, wie die Jungen mit mir umgingen. Mein Vater nahm sie ernst, und sie konnten sehen, daß er mich achtete. Also behandelten sie mich auch mit Achtung.

Tricia

Mein Vater hatte solche Angst, daß ich mich erst mit sechzehn das erste Mal mit einem Jungen verabreden durfte. Zumindest meinte er das. In Wirklichkeit hatte ich mit sechzehn schon einige Erfahrung. Seit ich dreizehn war, war ich mit Jungen ausgegangen. Meine Eltern wußten es bloß nicht. Jedesmal, wenn ich mit einem Jungen aus dem Haus ging, zog mein Vater mich erst ins Wohnzimmer und sagte, wenn ich schwanger würde, brächte ich Schande über die ganze Familie. Ich tat so, als würde ich zuhören, aber dann habe ich getan, was ich wollte.

Lisa

Mein Vater konnte die Jungen, mit denen ich mich traf, absolut nicht leiden, und er sagte mir das auch klipp und klar. Entweder waren sie zu faul oder zu dumm oder zu rebellisch. Immer war irgend etwas. Ich kann mich nicht entsinnen, daß er je einmal mehr als zwei Worte mit einem der Jungen wechselte, mit denen ich in der Oberstufe zusammen war. Er kannte sie überhaupt nicht. Aber er wollte einfach nicht, daß ich mich mit ihnen traf.

Michaela

Mein Vater war großartig. Ich hatte während der ganzen Schulzeit keinen festen Freund; erst im letzten Schuljahr. Das machte mir ziemlich zu schaffen. Ich war wirklich nicht die Hübscheste in meiner Klasse, aber auch nicht die Häßlichste. Paps schien zu spüren, daß ich darunter litt, ohne daß ich etwas sagen mußte. Am Wochenende plante er immer irgendwelche besonderen Unternehmungen mit der ganzen Familie. Ich glaube, er wollte mir helfen, damit ich mich nicht so einsam fühlen mußte. Als ich dann einen netten Jungen kennenlernte und wir anfingen, uns regelmäßig zu treffen, nahm sich Paps viel Zeit für Steve. Er war nicht eifersüchtig, daß ich nicht mehr so viel Zeit für ihn hatte, obwohl ich jetzt natürlich viel mehr mit Steve zusammen war als mit ihm.

Tammy

Falsche Vorstellungen über Teenager und ihre festen Freunde...

Es gibt einige weitverbreitete Vorstellungen über die festen Freunde unserer Töchter, die heute nicht mehr gelten. Die Szene hat sich in den letzten Jahren beträchtlich gewandelt, und Verabredungen, wie sie zu unserer Zeit üblich waren, sind heute längst aus der Mode. Wenn wir darum das Verhalten unserer Töchter an unseren eigenen Erfahrungen messen, begehen wir unter Umständen einen gewaltigen Fehler. Heute laufen die Dinge einfach anders. Die folgenden falschen Vorstellungen konnte ich in meiner Arbeit mit Schülern und ihren Eltern während mehr als einem Jahrzehnt am häufigsten feststellen.

1. In der Oberstufe hat jede einen festen Freund

Das ist einfach nicht wahr. Nur etwa die Hälfte aller Mädchen hat in dieser Zeit einen festen Freund. Und täuschen Sie sich nicht – das hat längst nicht soviel mit dem Aussehen zu tun, wie wir vielleicht meinen. Ich habe die schönsten Mädchen kennengelernt, die nie zum Ausgehen aufgefordert wurden. Ich verstehe das zwar auch nicht bis ins Letzte, aber ein paar neuere Untersuchungen können uns vielleicht weiterhelfen.

Es kann sein, daß Ihre Tochter keinen festen Freund hat, weil sie zu einem bestimmten Freundeskreis oder einer Clique gehört. Manche Freundeskreise bestehen ausschließlich aus Mädchen, so daß kaum Gelegenheit zum näheren Kontakt mit Jungen besteht. Viele Kontakte kommen heute unter Schülern zustande, die sich bereits verhältnismäßig gut kennen. Wenn die Clique Ihrer Tochter keinen Kontakt zu einer ähnlichen Jungenclique hat, wird es kaum zu engeren Freundschaften kommen. Sie lernt einfach nicht genug Jungen kennen.

Manche Mädchen haben auch keinen Freund, weil sie das nicht wollen. Sie haben andere, wichtigere Dinge im Kopf und vermitteln den Jungen den Eindruck, sie stünden «nicht zur Verfügung». Es gibt noch viele andere Gründe, aber glauben Sie mir – wenn Ihre Tochter nicht oft mit Jungen ausgeht, dann vermutlich nicht, weil sie nicht gut genug aussieht. Vielleicht finden die gleichaltrigen Jungen, deren Geschmack sich vor allem an der modernen Popkultur orientiert, sie nicht attraktiv genug. Aber das muß nicht heißen, daß sie objektiv betrachtet tatsächlich unattraktiv ist. Wenn sie in die Lehre oder an die Uni kommt, werden die Chancen schon steigen.

2. Alle Mädchen sind «verrückt» nach Jungen

Für viele Teenies dreht sich tatsächlich alles um die Jungen, aber nicht für alle. Manche Mädchen zeigen in diesem Alter überhaupt kein Interesse am anderen Geschlecht. Deshalb sind sie aber nicht abnormal. Es bedeutet auch nicht, daß mit ihrer sexuellen Orientierung etwas nicht stimmt. Sie haben einfach anderes zu tun. Auf der anderen Seite kann es sein, daß Ihre Tochter nur deshalb so «verrückt» nach den Jungen ist, weil sie meint, tun zu müssen, was alle tun. Frühe Freundschaften mit dem anderen Geschlecht fördern die Selbstachtung. Teenies, die einen festen Freund haben, erhalten dadurch einen Status, der den anderen fehlt. Ihre Tochter beneidet vielleicht andere Mädchen ihres Alters, die diesen Status haben, und will es ihnen gleichtun, obwohl die eigenen Hormone noch gar nicht verrückt spielen und sie sich eigentlich gar nichts aus Jungen macht.

3. Man «verabredet» sich

Miteinander ausgehen, wie wir es früher gekannt haben, ist heute «out». In früheren Zeiten, als die Dinosaurier noch durch die Wälder trampelten und wir selbst die ersten zarten Bande knüpften, da ging man noch auf ein Mädchen zu und fragte, ob sie Lust habe, «am Freitag mit mir auszugehen». Manchmal sagte das Mädchen ja. Dann kratzten wir unser Geld zusammen und überlegten, was wir tun könnten. Das waren oft ganz simple Sachen, Essen gehen oder ins Kino, oder auch etwas Originelleres und Romantischeres. Aber wir verabredeten uns mit dem Mädchen, weil wir es näher kennenlernen wollten. Und wenn wir es dann kannten, dann entschieden wir, ob wir mit ihm «gehen» wollten – und das Mädchen tat vermutlich dasselbe. Ja, so war es in der guten alten Zeit. Lang, lang ist's her.

Heute fragen Jungen nur solche Mädchen, von denen sie sicher sind, daß sie ja sagen werden. Manchmal fragen Mädchen auch Jungen; aber in den meisten Fällen kennen auch sie die Antwort, bevor sie fragen. In aller Regel wird sich unsere Tochter nur mit Leuten aus ihrer kleinen Clique verabreden, allenfalls mit Leuten aus anderen Cliquen, die mit ihrer eigenen näheren Kontakt haben. Die Jungen, mit denen sie sich trifft, entstammen einem kleinen, recht genau definierten Kreis. Wahrscheinlich kennt sie den betreffenden Jungen schon einige Zeit. Man fühlte sich voneinander angezogen, und irgendwie hat es sich dann «einfach so ergeben». Wieso? Weil es viel zu riskant ist, jemanden zu fragen, den man nicht kennt. Selbstachtung und Selbstvertrauen zu gewinnen ist keine einfache Sache, und es kann leicht zerstört werden, wenn Junge oder Mädchen die Aufforderung ablehnt. Deshalb geht man schon vorher auf Nummer Sicher.

Auch die Einladung selbst gestaltet sich heute anders als früher. Man fragt nicht mehr: «Möchtest du am Freitag mit mir ausgehen?», weil man vermutlich zur selben Clique gehört und die Clique ohnehin am Freitag ausgeht. Deshalb sieht es wohl eher so aus, daß die beiden nebeneinander sitzen. Man geht nicht miteinander aus, man hängt miteinander herum. Bis man dann zum ersten Mal allein miteinander ausgeht, gilt man in der Gruppe bereits als Pärchen.

4. Ein fester Freund ist schlecht

Stimmt nicht. Es kommt nur uns Vätern so vor. Wir wissen, was geschehen kann, wenn Jungen und Mädchen zusammen sind. Manchmal hat es mit Sex zu tun. Wir wissen das, weil damals, als wir mit Mädchen ausgingen, manchmal etwas in dieser Richtung passierte. Aber unserer Tochter soll das nicht geschehen. Deshalb soll sie mit niemandem ausgehen. Ausgehen ist schlecht, und ein fester Freund ist noch viel schlimmer. Wenn er dann noch einen Nasenring trägt, Techno-Musik hört und blaugefärbte Haare hat, kann es eigentlich nicht ärger kommen.

Ausgehen – eine feste Beziehung zu einem Jungen haben – gehört zum Lernprogramm unserer «fast erwachsenen» Tochter. Sie versucht herauszufinden, welche Sorte Mann sie mag. Sie selbst schlüpft in verschiedene Rollen und probiert sie aus, indem sie sich mit verschiedenen Jungen trifft. Sie tastet sich auch an ihre geschlechtsspezifische Rolle heran, indem sie sich auf Verschiedenes einläßt. Sie als Vater bekommen vielleicht eine leichte Herzattacke, wenn sie verkündet, sie wolle für ihren Freund kochen. Es kommt Ihnen vor, als wolle sie Hausfrau spielen, und genau das tut sie auch. Sie probiert diese Rolle mit diesem ganz bestimmten Jungen aus, um zu sehen, wie weit sie zu ihr paßt. Das ist nötig und auch wichtig. Es hilft ihr, die eigene Persönlichkeit zu finden. Sie versucht zu entdecken, wer sie selbst in bezug auf das andere Geschlecht ist.

In einer festen Beziehung lernt Ihre Tochter auch, sich mit der eigenen Sexualität auseinanderzusetzen. Sie entdeckt, worum es dabei überhaupt geht. Ich weiß, genau deshalb halten wir diese Freundschaften für eine so schlimme Sache. Aber es ist nun einmal so, daß unsere Tochter es lernen muß, mit ihrer Sexualität umzugehen. Verstehen Sie mich bitte nicht falsch. Ich sage nicht, daß sie Geschlechtsverkehr haben sollte. Nein, ich bin fest davon überzeugt, daß der in die Ehe gehört. Aber Sexualität ist weit mehr als Geschlechtsverkehr. Händchen halten ist etwas Sexuelles; Küssen ist etwas Sexuelles. Beides sind gesunde und angemessene sexuelle Ausdrucksweisen. Es gehört zur Persönlichkeitsfindung Ihrer Tochter, sexuelle Werte und Ideale zu entwickeln. Sie braucht eine sexuelle Identität. Die Beziehung zu einem Freund hilft ihr, sie zu finden.

Wie Sie Ihrer Tochter im Umgang mit den Jungen helfen können

Wenn ich mich mit anderen Männern über das Vatersein unterhalte, erzähle ich ihnen manchmal auch, was für abartige Gedanken mich bewegen. Wenn die Angst davor, daß meine wunderschöne Tochter einmal erwachsen wird, mich besonders heftig packt, steigt in mir nämlich ein ganz eigenartiger Wunsch auf. Ich hoffe dann, sie würde mit etwa dreizehn richtig häßlich werden. Wie, das ist mir egal. Aber auf jeden Fall so, daß die Jungen in der Schule sie geradezu abstoßend finden. Ich hoffe, daß sie erst wieder schön wird, wenn sie die Schule verläßt und in der Lage ist, mit der Aufmerksamkeit fertig zu werden, die ihr die jungen Männer entgegenbringen. Ich weiß, das klingt gemein, und ich bin auch nicht sonderlich stolz auf diese Gedanken. Aber wenn ich mir so richtig Sorgen mache, kann ich mich nicht dagegen wehren.

Diese Gedanken kommen mir, weil ich aus der Arbeit mit Hunderten von Schülern weiß, wie grausam und schwierig diese Zeit sein kann. Ich kenne Mädchen, die alle Werte über Bord warfen um eines Jungen willen, der sie nur benutzte. Mädchen haben mir erzählt, wie schwer es sein kann, sich aus einer zerstörerischen Beziehung zu lösen. Ich habe den Schmerz von Eltern miterlebt, deren Tochter ihnen beichtete, sie sei schwanger. Ja, es stimmt, diese Freundschaften sind ein heißes Thema und haben durchaus ihre negative Seite.

Aber ich habe auch Eltern kennengelernt, die sich in diesen Jahren Zeit genommen haben für ihre Tochter, die ihr geholfen haben, gute Entscheidungen zu treffen und gesunde Beziehungen zu Jungen im gleichen Alter zu entwickeln. Ich habe Väter und Töchter gesehen, die sich im Laufe der Jahre immer näher gekommen sind. Ich habe den Stolz in den Augen des Vaters gesehen, der zusah, wie seine Tochter am Arm ihres Auserwählten zum Altar schritt. Ja, die ganze Sache macht uns angst; aber wir können damit umgehen. Hier ein paar Tips, wie Sie Ihrer Tochter helfen können, gefährliche Klippen zu umschiffen.

1. Stellen Sie faire und klare Regeln auf!

Als erstes sollten wir unseren Töchtern klare Grenzen setzen, das heißt, wir müssen klare und faire Regeln aufstellen. Es wäre zum Beispiel nicht fair, die Zeit, zu der sie nach Hause kommen sollen, ständig zu ändern. Setzen Sie eine bestimmte Zeit fest, und bleiben Sie dabei. Und verleihen Sie Ihrer Anordnung Nachdruck. Es muß Konsequenzen haben, wenn Ihre Tochter sich nicht daran hält. Es stiftet nur Verwirrung, wenn sie einmal um halb zwei in der Nacht heimkommen darf, am nächsten Abend um halb elf und in der nächsten Woche vielleicht um Mitternacht. Besprechen Sie sich mit Ihrer Frau und Ihrer Tochter, und dann treffen Sie klare Abmachungen. Überlegen Sie gemeinsam, wann sie alt genug ist, um allein mit einem Jungen auszugehen, und wann sie sich innerhalb ihrer Gruppe mit einem festen Freund treffen darf. (Und diese Zeit wird viel schneller kommen, als Sie denken. Die Tendenz zur Pärchenbildung ist in einem Freundeskreis groß.) Aber entscheiden Sie nicht aus einer Laune des Augenblicks heraus, sondern überlegen Sie früh genug, wie die Regeln aussehen sollen. Und beziehen Sie Ihre Tochter soweit wie möglich in den Prozeß mit ein.

An dieser Stelle noch ein kurzes Wort zu der Frage, die mir am häufigsten gestellt wird. Ab wann sollen wir unserer Tochter eine feste Freundschaft erlauben? Darauf habe ich keine schnelle hieb- und stichfeste Antwort. Untersuchungen zu dieser Frage sind jedoch sehr aufschlußreich. Bei Mädchen, die schon mit dreizehn oder vierzehn den ersten Freund haben, ist die Wahrscheinlichkeit, daß sie noch vor dem Schulabschluß sexuelle Kontakte haben, größer als bei Mädchen, die erst mit sechzehn eine Freundschaft beginnen. Das heißt mit anderen Worten, je früher unsere Töchter einen Freund haben, desto eher haben sie auch Sex. Das würde dafür sprechen, feste Freundschaften nicht zu früh zu erlauben. Die Untersuchungen zeigen andererseits aber auch, daß Mädchen, die ihre Eltern für zu autoritär und rigide halten, ebenfalls früh sexuelle Erfahrungen suchen. Sie kennen Ihre Tochter am besten. Sie wissen, wie reif sie ist. Fragen Sie, was sie dazu meint. Hören Sie ihr gut zu, und treffen Sie dann im Licht des Gesagten Ihre Entscheidung.

2. Machen Sie Ihrer Tochter Mut, an außerschulischen Aktivitäten teilzunehmen!

Was hat das mit Jungenfreundschaften zu tun? Untersuchungen zeigen, daß Mädchen, die sich sportlich betätigen, die sexuellen Kontakte aufschieben. Sie geraten auch nicht so schnell in mißbräuchliche Beziehungen. Sport und andere Freizeitbeschäftigungen wie Theaterspielen, Musik oder Tanzen fördern das Selbstvertrauen unserer Tochter. Mädchen mit einem gesunden Selbstbild treffen auch im Blick auf Beziehungen bessere Entscheidungen. Sie brauchen keine Freundschaft mit einem Jungen, um das eigene Ich aufzumöbeln, und sie verhalten sich auch im Rahmen einer Beziehung selbst vernünftiger. Machen Sie Ihrer Tochter darum Mut, das Leben voll auszuschöpfen. Die Jungen oder ein fester Freund sind ein Teil dieses Lebens, aber sie sind nicht alles. Helfen Sie ihr, gesunde Wertvorstellungen und ein gesundes Selbstwertgefühl zu entwickeln und die eigenen Interessen zu fördern, statt zu meinen, ohne einen Freund sei sie kein vollständiger Mensch.

3. Leben Sie in Ihrer eigenen Beziehung Ehrlichkeit vor!

Wenn Sie geschieden sind und regelmäßig bei Ihrer Freundin übernachten, welche Botschaft vermitteln Sie damit Ihrer Tochter? Wenn Sie verheiratet sind und Ihre Frau lieblos und geringschätzig behandeln, was lehren Sie dann Ihre Tochter über die Beziehung zwischen Mann und Frau? Wenn Sie verheiratet, aber Ihrer Frau untreu sind, was sagt das Ihrer Tochter? Was wir als Väter tun, hat Auswirkungen auf die Vorstellungen unserer Töchter. Das Argument «Tu, was ich dir sage, nicht was ich tue» wird bei Ihrer Tochter nicht ziehen. Wenn Sie wollen, daß Ihre Tochter in ihren Beziehungen zu Jungen integer bleibt, müssen Sie ihr das in Ihren eigenen Beziehungen zum anderen Geschlecht und besonders zu Ihrer Frau vorleben.

4. Helfen Sie Ihrer Tochter, eigene Wertmaßstäbe für ihre Jungenfreundschaften zu entwickeln!

Reden Sie, noch bevor die Pubertät einsetzt, mit Ihrer Tochter über die Dinge, die da auf sie zukommen werden. Führen Sie sie schon jetzt an den Gedanken heran, daß es wichtig ist, wie sie sich im Blick auf Jungen und feste Freundschaften verhält. Wenn sie dann in die Pubertät kommt, helfen Sie ihr, solide Wertvorstellungen zu entwickeln. Achten Sie darauf, daß sie keine feste Freundschaft beginnt, solange sie selbst noch nicht ausreichend darüber nachgedacht hat, was moralische Werte für sie bedeuten. Was im Blick auf Sex richtig und was falsch ist, darüber muß sie sich klar sein, ehe sie mit ihrem Freund allein ist. Allerdings muß sich Ihre Tochter diese Werte selbst zu eigen machen und sollte nicht einfach Ihre Vorstellungen nachplappern. Helfen Sie ihr, sich Gedanken über mögliche Szenarien zu machen: Wie sie mit verbalem oder körperlichem Mißbrauch umgehen will; wie sie sich verhalten will, wenn ihr Freund sie sexuell unter Druck setzt. Überlegen Sie sich diese Dinge früh genug, damit sie in der Lage ist, sich richtig zu entscheiden, noch bevor die Situation kritisch werden kann.

5. Üben Sie Vergebung!

Wenn Ihre Tochter sich von Ihren Wertvorstellungen verabschiedet, wenn ihr der Freund wichtiger scheint als die Familie, dann geben Sie sie nicht auf. Hören Sie nicht auf, sie zu lieben. Es kann sein, daß sie Dinge tut, die Ihnen ungeheuer weh tun. Es kann sein, daß sie Dinge sagt und tut, die Sie ihr nie zugetraut hätten. Vielleicht belügt sie Sie. Vielleicht nutzt sie Ihr Vertrauen aus. Schreiben Sie sie trotzdem nicht ab. Vergeben Sie ihr, immer wieder. Vielleicht braucht sie eine harte Liebe. Sie müssen nicht unbedingt ihr Verhalten akzeptieren, aber sie muß immer wissen, daß sie geliebt und ihr vergeben wird.

> Als ich in der Oberstufe war, kam ich mit meinem Vater nicht besonders gut aus. Ich war ziemlich rebellisch, und er versuchte nicht einmal, mich zu verstehen. Ich ging mit einer Menge Jungen aus und tat vieles, was ich nicht hätte tun sollen. Einmal, als mein Vater abends heimkam, fand er mich mit meinem Freund in meinem Zimmer. Er war ziemlich wütend, aber er wartete, bis Jeff gegangen war. Dann zitierte er mich auf die Couch und sah mich lange an. Plötzlich fing er an zu weinen. «Jessie», sagte er, « ich bin sicher nicht immer ein guter Vater gewesen, aber du sollst wissen, daß ich dich gern habe. Ich bin enttäuscht von dir, aber ich weiß, daß du im Herzen ein guter Mensch bist und das Richtige tun willst.» Ihm liefen jetzt richtig die Tränen über die Wangen. «Und ich möchte dir nur sagen, ich glaube nicht, daß du Sex brauchst, um geliebt zu werden. Mutter und ich lieben dich auch so. Ich hätte dir das schon lange sagen sollen. Kannst du mir verzeihen?» Es war

eine ziemlich wirre Unterhaltung. Aber Vater hatte recht. Ich wußte es wirklich besser, und es ist eigenartig: Wenn ich jetzt zurückschaue, denke ich, sein Vertrauen hat mir geholfen, den Jungen gegenüber nein zu sagen. Ich habe meinen Vater an jenem Abend richtig liebgewonnen.

Jessica

6. Reden Sie mit Ihrer Tochter!

Wenn wir im Dunkeln sitzen, kriecht die Angst in uns hoch, und wir fangen an, uns irrational zu verhalten. Wenn wir uns Sorgen machen über die Freundschaften unserer Tochter, sollten wir versuchen, ein Klima zu schaffen, das zum Gespräch einlädt. Wenn Sie nie zuhören, wenn Ihre Tochter Ihnen etwas aus anderen Bereichen ihres Lebens erzählen will, warum sollte sie Ihnen dann etwas über dieses äußerst private Thema anvertrauen? Wenn Sie wissen wollen, was ihr Probleme macht, fragen Sie sie, aber gestehen Sie ihr auch zu, nichts zu sagen. Geben Sie ihr den Freiraum, den sie im Moment braucht. Aber unterstützen Sie sie, und lassen Sie sie spüren, daß Sie für sie da sind, wenn sie doch reden möchte. Zwingen Sie sie nicht, Ihnen ihr Innerstes zu offenbaren. Aber signalisieren Sie Hör- und Gesprächsbereitschaft.

7. Glauben Sie an Ihre Tochter!

Zu oft rechnen wir einfach mit dem Schlimmsten. Zu oft treiben wir unsere Töchter von uns fort, weil wir meinen, sie würden unsere größten Ängste bestätigen, obwohl es gar nicht der Fall ist. Marias Geschichte kann uns von Natur aus mißtrauischen Vätern als Beispiel dienen.

Als ich anfing, mit Jungen auszugehen, war mein Vater fast genauso begeistert wie ich. Anders wurde es, als ich mich dann mit Chris traf. Er war nicht aus unserer Gemeinde. Er sah nicht so aus wie die Jungen, die mein Vater mochte. Er hatte langes Haar und einen dicken Pferdeschwanz. Er fuhr Motorrad und trug einen Ohrring. Mein Vater war ziemlich mißtrauisch. Jedesmal wenn ich mit Chris aus war und dann nach Hause kam, fragte er mich zwanzig Minuten lang aus. Er wollte wissen, wo ich gewesen war und was ich gemacht hatte. Ich bin sicher, er dachte, ich würde mit Chris schlafen, aber ich tat es gar nicht. Einmal kam ich wirklich spät heim. Vater ließ mich nicht einmal zur Tür herein und fing an zu schreien: «Ich weiß, daß du mit ihm im Bett warst, du kleine Hure.» Es wurde immer schlimmer. Mutter weinte. Ich weinte. Ich rannte dann einfach fort und übernachtete bei einer Freundin. Ich kann das meinem Vater nie verzeihen. Ich habe versucht, mich richtig zu verhalten. Ich habe nicht mit Chris geschlafen. Aber mir ist in meinem ganzen Leben nie so schrecklich zumute gewesen.

Maria

Auch bei Ihrer Tochter gilt: im Zweifel für den Angeklagten. Glauben Sie ihr, daß sie in der Lage ist, sich richtig zu verhalten. Glauben Sie, daß sie selbst das Richtige tun will. Wenn wir das Schlimmste vermuten, beschwören wir es oft geradezu herauf. Wenn wir unsere Töchter behandeln, als würden sie unser Vertrauen mißbrauchen, auch wenn es gar nicht der Fall ist, warum sollten sie dann versuchen, sich dieses «Vertrauens» würdig zu erweisen? In Wirklichkeit haben wir selbst das Vertrauen bereits zerstört.

Lassen Sie sie selbst wählen ...

Schließlich können wir unserer Tochter in dieser Phase helfen, indem wir sie selbst entscheiden lassen. Wenn wir bestimmen, mit wem sie ausgehen darf, wie ihre Moralvorstellungen und ihre Werte aussehen sollen, dann lernt sie überhaupt nichts. Sie muß für sich selbst entscheiden können, sonst wird sie auch als Frau nicht in der Lage sein, das Rechte zu tun. Ich weiß, daß unsere Töchter mit ein paar ziemlich abschreckenden Typen ankommen werden, aber das ist ihre Sache. Außerdem müssen sie selbst hinter den Moral- und Wertvorstellungen stehen können, wenn sie wirklich danach leben sollen. Ich sage gern: «Wir alle leben letztlich aus, was wir glauben. Wir leben nicht unbedingt nach den Maßstäben, die wir predigen. Aber unser Verhalten zeigt, was wir wirklich glauben und was uns wichtig ist.» Ihre Tochter kann in der Jugendgruppe zehn Treuegelöbnisse ablegen. Sie mag mit Tausenden von anderen Teenies aufstehen und erklären, daß «wahre Liebe wartet» – wenn sie nicht selbst mit innerster Überzeugung dahintersteht, wird sie das nicht durchhalten.

Vor ein paar Jahren fuhr ich mit einer Gruppe von Oberstufenschülerinnen und -schülern zu einer großen Jugendveranstaltung. Fast achttausend junge Leute waren zusammengekommen, um zu hören, wie sie sexuell verantwortlich leben können und wie Gottes Plan für ihr Geschlechtsleben aussieht. Die Ansprachen und Aufrufe waren hervorragend. Zum Schluß forderte der Redner alle, die bereit waren, bis zur Ehe rein zu bleiben, auf, sich zu erheben und ihre Bereitschaft öffentlich vor Gott zu bekennen. Achttausend junge Frauen und Männer erhoben sich wie auf Kommando – anscheinend alle bis auf eine junge Frau, die etwa zwei Reihen vor uns saß. Achttausend Jugendliche, die keusch zu bleiben geloben, das ist doch eine tolle Sache. Ich frage mich aber, wie viele es wirklich ernst meinten und nun auch so leben und wie viele einfach dem Gruppenzwang erlagen. Einer meiner Schüler hatte das einsam sitzende Mädchen zwei Reihen vor uns entdeckt. Er beugte sich zu mir herüber und flüsterte: «Hey, Jack, kannst du versuchen, mir ihre Telefonnummer zu besorgen? Bei der müßte man doch ankommen!» Seine Bemerkung war mehr als aufschlußreich.

Wenn Sie wollen, daß Ihre Tochter im Blick auf ihre Freundschaften gute, biblisch und moralisch fundierte Entscheidungen trifft, dürften eine Evangelisation oder eine gefühlsgeladene Massenveranstaltung nicht ausreichen. Wir müssen unseren Töchtern jeden Tag vorleben, daß und warum Gottes Weg der beste ist. Wir müssen ihnen helfen, Vertrauen und Selbstachtung zu entwickeln. Wir müssen sie bedingungslos lieben, damit sie ihr Bedürfnis nach Angenommensein und Liebe nicht in sexuellen Beziehungen zu stillen versuchen müssen. Wir müssen ihnen helfen, sich über ihre eigenen Wertvorstellungen klarzuwerden und sich ihr Verhalten zu überlegen, ehe sie eine Freundschaft beginnen, und nicht erst, wenn es zu spät ist.

> Mein Vater war mir im Blick auf Jungenfreundschaften eine große Hilfe. Er hat mir gesagt, daß er mich toll findet und daß ich keinen Freund brauche, um mir zu beweisen, wie toll ich bin. Er ließ mich selbst herausfinden, wie blöd manche Jungs sind. Er hat mir immer vertraut. Ich habe sein Vertrauen zwar nicht immer verdient. Manchmal habe ich ziemlichen Mist gebaut und mich mit ziemlichen Nieten getroffen. Auf manches bin ich heute gar nicht stolz. Aber Vater hat zu mir gehalten. Er hat mit mir gelacht und geweint. Ich habe ihn furchtbar gern.
>
> *Jennifer*

Checkliste «Väter und Freunde»

Anleitung: Bewerten Sie die folgenden Aussagen mit Hilfe der angegebenen Skala: 1 = Stimmt hundertprozentig; 2 = Trifft weitgehend zu; 3 = Teils/teils; 4 = Trifft kaum zu; 5 = Trifft überhaupt nicht zu.

____ 1. Die vier falschen Vorstellungen über Teenager und ihre festen Freunde überraschen mich nicht.

____ 2. Ich habe meiner Tochter für ihre Freundschaften mit Jungen klare, faire Grenzen gesetzt.

____ 3. Ich ermuntere meine Tochter, an außerschulischen Aktivitäten teilzunehmen, ob sie nun von der Gemeinde oder der Schule organisiert werden.

____ 4. Ich brauche mich über mein Verhältnis zu Frauen, einschließlich meiner eigenen, nicht zu schämen.

____ 5. Ich habe meiner Tochter geholfen, im Blick auf ihre Sexualität eigene Moral- und Wertvorstellungen zu entwickeln.

____ 6. Ich bin immer bereit, meiner Tochter zu verzeihen, wenn sie mich enttäuscht hat.

____ 7. Meine Tochter würde sicher sagen, daß ich gut zuhören kann.

____ 8. Ich glaube an meine Tochter und vertraue ihr auch im Blick auf ihre Freundschaften mit Jungen.

____ 9. Ich lasse meine Tochter, was ihre Freundschaften angeht, selbst entscheiden.

____ Total

Auswertung: Zählen Sie Ihre Ergebnisse zusammen. Wenn Sie 20 Punkte oder weniger haben, kommen Sie in dieser kritischen Zeit ganz gut über die Runden. Liegt Ihr Ergebnis zwischen 20 und 30 Punkten, dann machen Sie wahrscheinlich manches richtig, sollten aber versuchen, an den Bereichen, in denen Sie eine höhere Punktezahl haben, zu arbeiten. Haben Sie mehr als 30 Punkte, dann rufen Sie wahrscheinlich bereits nach «Hilfe». Haben Sie keine Angst, mit einem anderen über Ihre Probleme zu reden. Sie stehen mit Ihren Ängsten und Nöten nicht allein da.

KAPITEL 9

Eine Warnung

Zärtlichkeiten zwischen Vater und Tochter – was geht, was geht nicht?

Dies ist ein positives Buch – ein Buch für Väter, die ihren Töchtern ein guter Freund sein wollen und sich wünschen, daß diese Freundschaft ein Leben lang hält. Wir wollen Väter ermutigen und anspornen. Doch nun müssen wir auch ein Wort der Warnung bringen. Ich wünschte, wir bräuchten dieses Kapitel nicht zu schreiben. In einer vollkommenen, sündlosen Welt würde es keinen sexuellen Mißbrauch geben, das unglaubliche Leid und das Gefühl der Scham, die damit einhergehen, wären letztlich unvorstellbar. Doch unsere Welt ist nicht vollkommen. Sie ist gefallen und voller Sünde. Menschen treffen sündige Entscheidungen, und manchmal zerstören sie damit die Personen, die sie angeblich am meisten lieben.

Sexueller Mißbrauch ist heute ein brisantes Thema. Es wird mit gewaltigen Zahlen herumgeworfen. Manchmal heißt es, eine von vier Frauen werde in ihrem Leben in irgendeiner Form mißbraucht. Andere, etwas nüchternere Statistiken sprechen von jeder zehnten. Aber darauf kommt es letztlich nicht an. Sexueller Mißbrauch einer Tochter durch den eigenen Vater ist ein Verrat an allem, was Vatersein eigentlich bedeutet. Von einem Vater wird erwartet, daß er seine Tochter beschützt, nicht, daß er sie vergewaltigt. Von einem Vater wird erwartet, daß er Sicherheit bietet und seine Tochter liebevoll in die Arme nimmt, nicht, daß seine Berührung Gefahr bedeutet und er an ihr schuldig wird. Alles, was wir bislang als wesentlich für eine gute, gesunde Vaterrolle geschildert haben, wird kaputtgemacht, wenn ein Vater seine Tochter sexuell mißbraucht, ganz egal, wie alt sie dabei ist. Es ist unrecht; es ist Sünde; es ist böse. Ein anderer Mensch wird in seiner Persönlichkeit zerstört.

Wir sind keine Experten zum Thema sexueller Mißbrauch. In unserer Arbeit haben wir mit ansehen müssen, welches Verderben damit über ganze Familien gebracht wird, oftmals über Generationen hinweg. Doch in der Regel verweisen wir solche Fälle an die entsprechenden Spezialisten. Dieses Kapitel will darum auch keine Anleitung geben, wie mit sexuellem Mißbrauch umzugehen ist und wie man ihn aufarbeiten kann; wir schreiben auch nichts darüber, was man als Täter tun kann, um von seinem triebhaften Verhalten loszukommen. Nein, wir äußern uns hier als zwei Väter, die andere Väter warnen und ihnen helfen wollen, in ihrem Verhalten gegenüber ihren Töchtern sinnvolle Grenzen zu ziehen und so dem sexuellen Mißbrauch in ihrer Familie vorzubeugen.

Worum geht es, worum geht es nicht?

> Meine Tochter ist neun Jahre alt. Gestern abend krabbelte sie zu mir ins Bett, und wir kuschelten uns aneinander. Ich habe sie nicht bewußt berührt oder irgend etwas dabei empfunden. Wir schmusen schon immer miteinander, seit sie klein war. Darf ich das noch, oder ist es gefährlich?
>
> *Dan*

Die Fachleute werden auf diese Frage unterschiedlich antworten. Wir sind der Meinung, daß Dan seine Tochter bis jetzt noch nicht sexuell mißbraucht und noch keine Grenzen überschritten hat. Daß sie zu ihm ins Zimmer kommt und mit ihm schmusen will, zeigt deutlich, daß sie sich bei ihm geborgen und sicher fühlt. Ja, Zärtlichkeiten zwischen Vätern und Töchtern – im angemessenen Rahmen – sind nicht nur okay, sie sind *sogar notwendig,* und viele Töchter berichten, sie hätten eigentlich mehr davon gebraucht.

Aber warum hat Dan überhaupt Bedenken? Nun, vielleicht ist ihm bewußt geworden, daß seine Tochter größer wird und es sich irgendwann nicht mehr gehört, mit ihr im Bett zu kuscheln. Weil Dan seine Tochter gern hat und sie nicht verwirren oder ihr mit seiner Zärtlichkeit weh tun will, möchte er wissen, wann sie für so etwas zu alt ist und was denn nun richtig sei.

Es ist schwer, auf seine Frage eine eindeutige Antwort zu geben. Mit einer Tochter nach der Grundschulzeit im Bett zu «kuscheln», ist sicher keine gute Idee. Ihre Sexualität beginnt sich zu entwickeln, und sie fängt an, sich selbst als sexuelles Wesen wahrzunehmen. Darum wäre ein solches Verhalten unpassend, auch wenn gar nichts dabei passiert.

Wir würden Dan darum raten, das Wachstum seiner Tochter aufmerksam zu beobachten und dann, wenn sie zehn oder elf ist, seine Zuwendung lieber auf andere Weise zum Ausdruck zu bringen. Er muß seiner Tochter so feinfühlig wie möglich zu verstehen geben, daß sie allmählich erwachsen wird; daß er sie zwar immer noch gern in die Arme nimmt, sie küßt und an sich drückt, daß es aber jetzt nicht mehr passend ist, das im Bett zu tun. Es wäre falsch, wenn er nun plötzlich gar nicht mehr zärtlich mit ihr wäre. Schließlich ist sie mit seiner Zuneigung aufgewachsen, und seine Berührungen waren zusätzliche Beweise seiner Liebe. Wenn er sie ihr nun ohne Erklärung abrupt vorenthielte, würde er damit ihrer Selbstachtung ebenso wie ihrem Vertrauen zu ihm als Vater einen empfindlichen Schlag versetzen.

Wir müssen unser Verhalten den Kindern gegenüber ändern, wenn sie heranwachsen. Aber die Veränderung geschieht am besten ganz allmählich, und es ist gut, wenn wir sie erklären, damit sie nicht allzu harsch wirkt und womöglich den Eindruck hervorruft, wir würden unser Kind plötzlich ablehnen. Dan hat das ganz instinktiv begriffen und erkundigt sich nun früh genug, wann und wie er seine Tochter daran gewöhnen soll, Zuneigung auf «erwachsenere» Art zu zeigen.

Mit der Tochter schmusen ist noch kein Mißbrauch, kann aber leicht dazu führen, gewisse Grenzen zu überschreiten. Manche Fachleute sind darum der Auffassung, schon Kinder im Grundschulalter hätten nichts mehr im Bett des Vaters zu suchen. Dahinter steht die Erkenntnis, daß in der Regel ein allmählicher Prozeß zum sexuellen Mißbrauch führt. Das kann schon mit ganz normalen Berührungen anfangen, während das Kind friedlich schläft. Dann beginnt der mißbrauchende Vater langsam, aber bewußt und sogar methodisch, sein Handeln zu sexualisieren. Er berührt seine Tochter vielleicht an den Geschlechtsorganen und sagt: «Paß auf, daß dich kein Junge hier anfaßt, solange du nicht verheiratet bist.» Oder er legt ihre Hand auf seine Genitalien und sagt: «Berühre einen Jungen nie an dieser Stelle. Das erregt ihn.» In beiden Fällen hat er die Grenze überschritten, die gesunde Zärtlichkeit von sexuellem Mißbrauch trennt.

Andere Fachleute warnen davor, ein erotisierendes Umfeld zu schaffen. Für Ihre Tochter ist das äußerst schädlich und außerdem oft das Vorspiel für den tatsächlichen Mißbrauch. Ein erotisierendes Umfeld wird zum Beispiel dann geschaffen, wenn ein Vater das Äußere seiner Tochter mit dem seiner Frau vergleicht und die Frau dabei schlechter wegkommt. Auch sexuell gefärbte Bemerkungen und lüsterne Blicke gehören dazu. Die Tür zum Badezimmer offenlassen, der großen Tochter zusehen, wenn sie in der Wanne liegt, sich der Tochter zeigen, indem man nackt durchs Haus läuft oder vor ihren Augen das Handtuch herunterrutschen läßt – all das ist völlig unangebracht und fördert eine Atmosphäre, in der ein Mißbrauch dann leicht möglich wird.

Doch Dans Frage ist noch immer nicht beantwortet: Was ist Mißbrauch? In ihrem ausgezeichneten Buch *Women and their Fathers* (Frauen und ihre Väter) zitiert die amerikanische Autorin Victoria Secunda die Definition von zwei anderen Ärzten:

«Von sexuellem Mißbrauch oder Inzest spricht man da, wo sexueller Kontakt zu einem Menschen besteht, der wegen seiner blutsmäßigen oder gesellschaftlichen Verbindung zum Opfer und seiner Familie nicht als Partner in Frage käme... Als Inzest bezeichnet man den Geschlechtsverkehr mit Zustimmung, gewaltsam erzwungenen Geschlechtsverkehr, versuchten Geschlechtsverkehr oder Verführung, Belästigung, vor allem das Betasten von Brust oder Genitalien, und die Entblößung... außerdem jede Form der Penetration, anal, oral, vaginal, aktiv und passiv.»

> Ich habe meine Tochter nie mißbraucht. Das würde ich nie tun. Aber unlängst sprang sie mir auf den Schoß, und ehrlich, das hat mich stimuliert. Brauche ich Hilfe?
>
> *William*

Viele Väter haben schon einmal erlebt, daß ihre Tochter, egal, wie alt sie war, sich ihnen auf den Schoß setzte. Der Druck auf den Penis führt zu einer Erektion. Und der verwirrte und verunsicherte Vater denkt, er werde von seiner Tochter sexuell erregt. Dabei ist das eine ganz normale Reaktion, die nicht unbedingt etwas mit sexueller Stimulation zu tun hat. Es ist ein rein körperlicher Vorgang, aber kein Mißbrauch, und der Vater wird damit auch nicht zum potentiellen späteren Täter. Es gibt allerdings Väter, denen das gefällt und die ihre Tochter, selbst wenn sie noch sehr klein ist, auf dem Schoß hin und herbewegen, um eine Erektion herbeizuführen. Damit ist die Grenze eindeutig überschritten, und der Vater sollte Hilfe suchen. Lassen Sie sich auf keinen Fall gehen! Reden Sie sich auch nicht ein, das «höre schon von selbst wieder auf»! Nein, suchen Sie Rat bei einem Seelsorger, einem Freund oder auch beim Therapeuten.

> Meine Tochter ist siebzehn. Sie ist sehr hübsch, und ich sage ihr das auch gern. Kürzlich sah ich sie nur in Slip und Büstenhalter, und das hat mich erregt. Ich habe sie nicht beglotzt oder hinter ihr her geschnüffelt, es war wirklich ganz zufällig. Aber jetzt schäme ich mich und komme mir komisch vor. Habe ich da irgendeine Grenze überschritten?
>
> *Bob*

Vermutlich nicht. Wichtig ist, was Sie nun mit Ihren Gefühlen Ihrer Tochter gegenüber tun. Wenn Sie herumlungern und auf eine Gelegenheit warten, Ihre Tochter noch einmal unbekleidet zu sehen, wenn Sie sich irgendwelchen Phantasien hingeben oder diese zufällige Begebenheit als Vorwand benutzen, um sich ihr unziemlich zu nähern («Sie macht sich immer so an mich ran und läuft so herum»), dann allerdings haben Sie eine Linie überschritten und sollten professionelle Hilfe suchen.

Viele Väter erleben, daß ihre zur Frau herangereifte Tochter sie zumindest einmal im Leben, wenn auch nur flüchtig, sexuell stimuliert. Die meisten gehen dem nicht weiter nach, verhalten sich den Töchtern gegenüber aber etwas vorsichtiger. Das ist eine durchaus gute und angemessene Reaktion. Allein die Tatsache, daß die siebzehnjährige Tochter ein sexuelles Gefühl in Ihnen wachruft, macht Sie noch nicht zum möglichen Täter. Entscheidend ist, wie Sie mit Ihren Gefühlen umgehen und wie Sie sich nun Ihrer Tochter gegenüber verhalten.

> Bis ich etwa fünfzehn war, war mein Stiefvater ganz toll zu mir. Damals war ich in der Pubertät, und ich bekam Brüste, so richtige. Ich glaube, ich bekam auch sonst ziemlich weibliche Formen. Er sah mich auf einmal ganz anders an, und ich hatte richtig ein bißchen Angst vor ihm. Eines Abends küßte er meine Mutter vor meinen Augen ziemlich heftig und sah dann ganz eigenartig zu mir herüber. Seitdem habe ich darauf geachtet, daß ich nie mit ihm allein sein mußte.
>
> *Allison*

Die Hemmschwelle, die in den allermeisten Fällen Mißbrauch zwischen leiblichen Vätern und ihren Töchtern verhindert, ist in «Stieffamilien» weitaus niedriger. Stiefväter sollten deshalb besondere Vorsicht walten lassen und um die eigene Gefährdung wissen. Mißverstehen Sie mich hier bitte nicht. Ich will damit nicht sagen, daß alle Stiefväter in Gefahr stehen, ihre Stieftochter zu mißbrauchen. Ganz gewiß nicht. Die meisten Stiefväter haben ihre Stieftöchter sehr gern und wollen nur ihr Bestes. Es gibt jedoch Untersuchungen, die belegen, daß sexueller Mißbrauch in «Stieffamilien» häufiger vorkommt. Deshalb muß ein Stiefvater hier besonders vorsichtig sein.

Ein Stiefvater muß sich Grenzen setzen, die noch etwas enger gefaßt sind als die gegenüber leiblichen Kindern. Ich denke zum Beispiel nicht, daß es richtig wäre, wenn ein Stiefvater mit der Stieftochter im Bett liegt, auch wenn sie noch im Grundschulalter ist. Manche Stieftöchter haben ein besonderes Zärtlichkeitsdefizit. Sie fühlen sich von ihrem leiblichen Vater im Stich gelassen und suchen darum beim Stiefvater Zuneigung. Sie selbst sind jedoch aufgrund ihres Defizits nicht in der Lage, Grenzen zu ziehen, und sind deshalb besonders verletzlich. Es ist darum an dem Stiefvater, hier aufzupassen und das Mädchen zu beschützen.

Wie sieht ein Vater aus, der seine Tochter mißbraucht?

Väter, die ihre Töchter mißbrauchen, entsprechen nicht unbedingt dem unheimlichen Bild, das Hollywood uns vorgaukelt. Sie gehen zur Arbeit. Sie gehen in die Kirche. Sie mähen den Rasen. Oft wohnen sie in ganz normalen Stadtvierteln und führen ein nach außen hin ganz normales Familienleben. Aber sie hüten ein Geheimnis, das das Leben ihrer Tochter zerstört und letztlich die gesamte Familie bedroht. Was bringt sie dazu?

Auf die Frage gibt es keine leichte Antwort. Dem typischen Täter fehlt es meist an Selbstvertrauen und Selbstachtung. Oft ist er selbst ein Opfer von Mißbrauch. Manche sind regelrechte Frauenhasser. Manche sind in ihrer Jugend Opfer von Gewalt oder brutaler körperlicher Züchtigung gewesen. Es scheint allerdings einen gemeinsamen Zug zu geben. Victoria Secunda schreibt dazu: «Wenn es ein gemeinsames Merkmal gibt, dann das, daß der Täter nicht genug Mutterliebe bekommen hat. Weil ihm in seinen frühen Jahren nicht genug Zuneigung zuteil wurde, konnte er sich nie wirklich von seinen Eltern lösen. Es fehlt ihm ein tiefes Gefühl der Sicherheit und des Vertrauens, das seinem Leben Halt geben und seinen Trieb regulieren könnte.»

Wenn Sie sich in dieser Beschreibung wiedererkennen, heißt das allerdings nicht, daß Sie dazu verurteilt sind, einmal Ihre Tochter zu mißbrauchen. Es gibt Millionen von Männern, die ohne den Rahmen einer gesunden Familie aufgewachsen sind und ihrer Tochter deshalb trotzdem nichts antun müssen. Es bedeutet aber, daß Sie aufpassen müssen, daß Sie sich Ihrer Bedürfnisse bewußt sein und nach gesunden Wegen suchen sollten, sie zu stillen.

Jemand, der einen anderen mißbraucht, ist oft ein Mensch, der meint, die Welt drehe sich nur um ihn und seine Bedürfnisse. Seine machtlose, vertrauensvolle Tochter muß ihm dazu dienen, seine Wünsche zu befriedigen und die Bedürfnisse zu decken, die so lange vernachlässigt wurden. Obwohl er sich dabei häufig schuldig fühlt, wendet er sich eher an seine Tochter, als irgendwo anders Hilfe zu suchen.

Hilfe suchen

Wir sind auf diesem Gebiet keine Fachleute, und wir behaupten auch nicht, wir hätten alle Antworten für den Vater, der mit unangemessenen Gefühlen im Blick auf seine Tochter zu kämpfen hat. Wir wissen aber, daß er auf jeden Fall Hilfe braucht. Er kann zum Telefonhörer greifen und seinen Seelsorger anrufen. Sagen Sie ihm, was los ist und warum Sie anrufen. Aber hüten Sie sich vor schnellen Lösungen. Ein schlichtes Gebet und ein Bibelvers werden Ihr Problem nicht beheben. Sicher, Sie brauchen Gebet und Sie brauchen auch die Hilfe von Gottes Wort, aber Sie müssen auch mit sich selbst zurechtkommen. Sie müssen Wege finden, wie Sie auf gesunde Art mit Ihren Bedürfnissen und Gefühlen leben können. Sie müssen erkennen, wo die Wurzel des Problems steckt. Dafür brauchen Sie wahrscheinlich einen guten Therapeuten. Fragen Sie Ihren Pfarrer, ob er Ihnen einen anerkannten Fachmann empfehlen kann, der sich auf die Arbeit mit sexuell gefährdeten Männern spezialisiert hat.

Wenn Sie das Gefühl haben, Sie seien auf einer Gratwanderung, und Angst haben, Sie könnten im Zusammenleben mit Ihrer Tochter die entscheidende Grenze überschreiten, dann warten Sie nicht erst, bis es tatsächlich soweit gekommen ist. Warten Sie nicht, bis Sie Ihre Tochter mißbraucht haben, bevor Sie sich um Hilfe bemühen! Tun Sie *jetzt* etwas. Vielleicht müssen Sie sogar dafür sorgen, daß Sie ab sofort nicht mehr mit Ihrer Tochter allein sind. Aber versuchen Sie nicht, allein mit dem Problem fertig zu werden. Suchen Sie Hilfe. Ihre Tochter hat das verdient, und Sie haben es nötig.

Ein paar hilfreiche Gedanken

Es ist äußerst wichtig, daß wir begreifen, worin der Unterschied zwischen angemessener und unangemessener, ja schädlicher Zärtlichkeit liegt. Manche Väter haben eine Riesenangst vor den entsetzlichen Möglichkeiten, von denen heutzutage fast jede Zeitung berichtet. Sie sind so verunsichert, so sensibilisiert für die Gefahr, des Mißbrauchs bezichtigt zu werden, daß sie ihren Töchtern sogar die durchaus notwendige Zuwendung vorenthalten. Doch unsere Töchter brauchen unsere Berührungen. Sie brauchen unsere Umarmungen und Küsse, und zwar ein ganzes Leben lang. Viele Töchter haben davon berichtet, wie schmerzhaft es für sie war, erwachsen zu werden, weil ein bislang so zärtlicher Vater aufhörte, sie überhaupt noch zu berühren. Diese Töchter fühlten sich zurückgewiesen und reagierten verwirrt. Aber vergessen wir nicht, es geht hier um die Berührung, die auf echter Zuneigung beruht. Jede Bewegung auf unsere Tochter zu, die sexuellen Intentionen entspringt, kann nicht von der Liebe bestimmt sein. Sie ist vielmehr selbstsüchtig und egoistisch, und sie schadet unserer Tochter. Für sexuellen Mißbrauch gibt es keine Entschuldigung. Wir können nie behaupten, unsere Tochter habe uns dazu verführt. Es kann sein, daß ihr ihre Sexualität noch nicht voll bewußt ist und daß sie auf ihre eigenen Bedürfnisse falsch reagiert, aber der Erwachsene sind *Sie.* Sie müssen die Grenzen ziehen und sich dann auch daran halten.

Hier noch einmal zusammengefaßt unsere Ratschläge an Väter, die alles daransetzen wollen, damit ihre Töchter nie den Schmerz sexuellen Mißbrauchs erleben müssen, und denen an einem vertrauensvollen und von Liebe geprägten Verhältnis liegt.

1. Grenzen setzen

Setzen Sie Grenzen und halten Sie sich daran. Geben Sie Ihrer Tochter Raum und Privatsphäre, und denken Sie daran, daß Ihre Liebesbeweise sich entsprechend dem Alter Ihrer Tochter ändern müssen. Ziehen Sie eine klare Linie, wie Sie Ihr Verhältnis zu Ihrer Tochter gestalten wollen, und lassen Sie Ihre Tochter wissen, woran sie mit Ihnen ist. So könnten Sie zum Beispiel sagen: «Schatz, du solltest von jetzt an darauf achten, daß du die Badezimmertür abschließt. Du bist jetzt alt genug, um ein Recht auf deine eigene Privatsphäre zu haben.»

Grenzen können ganz verschieden aussehen. Setzen Sie zunächst einmal *körperliche Grenzen.* «Ich will meiner Tochter nicht mehr den nackten Rücken streicheln.» Das ist eine klare und deutlich definierte Aussage. Die körperlichen Grenzen sind am leichtesten zu ziehen, weil sie in der Regel die Linie sind, die wir als letztes überschreiten. *Emotionale Grenzen* sind schon schwieriger, aber genauso wichtig. Mancher Mißbrauch beginnt ganz unschuldig, zum Beispiel damit, daß die Tochter den emotionalen Zuspruch schenkt, der normalerweise von Frau oder Freundin kommen sollte. Wenn die Tochter diese Rolle übernimmt, bringt sie sich selbst in Gefahr. Ein Vater braucht darum klare gefühlsmäßige Grenzen. Es ist nicht Aufgabe Ihrer Tochter, Sie zu trösten oder «aufzumöbeln». Damit wäre eine emotionale Grenze überschritten.

Die schwierigste Grenze ist vermutlich die *geistige.* Womit füllen Sie Ihre Gedanken? Womit wollen Sie sich beschäftigen, und welche Gedanken wollen Sie nicht zulassen? Gedanken und Phantasien sind schon für manche Väter zur Falle geworden. Sie sehen ihre Tochter, spüren, daß sie sexuell erregt werden, lassen das Bild auf sich wirken und fangen an zu phantasieren. Das ist gefährlich und bewirkt oft, daß die Atmosphäre sexuell angeheizt und eine Situation herbeigeführt wird, in der es bis zum Mißbrauch nicht mehr weit ist. Setzen Sie Ihren Gedanken engere Grenzen. Bitten Sie Gott um Hilfe, damit Ihre Gedanken rein bleiben können.

2. Keine sexuell geladene Atmosphäre schaffen

Was Sie sagen und wie Sie es tun, hat Auswirkungen auf Ihre Tochter und kann sie unter Umständen verwirren. Hinter anderen Frauen herzuschauen und der Tochter gegenüber sexuell gefärbte Bemerkungen zu machen, selbst wenn sie eine andere Frau betreffen, ist falsch. Achten Sie darauf, daß Ihr Reden, Ihre Blicke, Ihre Berührungen keinen sexuellen Unterton bekommen. Freuen Sie sich an der erwachenden Sexualität Ihrer Tochter. Lassen Sie sie spüren: «Ich merke, daß du eine Frau wirst.» Aber tun Sie es in Liebe und auf eine natürliche Art, die Ihre Tochter nicht durcheinanderbringt.

Achten Sie darauf, daß in Ihrer Wohnung nichts herumliegt, was sexuell aufreizend wirken könnte. Die Filme, die Sie aus der Videothek mitbringen, und die Hefte, die Sie im Schrank verstecken, können dazu beitragen, daß die Atmosphäre sexuell aufgeladen wird. Ihre Tochter soll spüren, daß Sie die Sexualität für ein großes, wundervolles Geschenk Gottes halten, an dem wir uns im Rahmen der Ehe freuen dürfen. Sie haben keine

Angst vor Sex, und Sie müssen auch nicht prüde sein und schon beim Klang des Wortes zusammenschrecken. Aber behandeln Sie das Thema mit der gebührenden Achtung und im Wissen um die geistliche Dimension der Sexualität.

3. Rat vom Fachmann suchen

Wenn Ihre Gefühle Sie verwirren oder die Anziehung, die Ihre Tochter auf Sie ausübt, Ihnen angst macht, dann suchen Sie Hilfe. Sprechen Sie mit einem erfahrenen Therapeuten. Damit machen Sie nicht nur Ihrer Tochter, sondern auch sich selbst ein großes Geschenk: Sie zeigen, daß Sie Ihre Gefühle ernst nehmen und fähig und bereit sind, verantwortungsbewußt damit umzugehen.

Haben Sie keine Angst, mit Ihrem Pfarrer oder Prediger zu reden. Wenn Sie Probleme haben, suchen Sie das Gespräch lieber früher als später. Warten Sie nicht, bis Sie Ihrer Tochter etwas angetan haben oder die Atmosphäre allzu aufgeladen ist. Beim ersten Anzeichen, daß Sie Schwierigkeiten haben, sollten Sie bereits zum Telefon greifen.

Dabei sind noch ein paar wichtige Dinge zu beachten: Vermutlich wird Ihr Pfarrer oder Seelsorger Sie an jemand verweisen, der auf diesem Gebiet mehr Erfahrung hat. Davor sollten Sie sich nicht fürchten. Wenn Sie Hilfe brauchen, sollten Sie wirklich die besten Möglichkeiten ausschöpfen. Ein Gebet und ein Abschnitt aus der Bibel sind noch keine Therapie. Wie schon gesagt, ist beides wichtig und gehört zum Umgang mit sexuellen Fragen dazu. Sie müssen sich aber auch mit den Ursachen befassen, die Ihren Gefühlen zugrunde liegen. Geben Sie sich nicht mit einfachen Antworten zufrieden. Schrauben Sie die Erwartungen hoch – um Ihrer selbst willen.

Und schließlich...

Wir hoffen, daß die sexuellen Gefühle die Beziehung zu Ihrer Tochter nicht trüben. Wir hoffen, daß Sie ihr trotzdem in Liebe begegnen können, die sich auch in Berührungen äußert, wie Ihre Tochter sie braucht. Aber denken Sie daran – wir leben in einer gefallenen Welt, die von der Sünde entstellt und verdorben ist. Auch wir haben Anteil daran, und als gefallene Menschen in einer befleckten Welt haben wir mit unserer Sexualität zu kämpfen. Suchen Sie Hilfe. Warten Sie nicht. Unser Gott ist bereit zur Vergebung, und Ihre Tochter hat es verdient.

Sexueller Mißbrauch – eine Definition

«Sexueller Mißbrauch bezeichnet jeden Kontakt und jede Handlung, bei denen eine wehrlose Person (in der Regel ein Kind oder Heranwachsender) benutzt wird, um einen Älteren, Stärkeren oder Einflußreicheren sexuell zu stimulieren. Dazu gehören Berührungen, Streicheln, Reiben oder Tätscheln, die dazu dienen sollen, dem Täter sexuelle Befriedigung zu verschaffen. Auch Blickkontakte, verbale oder psychische Beziehungen können dazu gehören, wo ein körperlicher Kontakt nicht möglich ist.»

(Nach Dan Allender, «When Truth Is Lost», Discovery Series, Radio Bible Class, Grand Rapids, 1992).

Folgen sexuellen Mißbrauchs

1. Gefühle der Machtlosigkeit
2. Das Gefühl, verraten zu sein
3. Verwirrung (widerstreitende Gefühle)
4. Gefühle der Wehrlosigkeit
5. Gefühle der Hoffnungslosigkeit
6. Schamgefühle
7. Selbstverachtung

8. Probleme, Gott zu vertrauen
9. Schwierigkeit, anderen Männern zu vertrauen
10. Ungeklärte Abhängigkeitsverhältnisse und Abgrenzungsschwierigkeiten

Teil 4

Die Persönlichkeit Ihrer Tochter

KAPITEL 10

Was soll ein Mädchen tun?

So helfen Sie Ihrer Tochter, ihre Weiblichkeit zu entdecken

Vater war nie da. Selbst wenn er körperlich anwesend war, war er mit den Gedanken woanders. Ich habe viel darüber nachgedacht, und ich glaube, vieles, was ich tat, um seine Aufmerksamkeit auf mich zu ziehen, war nicht besonders hilfreich. Ich versuchte, die mustergültige Tochter zu sein, eine lebende Puppe. Ich habe von ihm gelernt, daß eine Frau so etwas wie eine Verzierung ist, ein Dekorationsstück, das an sich aber keinen Wert hat.

Naida

Ich war zwölf und spielte mit meinem Bruder Fußball. Einer von den Nachbarjungs brüllte herüber: «Seht euch nur den Fratz an. He, du Göre, willst du etwa ein Junge sein?» oder so etwas Ähnliches. Mein Vater kam sofort aus dem Haus gerannt. «Hör nicht auf ihn. Du kannst machen, was du willst.» Ich kann mich noch daran erinnern, als wäre es gestern gewesen.

Diane

Mein Vater hat uns mit seinen Worten fertiggemacht. Aber er machte sich nie die Mühe, uns zuzuhören, und was einen anderen beschäftigte, das schien ihn nicht zu interessieren. Meine Mutter lief immer wie auf rohen Eiern herum. Wir haben alles getan, damit er seine Ruhe hatte und sich nicht aufregen mußte, aber es hat trotzdem nie funktioniert. Er hat immer irgendeinen Fehler an uns gefunden, an Mutter und an mir. Ich frage mich heute noch, wie sie es so lange mit ihm ausgehalten hat.

Donna

Wer zeigt Ihrer Tochter, wie ihr Platz im Leben aussieht? Von wem erfährt sie, wie Frauen sich in der Gegenwart von Männern zu verhalten haben? Wer enthüllt ihr das Geheimnis der Mann-Frau-Beziehung? Zu einem gewissen Teil auf jeden Fall Sie. Oft meinen wir, was Frausein heißt, würden die Töchter bei ihren Müttern lernen, und das stimmt natürlich. Aber was Frausein bedeutet, das lernen sie auch von uns. Sie sehen, wie wir mit ihren Müttern umgehen. Sie beobachten, wie wir in der Ehe Probleme diskutieren (und manchmal auch nach der Ehe). Sie lernen an uns, was sie von Männern erwarten können und was andererseits Männer von den Frauen erwarten. Sicher, die Mütter sind die ersten, die ihnen vorleben, was Frausein ist und welches Verhalten, welche Pflichten, welche Opfer und was an Schönem dazugehört. Aber auch die Beziehung zum Vater trägt – zu einem nicht unerheblichen Teil – dazu bei, ihr Bild zu formen.

Wir können ihnen das Frausein zwar nicht vorleben. Väter sind nun einmal keine Mütter, und sie können auch nicht so tun, als würden sie begreifen, was es am Ende unseres zwanzigsten Jahrhunderts bedeutet, Frau zu sein. Aber unsere Töchter beobachten uns sehr aufmerksam, und sie sehen, wie wir uns ihren Müttern und anderen Frauen gegenüber verhalten. Eine Tochter schreibt:

Er hat Mutter nie geachtet. Sie hatte das Gymnasium abgebrochen und keinen richtigen Beruf gelernt. Wenn er heimkam

> und sie ihm erzählte, wie müde sie sei, dann spottete er nur, so nach dem Motto: «Was hast du schon für einen Grund, müde zu sein, du hast ja nicht gearbeitet.» Ich nahm mir vor, mich nie so abschätzig von einem Mann behandeln zu lassen. Ich ging zum College und dann an die Hochschule. Ich wollte einmal geachtet werden.
>
> *Donna*

Donna hat aus dem abschätzigen Verhalten des Vaters ihrer Mutter gegenüber etwas gelernt. Sie hat gelernt, daß eine Hausfrau in den Augen des Mannes nichts wert ist. Ob das nun im allgemeinen so stimmt oder nicht, spielt keine Rolle. Sie hat es auf jeden Fall so erlebt. Deshalb nahm sie sich vor, selbst niemals in eine solche Situation zu kommen. Was vielleicht noch interessant ist: Donna war zweimal verlobt, hat aber nie geheiratet. Ihr Wunsch, eine gute Ausbildung zu bekommen, hat sie an eine der bekanntesten Universitäten des Landes geführt, aber sie hat immer noch das Gefühl, sie müßte höher hinauf.

Auch Kim hat ihren Vater beobachtet und dabei eine Menge über die Rolle der Hausfrau erfahren:

> Vater hat jeden Abend das Geschirr gespült, und Mutter war für das Kochen zuständig. Wenn wir in die Ferien gingen, hat Mutter immer gepackt, und Vater hat das Auto vollgetankt und das Öl gewechselt. Das hatte sich so eingespielt, und sie kamen damit gut zurecht. Aber ich glaube, ich war schon fünfundzwanzig, als ich begriff, daß ich es nicht genauso machen muß.

Kim erzählte dann auch davon, wie sie für jeden Jungen, mit dem sie während der Studienzeit befreundet war, gekocht hat. Sie machte ihnen die Wäsche und putzte ihnen sogar das Zimmer. Sie hatte von ihrer Mutter gelernt, daß eine Frau das für den Mann tut, und von ihrem Vater, daß das Glück des Mannes und seine Anerkennung davon abhängen, daß die Frau diese Aufgaben übernimmt.

Was für ein Vater?

Unser Verhalten hat einen großen Einfluß auf das Frauenbild unserer Töchter. Bei unseren Untersuchungen sind wir auf verschiedene typische Verhaltensmuster gestoßen, die uns weiterhelfen können. Es sind vor allem drei bestimmte Vätertypen, die die Persönlichkeitsentwicklung einer Tochter behindern.

1. Der zornige Vater

Väter, die versuchen, bei der eigenen Frau oder bei anderen Frauen und vor allem bei den Töchtern ihren Willen mit Gewalt und Zorn durchzusetzen, haben einen ungeheuer zerstörerischen Einfluß auf das Frauenbild ihrer Töchter. Wenn unsere Tochter mitbekommt, daß wir schon mit einem Stirnrunzeln unsere Frau zum Nachgeben bringen, lernt sie daraus, daß es nicht weiblich ist, als Frau den Mund aufzumachen und eine eigene Meinung zu vertreten. Sie lernt, daß Männer mit Worten oder sogar mit körperlicher Gewalt ihren Willen durchsetzen dürfen, und daß es an der Frau liegt, zu tun, was ihr Mann will. Viele Frauen, die sich später in einer zerstörerischen Beziehung wiederfinden und von ihren Männern häufig mißbraucht werden, entstammen einem solchen Umfeld.

Der zornige Vater ist im Grunde ein Egoist. Seine Launen und Wünsche sind ihm wichtiger als die Gefühle von Frau und Tochter oder ihr inneres und sogar ihr äußeres Wohlergehen. Von einem zornigen Vater lernt die Tochter, daß Frausein ein Abhängigkeitsverhältnis ist. Sie lernt, daß es die wichtigste Aufgabe im Leben der Frau ist, dem Mann zu gefallen und seinen Willen zu tun. Oft vernachlässigen diese Frauen über Jahre hinweg ihre eigenen Interessen, bis es dann zum Zusammenbruch kommt oder sie in eine Affäre oder die Scheidung flüchten.

Wenn Zorn und Gewalt Ihr Verhältnis zu Ihrer Frau oder anderen Frauen bestimmen und Sie Worte als Waffen benützen, dann glauben Sie nicht eine Sekunde, daß das keinen Einfluß auf

Ihre Tochter hat. Sie ist davon betroffen, und sie lernt von Ihnen. Was wollen Sie ihr beibringen?

2. Der schwache Vater

Zornige Väter schaden ihren Töchtern, weil sie ihnen Angst einjagen. Schwache Väter schaden ihnen, weil sie sich manipulieren lassen, auch von ihnen, den Töchtern.

> Mein Vater war völlig unfähig, irgendwelche Entscheidungen zu treffen. Er war einfach unglaublich. Mutter mußte die ganze Familie zusammenhalten. Ohne sie wäre überhaupt nichts getan worden. Selbst als wir schon fünf Jahre im neuen Haus wohnten, fragte er sie, wo das Geschirr hinkäme. Mutter warf nur die Hände in die Luft, als wollte sie sagen: «Und das muß ich ertragen.» Vater war lieb und nett, aber respektiert habe ich ihn nie.
>
> *Kelly*

Kellys Geschichte geht weiter. Sie hat zweimal geheiratet und steht kurz vor der zweiten Scheidung. Sie ist Christin und eigentlich eher konservativ. Deshalb ist sie entsetzt, daß schon der zweite Mann sie verläßt. Als ich sie das letzte Mal sah, sagte sie: «Wahrscheinlich gibt es unter den Christen keine starken Männer mehr.»

Wenn man sich mit Kellys erstem und dem baldigen zweiten Ex-Mann unterhält, erzählen die einem von einer Frau, die sich weigert, irgendwelche Kompromisse zu schließen; die ihre Männer herabsetzt und nicht bereit ist, das Kommando abzugeben.

Kellys Vater hat ihr gezeigt, daß Männer geschubst, gestoßen und angetrieben werden müssen. Von ihrem schwachen Vater hat sie gelernt, daß ein Mann eine starke, dominierende Frau braucht. Und außerdem hat sie gelernt, daß ein Mann keine Achtung verdient.

Schwache Väter programmieren das Scheitern der späteren

Beziehungen ihrer Töchter bereits vor. Töchter schwacher Väter (das ist natürlich eine Verallgemeinerung) neigen dazu, sich entweder einen Mann zu suchen, den sie dominieren können, oder einen «Macho», der den starken Mann, den ihnen ihr Vater nicht vorleben konnte, übersteigert verkörpert. Die Töchter werden also als Frauen entweder die Fehler ihrer Mütter wiederholen, oder sie suchen einen starken, herrschsüchtigen Partner. Beides können wir für unsere Tochter nicht wollen.

3. Der abwesende Vater

Väter, die nicht da sind – und wenn es nur gefühlsmäßig ist –, setzen ihre Töchter auf eine andere Spur. Töchter, die mit ansehen, wie ihre Mutter im Stich gelassen wird – ob ganz konkret oder «nur» emotional –, stehen vor folgender Alternative: Entweder sie strengen sich wie verrückt an, um die Aufmerksamkeit ihrer Väter (und der Männer im allgemeinen) auf sich zu lenken, oder sie ziehen sich zurück, weil sie begriffen haben, daß ein Mann sowieso nie da ist, wenn man ihn braucht.

Was, meinen Sie, lernt Ihre Tochter über das Verhältnis von Männern und Frauen, wenn sie mit ansehen muß, wie Sie ihre Mutter nie beachten, wie sehr diese sich auch anstrengt, Ihnen zu gefallen? Wenn sie sich erst ein Bein brechen muß, damit Sie auf sie aufmerksam werden, was soll sie dann später einmal tun, um die Aufmerksamkeit anderer Männer auf sich zu lenken?

Oder sie gibt es völlig auf, Nähe zu suchen, ist zornig auf alle Männer und meidet jede nähere Beziehung. Damit schließt sie selbst die Tür zu einer reifen, von Liebe geprägten Partnerschaft, die ihr doch auch eine Menge Freude bescheren würde.

Gehen Sie darum nicht auf Distanz! Achten Sie darauf, daß Ihre Tochter sich nicht verzweifelt um Ihre Liebe und Zuneigung bemühen muß. Was sie jetzt lernt, das wird sie ein Leben lang prägen. Wollen Sie wirklich Ihrer Tochter das Gefühl vermitteln, sie müsse sich die Zuneigung eines Mannes durch harte Arbeit verdienen und indem sie nur Dinge tut, die ihm gefallen?

Oder möchten Sie lieber, daß Ihre Tochter weiß: Ich bin etwas wert, weil ich *ich* bin?

Ein besserer Weg …

Natürlich müssen Sie weder zornig noch schwach oder distanziert sein. Mit Gottes Hilfe können Sie ein zärtlicher, liebevoller Vater werden. Sie können Ihrer Tochter zeigen, daß eine Frau werden kann, was immer sie will. Sie können ihr zeigen, daß sie um Gleichberechtigung nicht erst zu kämpfen braucht – daß sie ihr von Gott bereits mitgegeben ist. Sie können ihr zeigen, daß Männer und Frauen in einer Beziehung leben können, die den anderen und seine Gefühle achtet und darauf Rücksicht nimmt. Wenn unsere Tochter mit einem gesunden Frauenbild heranwachsen und begreifen soll, daß ihre Rolle als Frau allein von ihren eigenen Träumen und Anstrengungen begrenzt wird, dann müssen wir ihr drei Dinge schenken:

Das Geschenk des Angenommenseins

Viele Frauen haben ein falsches Bild davon, wer sie sind und was sie tun sollten, weil sie von ihren Vätern nie bedingungslos angenommen wurden. Wenn Ihre Tochter eine gesunde Beziehung zu anderen Männern einüben soll, müssen Sie ihr schon jetzt dazu verhelfen, indem Sie sie so annehmen, wie sie ist. Sie sollte es nicht nötig haben, um Ihre Anerkennung zu kämpfen. Kommen Sie nur ja nicht auf die Idee, ihr quasi als erzieherische Maßnahme oder gar als Strafe Lob und Anerkennung vorzuenthalten! Teilen Sie Lob reichlich und gerecht aus. Sagen Sie Ihrer Tochter, daß Sie sie für das tollste Geschöpf auf der ganzen Erde halten, für ein Geschenk Gottes.

Sorgen Sie dafür, daß sie nicht bei anderen Männern Selbstachtung und Selbstvertrauen suchen muß. Nehmen Sie sie so an, wie sie ist, bedingungslos und rückhaltlos. Und dann sehen Sie zu, wie sie zu der Frau heranreift, die Sie sich erhofft haben.

Das Geschenk weiblicher Stärke

Wir müssen dafür sorgen, daß unsere Tochter ihre Stärken entwickeln kann, und ihr Mut machen, innerlich zu wachsen, damit sie Stellung beziehen und kritische Zeiten durchstehen kann. Das Konzept der weiblichen Stärke habe ich aus dem Buch von Earl Henslin, *Du bist die Tochter deines Vaters,* gelernt. Henslin schreibt:

> Wenn eine Frau zutiefst in ihrem Herzen spürt, daß sie viel kostbarer ist als die prächtigsten Perlen, geschieht etwas Erstaunliches. Eine Frau, die weiß, daß sie als Kind des lebendigen Gottes einen ganz besonderen Wert hat, kann Wagnisse eingehen, sie hat die Kraft, sich den Herausforderungen zu stellen und sie auch zu bewältigen.
> [Auf der anderen Seite]... wenn ihr Vater, die Großväter, Onkel und andere Männer die Frauen für schwach und unfähig halten, trägt sie auch als Frau das Bild eines kleinen Mädchens mit sich herum. Wenn die Männer, die diesem kleinen Mädchen nahestehen, meinen, eine Frau müsse sich vor allem dem Mann unterordnen, dann wird das auch für sie der Maßstab, den sie an ihre Beziehung zu anderen Männern anlegt – selbst zu solchen, die sie mißbrauchen.
> Wenn ihr Vater einen eigenen Standpunkt hat und seine Meinung vertritt, empfindet sie so etwas wie Stolz auf ihren starken Vater und erkennt, daß sie dasselbe tun kann ... Sie ist dazu ausgerüstet, sich in einer von Männern dominierten und vom Konkurrenzkampf geprägten Welt zu behaupten. Der Vater, der seiner Tochter geistlich und gefühlsmäßig nahesteht und an ihrem Leben teilnimmt, macht ihr damit also ein ungeheuer wichtiges Geschenk. Sie bekommt Wert und Stärke.

Sie helfen Ihrer Tochter, stark zu werden, wenn Sie eine eigene Meinung haben und vertreten und dann auch ihr Mut machen, zu ihrer Meinung zu stehen, selbst wenn Sie nicht mit allem einverstanden sind. Väter, die ihren Töchtern beibringen, selbst zu denken und dann den eigenen Grundsätzen treu zu bleiben, machen ihren Töchtern ein gewaltiges Geschenk – sie schenken ihnen Stärke, die ihnen ihr ganzes Leben lang von Nutzen sein wird. Väter, die sich über die Frauen lustig machen und abschätzig über ihre Töchter reden, machen sie schwach und hängen ihnen quasi einen Mühlstein um den Hals. *Wenn schon mein eigener Vater meint, ich könne das nicht,* denken sie, *dann schaffe ich es wahrscheinlich wirklich nicht.* Wenn Sie Weiblichkeit mit Schwäche gleichsetzen und Ihrer Tochter nicht erlauben, stark zu sein, eine eigene Meinung zu haben, sie auszudrücken und danach zu leben, bekommen Sie schließlich eine schwache Tochter, die sich nur allzuleicht von anderen beeinflussen läßt.

Das Geschenk der Freiheit

Wenn unsere Töchter ihre Weiblichkeit entdecken und versuchen, sich in ihrer Rolle als Frau zurechtzufinden, müssen wir ihnen die Freiheit zugestehen, ihr Frausein für sich selbst zu definieren, und dürfen ihnen nicht unsere Vorstellungen aufzwingen. Anders gesagt: Wenn wir meinen, Frauen sollten nicht auf Bäume klettern, heißt das noch lange nicht, daß sie es wirklich nicht dürfen, und wenn unsere Tochter auf einen Baum klettern will, sollten wir sie klettern lassen.

Freiheit ist ein seltenes Geschenk, weil es uns so außerordentlich schwerfällt, unsere eigenen Erwartungen und Träume und die unserer Tochter auseinanderzuhalten. Wenn wir ihnen die Freiheit geben, ihre eigenen Träume zu träumen und ihr eigenes Leben zu leben, müssen wir allen Hoffnungen, die wir selbst für sie gehegt haben, den Abschied geben. Wenn wir ihnen zugestehen wollen, sich selbst zu definieren, die Fähigkeiten und Talente, die Gott in sie hineingelegt hat, zu gebrauchen, um die eigene Rolle zu finden, müssen wir bereit sein, von den eigenen Idealen abzurücken. Doch wenn wir uns bemühen, ihre Träume zu verstehen und ihre Vorstellungen nachzuvollziehen; wenn wir sie beim Versuch, die eigenen Möglichkeiten zu entdecken und auszuschöpfen und so zu werden, wie Gott es sich gedacht hat, tatkräftig unterstützen, dann haben wir nicht wirklich verloren. Nein, wir gewinnen dabei – und unsere Töchter auch.

Versuchen Sie nicht, Ihre Tochter in die Schablone zu pressen, die Ihnen vorschwebt. Sperren Sie sie nicht ein in Ihre Träume und die engen Vorstellungen, die Sie vielleicht von ihren Möglichkeiten und Fähigkeiten haben. Lassen Sie sie los, geben Sie sie frei, und lassen Sie sie ungestört wachsen.

Wenn ich groß bin …

Ich habe immer gesagt, ich wollte sein wie mein Vater. Er war mein Held. Er ließ mich bei sich in der Werkstatt arbeiten. Er nahm mich sogar mit zu geschäftlichen Besprechungen. Er hat mich immer so behandelt, als wüßte ich genau, was ich mache. Er hat nie gesagt: «Das kannst du nicht. Du bist ein Mädchen.» Aber er hat mich auch nie gedrängt. Er war so, wie ich auch immer sein wollte – stark und interessiert, aber doch mit einem weichen Kern.

Tanya

Ich habe sie nie, auch nicht eine Sekunde, in dem Glauben gelassen, sie sei nicht genauso gut wie die Jungen. Schon als Kind hat sie mir auf der Farm geholfen. Sie war zäh wie Leder; aber ich habe mir keine großen Sorgen darum gemacht, ob sie nun mädchenhaft war oder nicht. Ich habe sie so gemocht, wie sie war. Deshalb war es für mich eine ziemliche Überraschung, als sie dann heiratete und Hausfrau wurde. Ich hatte sie nie für einen häuslichen Typ gehalten, aber was soll's, wenn sie dabei glücklich ist. Das ist für mich das Wichtigste.

Gerald

Mein Vater lebt nicht mehr. Er ist vor drei Jahren gestorben. Aber wenn ich ihn noch einmal sehen könnte, dann würde ich ihm ein einziges Wort sagen: «Danke.» Er ließ mich immer so sein, wie ich wollte, und es war ihm egal, was die Nachbarn oder die Leute aus der Gemeinde dachten. Er war stark, und er ließ mich auch stark sein. Dafür werde ich ihm immer dankbar sein.

Doris

Wir beide, Sie und ich, spielen im Leben unserer Töchter eine ganz wichtige Rolle. Ob wir sie annehmen oder nicht, wird, zumindest teilweise, den Ausschlag dafür geben, wie sie sich selbst als Frauen sehen. Wenn sie bei uns stark sein dürfen und wir ihnen helfen, Charakterstärke zu entwickeln, auch wenn das bedeutet, daß sie nicht immer einer Meinung mit uns sind, haben wir ihnen ganz entscheidend geholfen, ihre Rolle zu finden. Wenn wir ihnen zugestehen können, Klischees zu durchbrechen, vollzeitliche Hausfrau und Mutter zu sein, als Single für den Beruf zu leben oder Haushalt, Kinder und Beruf unter einen Hut zu bringen, haben wir ihnen ein ganz großes Geschenk gemacht. Wenn wir ihnen die Freiheit lassen, Ärztin, Anwältin oder Schweißerin zu werden, Marathon zu laufen, Filme zu drehen, Plätzchen zu backen oder irgend etwas anderes zu tun, wozu sie sonst Lust haben, dann haben wir unsere Rolle gut gespielt und ihnen geholfen, ihre eigene Rolle zu finden.

Was für ein Vater bin ich?

Anleitung: Kreisen Sie die Antwort ein, die am ehesten auf Sie zutrifft.

1. Ich bin am ehesten wie:
   a) der zornige Vater
   b) der schwache Vater
   c) der abwesende Vater
   d) anderes: ________________________________

2. Ich möchte gern folgendes ändern:
   a) die heftigen Reaktionen meiner Frau gegenüber
   b) meine (Un)fähigkeit, Entscheidungen zu treffen
   c) das distanzierte Verhältnis zu meiner Frau
   d) Sonstiges: ________________________________

3. Was ich besonders gut weitergeben kann:
   a) das Geschenk des Angenommenseins
   b) mein Überzeugtsein von weiblicher Stärke
   c) das Geschenk der Freiheit
   d) Sonstiges: ______________________________

4. Was ich noch lernen muß:
   a) Annahme schenken
   b) Weiblichkeit festigen
   c) Freiheit lassen
   d) Sonstiges: ______________________________

5. An verschiedenen der obigen Punkte will ich in Zukunft arbeiten. Dazu will ich folgendes tun:

____
____
____
____
____
____
____

KAPITEL 11

Echte Männer

Vorbildhaft leben

Ich habe von meinem Vater eine ganze Menge über die Jungen gelernt. Meine Eltern haben sich scheiden lassen, als ich elf war, aber Vater blieb immer mit mir in Verbindung. Er hat sich viel Zeit für mich genommen. Ich hatte nie das Gefühl, er würde mich im Stich lassen. Ich glaube, die Tatsache, daß ich ihm vertrauen konnte, hat es mir einfacher gemacht, anderen Männern zu vertrauen. Er hat nie ein Versprechen gebrochen. Dieselbe Verläßlichkeit suche ich heute auch bei einem Mann.

Linda

Von meinem Vater habe ich allenfalls gelernt, was für einen Typen ich einmal *nicht* heiraten möchte. Paps war nie da. Entweder war er beim Golf, oder er hat etwas für die Gemeinde gemacht. Alles andere war immer wichtiger als wir. Ich bin nicht verheiratet. Und von meinem Vater habe ich genau gelernt, was für einen Mann ich nie heiraten möchte.

Melissa

Idealisiert nicht jedes Mädchen seinen Vater? Ich habe, als ich über zwanzig war, immer nach jemandem gesucht, der es mit ihm aufnehmen konnte. Er war so toll, und wir verstanden uns so gut. Da kam einfach niemand heran.

Carol

Ich habe drei Jahre in der Therapie gebraucht, bis ich erkannte, daß mich nicht jeder Mann sitzen lassen wird, nur weil mein Vater mich und Mutter verlassen hat und mich kurz vorher auch noch mißbrauchte. Und daß nicht alle Männer die Frauen mißbrauchen. Ich hatte große Probleme, mit Männern zu reden. Erst warf ich mich ihnen an den Hals, auch sexuell, um Bestätigung zu finden, und dann stieß ich sie wieder fort, bevor sie mich zurückweisen konnten. Ich glaube, das hat alles mit meinem Vater zu tun.

Roana

Als ich Toni das erste Mal begegnete, war sie ein kleines, lebhaftes, ja hyperaktives Mädchen von vierzehn Jahren. Ihr Vater war Pastor und in seiner Gemeinde sehr beliebt. Sie kam zu uns in den Schülerkreis, weil es dort lustig zuging und sie sich langweilte. Als ich sie dann etwas näher kennenlernte, stellte ich fest, daß es da ein paar dunkle Geheimnisse gab und daß Toni hinter ihrem Lachen und Herumalbern einen tiefen Schmerz verbarg. Als wir eines Abends nach der Veranstaltung noch bei Pizza und Chips zusammensaßen, setzte ich mich zu ihr und versuchte herauszufinden, was wirklich in ihr vorging. Aber sie wollte nicht darüber reden, und im Verlauf der nächsten Monate setzte sie sich ganz langsam von unserer Gruppe ab. Fast ein Jahr lang hörte ich nichts mehr von ihr.

Das Telefon klingelte. Ich versuchte, mir den Schlaf aus den Augen zu reiben, und stolperte nach unten. Die Uhr am Mikrowellenherd zeigte 2 Uhr früh. «Hallo. Ja, hier ist Jack. Toni, um alles in der Welt, was ist los? Warum rufst du an?» Ich hörte auf zu reden, denn vom anderen Ende der Leitung kam nur ein Schluchzen. Toni war von zu Hause weggerannt und zu ihrem

Freund gezogen. Er war achtzehn und hatte eine eigene Wohnung. Doch er trank viel und mißbrauchte sie. Nun stand sie um 2 Uhr in der Nacht irgendwo im Regen, allein, voller blauer Flecken und voller Angst.

Wir sorgten dafür, daß sie irgendwo unterkommen konnte, und irgendwann kehrte sie nach Hause zurück. Doch drei Monate später riß sie wieder aus und zog zu einem anderen Freund. Auch er schlug sie, vor allem nachdem er erfahren hatte, daß sie ein Kind von ihm erwartete. Ich hörte es von anderen, nicht von Toni. Von Toni selbst sah ich fast zwei Jahre nichts. Man berichtete mir, daß sie einen Jungen zur Welt gebracht hatte und daß sie wieder in die Schule ging und versuchte, einen Abschluß zu machen und das Leben irgendwie in den Griff zu bekommen. Aber inzwischen waren wir umgezogen, und ich betreute an dieser Schule keine Jugendgruppe. Es war darum eher zufällig – ich war mit den Kindern beim Einkaufen –, daß ich Toni über den Weg lief. Wir verabredeten uns für eine Cola. Was ich hörte, als sie mir gegenübersaß, war fast zuviel. Was Toni durchgemacht hatte, war ein regelrechter Alptraum. Nachdem wir uns eine Weile unterhalten hatten, stellte ich ihr die Frage, die mich schon die ganze Zeit beschäftigt hatte: «Wie kommt es, daß ein gescheites Mädchen wie du, ein Mädchen mit christlichem Hintergrund, sich mit so lausigen Typen abgibt? Warum läßt du dich immer auf so selbstzerstörerische Beziehungen ein?»

Toni hatte im Moment keine Antwort darauf. Es verging noch eine ganze Menge Zeit, in der sie von ihrer Familie erzählte, bis ich mir ein Bild machen konnte. Toni war in einem christlichen Elternhaus aufgewachsen, aber ihr Vater war viel zu sehr damit beschäftigt, sich um die Probleme anderer Leute zu kümmern, als daß er einmal für sie Zeit gehabt hätte. Außerdem war er sehr launisch und konnte ohne Vorwarnung sehr jähzornig werden. So lernte Toni schon recht früh in ihrem Leben, daß Männer vor allem angsteinflößend sind, daß ihr Lob zwar wichtig, aber nur schwer zu erhalten ist. Diese Lektion nahm sie auch als Teenager mit in die Beziehung zu anderen Männern.

Ich will damit nicht behaupten, daß wir die Schuld an Tonis Entscheidungen allein ihrem Vater in die Schuhe schieben können. Toni wäre in der Lage gewesen, eine bessere Wahl zu treffen, und sie ist selbst verantwortlich für das, was sie tut. Aber, und hier sollten wir aufmerken, ihr Männerbild war beherrscht von Angst und Distanz. Etwas anderes hatte sie nie kennengelernt.

Warum ist das wichtig?

Tonis Vater war ein guter Pastor, aber in einem ungeheuer wichtigen Bereich seines Lebens hatte er versagt. Er hatte nicht begriffen, daß er mit allem, was er tat, seiner Tochter Tag für Tag vorlebte, was Mannsein bedeutet.

Ob wir es wollen oder nicht, ob wir darauf vorbereitet sind oder nicht und ob wir nun wirklich dazu befähigt sind oder nicht: In jedem Augenblick unseres Lebens leben wir unserer Tochter vor, was Mannsein ist. Einfach deshalb, weil der Vater der erste ist, bei dem die Tochter mitbekommt, was ein Mann ist und wie er sein sollte. Unsere Töchter beobachten und fragen: «Wie ist der echte Mann, und was tut er? Wie geht ein echter Mann mit Konflikten, mit Liebe und Zärtlichkeit, mit Erfolg und Versagen um?» Und das lernen sie in erster Linie bei ihren Vätern, bei Ihnen und mir.

1. Für unsere Tochter sind wir der typische Mann

In den ersten Jahren repräsentieren wir für unsere Töchter das ganze männliche Geschlecht. Sie wachsen mit uns auf. Ob sie Männer lieben oder hassen lernen, hängt von unserer Beziehung zu ihnen ab. Ob sie Männern vertrauen oder mißtrauen lernen, hat zumindest teilweise mit dem zu tun, was wir ihnen vorgelebt haben. Von uns lernen sie, was im Umgang miteinander wichtig ist, was die Höhen und Tiefen des Lebens ausmacht und was Liebe ist. Das ist eine ungeheure Verantwortung.

Leider meinen wir nur allzuoft, zu Hause könnten wir uns einfach gehen lassen, es käme nicht so darauf an, wie wir uns dort verhalten. Aber das stimmt nicht. Unsere Töchter sehen uns zu, und in jeder Sekunde, die sie uns betrachten, lernen sie von uns, wie ein Mann ist.

Ich bin kein vollkommener Vater. Einer meiner Fehler ist, daß ich sehr impulsiv bin. Ich habe die tollsten Ideen, was ich mit meinen Töchtern unternehmen könnte, und trompete sie sofort heraus, und zwei Minuten später merke ich, daß es gar nicht geht, weil ich bereits etwas anderes abgemacht habe. Erin und ich fuhren eines Tages von der Schule nach Hause. Sie beugte sich zu mir herüber und fragte: «Daddy, könnten wir nicht zusammen ein Eis essen gehen? Nur wir beide, du und ich?»

«Du, das ist eine prima Idee. Komm, wir liefern schnell deinen Bruder zu Hause ab, und dann ziehen wir wieder los.»

Ihre Augen strahlten vor Freude, daß sie mich einmal eine ganze Stunde lang nur für sich haben würde. Fünf Minuten später erklärte ich meiner niedergeschlagenen Tochter, ich hätte vergessen, daß ich ja einen Termin in der Gemeinde hätte, den ich nicht einfach absagen könnte. Es täte mir leid, und irgendwann würde ich es wieder gutmachen.

«Ach, Daddy, das sagst du immer. Erst versprichst du was, und dann hältst du es doch nicht. Ich glaube dir überhaupt nichts mehr.» Damit rannte sie weinend ins Haus.

Das war also der Vater des Jahres. Aber eigentlich war es ja keine große Sache, oder? Doch! Jedesmal, wenn ich ein impulsiv gegebenes Versprechen nicht halte, lernt Erin etwas über das männliche Verhalten. Ich zeige ihr, daß Männer eine Sache nicht durchziehen und man ihnen folglich nicht vertrauen kann. Aber das ist eigentlich nicht das, was meine Tochter von mir über Maskulinität und echtes Mannsein lernen soll.

2. Beziehungsmuster, die ein Leben lang anhalten, werden von uns geprägt

Jammert und bettelt Ihre Tochter, bis sie endlich ihren Willen bekommt? Wie wird sie dann wohl später mit ihrem Mann umgehen, wenn sie etwas möchte? Gibt Ihre Tochter Ihnen einen zärtlichen Kuß auf die Wange und streicht Ihnen übers Haar, bevor sie dann (mit todsicherem Erfolg) fragt, ob sie eine bestimmte Sache haben kann? Wie wird sie dann wohl einmal mit ihren Freunden umgehen? Versteckt sie sich ängstlich in der nächsten Ecke, wenn Sie auftauchen, und versucht sie, Ihnen jeden Wunsch von den Lippen abzulesen, weil sie Angst hat, Sie könnten sonst in die Luft gehen? Wie wird sie wohl reagieren, wenn die Männer, mit denen sie einmal befreundet sein wird, zornig werden?

Die Gewohnheiten und Beziehungsmuster für den Umgang mit Männern, die unsere Töchter in den Entwicklungsjahren bei uns zu Hause einüben, werden ihnen ein Leben lang erhalten bleiben. Welche Gewohnheiten *sollen* sie lernen? Sicher, es ist praktisch, wenn Ihre Tochter Ihnen als Ihr persönlicher Sklave zur Verfügung steht, aber was prägt sich ihr dabei ein? Bedingungsloser Gehorsam ist sicher ganz angenehm (für Sie!), aber wollen wir wirklich, daß unsere Tochter meint, Männer seien nur dazu da, sie herumzukommandieren und Befehle auszuteilen?

Achten Sie sorgfältig darauf, wie Sie miteinander umgehen. Was Ihre Tochter jetzt lernt, wird sie ihr Leben lang prägen.

Wer sollen wir sein?

Väter, die ihren Töchtern ein Bild gesunder Männlichkeit vorleben wollen, müssen Charaktereigenschaften zeigen, die vielen Männern, die man im Fernsehen oder im Kino sieht oder die man auf der CD hört, fehlen. Diese Eigenschaften müssen wir ganz konkret pflegen und vorleben. Damit helfen wir unseren Töchtern, uns Männer zu verstehen. Wir helfen ihnen, den Umgang mit Männern zu lernen. Wir bringen ihnen bei, die Männer ehrlich zu betrachten, und vermitteln ihnen einen gesunden Maßstab, wie echte Männer sein sollen und wie nicht. Wenn unsere Töchter dann den ersten Freund mit nach Hause bringen (und vor allem, wenn sie ihren künftigen Ehepartner wählen), dann zeigt sich, ob das, was sie an uns gesehen haben – nämlich das, was wir ihnen vorgelebt haben –, sich bewährt oder nicht.

1. Kämpfer für Chancengleichheit und Gleichberechtigung

Unsere Töchter müssen merken, daß wir von ihrer Gleichwertigkeit überzeugt sind und uns deshalb leidenschaftlich für ihre Gleichberechtigung einsetzen. Wenn andere sagen: «Das kann sie nicht. Sie ist doch nur ein Mädchen!», müssen wir aufstehen und entgegnen: «Na und?» Der Kämpfer für Chancengleichheit und Gleichberechtigung läßt seine Tochter spüren, daß sie ebensoviel wert ist wie jeder Mann. Er will, daß seine Tochter ihr Frausein als etwas Schönes und Wertvolles erfährt, das sie keineswegs minderwertig macht. Väter, die sich für Chancengleichheit einsetzen, signalisieren ihren Töchtern, daß ihnen als Frauen die Welt offensteht und daß sie Ärztinnen oder Rechtsanwältinnen werden können oder auch Automechanikerinnen oder Malerinnen.

Wir leben immer noch in einer Welt, in der vielen jungen Frauen weisgemacht wird, sie seien nicht so fähig wie die jungen Männer. Untersuchungen haben gezeigt, daß Berufsberater oft davor zurückschrecken, jungen Frauen ein Studium in den technischen Fächern zu empfehlen. Väter, die für die Gleichwertigkeit der Geschlechter eintreten, sagen zu ihren Töchtern: «Natürlich schaffst du das. Du bist genauso klug und begabt wie all diese Jungs.»

Vor zwei Jahren sprach ich zu einer Elterngruppe. In der anschließenden Diskussionsrunde fragte mich ein eher konservativ wirkender Mann: «Wie kann ich meiner Tochter helfen?

Ich habe Angst, daß sie sich von irgendwelchen radikalen Feministinnen beeinflussen läßt.» Ich sah ihn an, lächelte und erwiderte: «Lassen Sie Ihre Tochter spüren, daß sie das tollste Wesen auf der ganzen Welt ist und daß Sie glauben, daß sie alles schaffen kann, was sie will. Behandeln Sie sie mit Respekt, und sagen Sie ihr immer wieder, daß sie genauso gut ist wie ein Junge. Dann hat sie es nie nötig, auf die Sprüche fanatischer Feministinnen zu hören.» Es ist wahr: Wenn wir für die Gleichbehandlung unserer Töchter sorgen, brauchen sie keinen radikalen Theorien anheimzufallen. Für die Tochter eines auf Gleichberechtigung bedachten Vaters ist es nichts Neues, daß sie genauso wertvoll ist wie ein Mann. Diese Mädchen haben daran überhaupt keinen Zweifel, weil ihre Väter nie daran zweifelten.

Wenn unsere Töchter lernen, daß ein echter Mann an ihre Gleichwertigkeit und Gleichberechtigung glaubt und ihre Gaben und Fähigkeiten respektiert; wenn sie nicht belächelt werden, nur weil sie vielleicht Fußball spielen wollen, oder ausgelacht, weil sie mithelfen wollen, das Baumhaus zu bauen – dann werden sie sich auch eher für einen Ehepartner entscheiden, der sie mit Respekt und Rücksicht behandelt. Achten Sie darauf, daß Ihre Tochter gleichberechtigt behandelt wird. Bevormunden Sie sie nicht, und versuchen Sie ihr nicht immer aus der Patsche zu helfen, weil sie «ein Mädchen ist». Lassen Sie sie spüren, daß sie Gaben und Talente hat und daß ihr Geschlecht mit ihren Interessen und Fähigkeiten nichts zu tun hat.

> Mein Vater war lustig. Er hat immer darauf geachtet, daß ich mich nicht selbst kleiner machte, und er ließ es auch nicht zu, daß jemand anders es tat. Ich wurde nie anders behandelt als meine Brüder. Wir spielten dieselben Spiele, und manchmal waren das ganz schön wilde Sachen. Vater ging immer davon aus, daß ich schon damit fertig würde. Ich wußte immer, daß ich genausoviel wert bin wie ein Junge. Ich mußte nicht um meine Gleichberechtigung kämpfen. Mein Vater hatte mir schon vorher gezeigt, daß ich gleichberechtigt bin.
>
> *Janice*

2. *Kämpfer für die Wahrheit*

Ich habe immer weiter gehofft, daß er sich ändern würde, daß es dieses eine Mal anders sein würde. Aber es kam immer auf dasselbe heraus. Paps versprach etwas, und dann hielt er sich nicht daran, oder er vergaß es einfach. Irgendwann kam ich an den Punkt, wo ich ihm nichts mehr glauben konnte.

Diana

Meine Freunde waren, ehrlich gesagt, eine einzige Katastrophe. Ich meine, sie haben mich alle belogen. Zweimal war ich mit Jungen zusammen, die zur selben Zeit auch mit anderen Mädchen schliefen. Ich verstehe nicht, warum sie einfach nicht die Wahrheit sagen können.

Monika

Väter, die ihren Töchtern ein gesundes Männerbild vorleben wollen, müssen die Wahrheit sagen. Einen sorglosen Umgang mit Ehrlichkeit und Aufrichtigkeit können wir uns nicht leisten. Wie oft nehmen wir uns vor, unsere Tochter nie zu belügen. Aber kaum haben wir uns umgedreht, da haben wir unseren Vorsatz bereits vergessen. Die Wahrheit sagen heißt allerdings mehr, als unsere Töchter nie bewußt anzulügen. Es bedeutet, daß wir ihnen Wahrheit vorleben. Es wäre zum Beispiel nicht konsequent, sie vor den Gefahren des Alkohols zu warnen und dann selbst betrunken nach Hause zu kommen. Es ist scheinheilig und verlogen, ihr zu sagen, sie sollte vor der Ehe keinen Sex haben, und dann selbst eine Affäre zu beginnen. Es ist ein regelrechter Treuebruch, sich am Sonntag wie ein Christ zu verhalten und für den Rest der Woche den Glauben zu vergessen.

Väter, die die Wahrheit sagen, ziehen wahrheitsliebende und glaubwürdige Töchter heran. Die Beziehung zu ihren Töchtern ist geprägt von einer Ehrlichkeit und Aufrichtigkeit, die durch nichts zu erschüttern ist. Außerdem hilft ein Vater, der die Wahrheit liebt, seiner Tochter, sich nach Männern umzusehen, die genauso ehrlich und aufrichtig sind.

Töchter, deren Väter es mit der Wahrheit nicht so genau nehmen, haben später oft Schwierigkeiten, eine dauerhafte Bindung einzugehen. Es macht ihnen Mühe, einem Mann zu vertrauen. Wie könnte es auch anders sein, wenn der erste Eindruck, den sie von den Männern gewinnen konnten, von einem Vater verdorben und entstellt wurde, der nicht die Wahrheit sagte?

Vor zwei Jahren begann ich auf der Rückreise von einem Missionseinsatz ein Gespräch mit einem Mädchen aus der Jugendgruppe, das ich nicht so gut kannte. Sie war siebzehn und hatte in ihrem Leben schon eine Menge schlimmer Sachen gesehen. Ihre Mutter war dreimal verheiratet gewesen und lebte gerade mit einem Typen zusammen, der nur vier Jahre älter war als Brooke. Während der langen Fahrt schüttete Brooke mir ihr Herz aus. Aber die Tränen kamen erst, als sie auf ihren Vater zu sprechen kam. Sie erzählte vom Tag der Offenen Tür in der Highschool. Sie sah ihren Vater nur unregelmäßig, obwohl er kaum drei Kilometer entfernt wohnte. Nun hatte sie ihn schon Monate vorher zu diesem Tag der Offenen Tür eingeladen und ihn immer wieder daran erinnert. Sie wollte gern, daß er ihre Bilder ansah. Er hatte noch nie etwas gesehen, was sie gemalt hatte, und nun wurden ihre Bilder ausgestellt. Je näher der Tag heranrückte, desto öfter rief sie ihn an: «Du kommst doch, Dad, nicht wahr?»

«Sicher, Brooke. Aber nur, wenn du mir vorher ein richtiges Frühstück machst. Wie wär's, wenn ich eine Stunde vorher zu dir käme und du servierst mir ein Frühstück? Dann können wir gemeinsam gehen.»

Brooke konnte sich kaum beherrschen. Sie stand um halb fünf auf, nur um auch ganz sicher zu gehen, und stellte die ganze Küche auf den Kopf. Sie kochte Eier, brutzelte Schinken und Würstchen, machte Toast und kleine Frikadellen. Um sieben war der Tisch gedeckt, und das Essen dampfte. Aber wer nicht kam, war ihr Vater, und sein Anruf kam zwei Tage später: «Tut mir leid, Schätzchen. Mein Wecker war kaputt.» Brooke blinzelte durch die Tränen, sah mich prüfend an und fragte: «Ist so ein Vater? Ich meine, sind alle Typen so?»

3. Der friedliche Kämpfer

Gesundes Mannsein ist eine Gratwanderung zwischen Härte und Zärtlichkeit. Wenn wir zum friedlichen Kämpfer werden, zeigen wir unserer Tochter, daß ein echter Mann bereit ist, aufzustehen und für die Wahrheit zu kämpfen, daß er aber nicht um jeden Preis den Konflikt sucht. Friedliche Kämpfer stehen zu ihren Überzeugungen, aber sie können trotzdem liebevoll und zärtlich sein. Es gehört ins Reich der Märchen, daß nur der schwache, butterweiche Typ einer Tochter ein guter Vater sein kann. Irgendwie haben wir heutzutage vergessen, daß man (im übertragenen Sinne) durchaus für die Dinge kämpfen darf, die richtig sind, und seine Tochter trotzdem in den Arm nehmen und küssen kann, ohne daß es peinlich wäre.

Viele der Töchter, mit denen wir sprachen und die für ihre Väter eine tiefe Bewunderung hegten, betonten die Fähigkeit ihres Vaters, hart und doch zärtlich zu sein; ein «Mann» zu sein, aber einer, der trotzdem herumalbern und seine Tochter halten kann, wenn das Leben ihr zu schwer wird. Töchter wollen nicht, daß ihr Vater in eine weibliche Rolle schlüpft. Sie wollen einen Vater, der ein echter Mann ist – aber gleichzeitig einen friedlichen Kämpfer, einen Mann, der nicht nur für Kampf und Auseinandersetzung lebt.

Die meisten Männer aber haben heute Probleme, die richtige Balance zu finden. Entweder wir sind zu friedlich, oder wir sind zu kampfeslustig.

> Wenn ich noch einmal anfangen könnte, würde ich darauf achten, daß meine Kinder sehen, daß ich manchmal auch verletzt war. Ich denke, ich würde ihnen zeigen, daß ich auch nur ein Mensch bin, daß ich geweint habe, als ihre Mutter uns verließ, und daß ich die Dinge nicht immer im Griff hatte. Ich dachte, Väter müßten hart sein, wie ein Fels… aber ich glaube, ich bin dadurch nur einsam geworden.
>
> *Ted*

Manche verfallen aber auch ins andere Extrem. Vielleicht war Ihr eigener Vater ziemlich autoritär, und Sie haben sich geschworen, daß Sie anderen nie Ihren Willen aufzwingen wollen. Statt dessen erscheinen Sie Ihrer Tochter nun schwach und wankelmütig. Sie traut Ihnen nicht zu, daß Sie zu ihr stehen oder ihr auch einmal die Stirn bieten. Sie bewundert zwar Ihre Freundlichkeit und Toleranz, aber sie würde sich auch ein bißchen mehr Rückgrat wünschen und ein Bekenntnis zur eigenen Meinung.

Es ist nicht einfach, hier immer die richtige Balance zu halten. Aber wenn unsere Töchter von uns lernen sollen, daß ein echter Mann zu seinen Prinzipien steht und für die Dinge kämpft, an die er glaubt, daß er um des lieben Friedens willen aber auch einmal nachgeben kann – dann müssen wir versuchen, diese Gratwanderung auf uns zu nehmen.

4. Der gläubige und glaubwürdige Mann

Ein echter Mann braucht Jesus. Das ist das wichtigste, was unsere Töchter von uns lernen können. Ein echter Mann kann nicht ohne eine lebendige Beziehung zu Jesus Christus leben. Der echte Mann braucht die Vergebung, die nur aus dem Glauben an Jesus kommt. Der echte Mann fürchtet sich nicht, sein Leben ganz dem himmlischen Vater auszuliefern. Die christliche Rockband *Petra* sang vor ein paar Jahren ein Lied, von dem ich nur noch den Titel weiß: «Geh auf die Knie, und kämpfe wie ein Mann.» Was wäre das für ein Beispiel für unsere Töchter! Echte Männer beten. Echte Männer lieben Jesus.

> Mein Vater war nicht vollkommen, aber er wußte, worauf es im Leben ankommt. Ich werde das Bild nie vergessen, wenn ich am Morgen die Treppe herunterkam, ehe ich in die Schule ging. Da war mein Vater auf den Knien und betete. Einmal sah ich ihn sogar weinen. Ich fragte ihn hinterher, was losgewesen sei. «Ach, weißt du», erwiderte er, «manchmal bin ich einfach überwältigt von der Liebe Jesu.»
>
> *Jennifer*

Ich denke, was ich meiner Tochter am allermeisten wünsche, ist das Wissen, daß das Leben mit Jesus beginnt und endet. Meine Arbeit, mein Haus, all das ist längst nicht so wichtig wie Jesus zu kennen. Ich hoffe, daß sie das irgendwie erkennen kann, wenn sie mir zusieht. Ich hoffe, daß sie diese Liebe in mir sieht und daß sie, wenn sie sich dann selbst nach einem Mann umschaut, bei ihm auch diese Liebe sucht.

Harry

Was für ein Bild vermitteln Sie Ihrer Tochter? Was lernt sie von Ihnen über die Männer? Diese Fragen gingen mir erst vor zwei Wochen wieder durch den Kopf. Ich war böse auf meine älteste Tochter. Sie war ungehorsam gewesen und dann auch noch frech geworden. Ich wollte sie gerade auf ihr Zimmer schicken, als sie zu toben aufhörte und zu weinen anfing. Sie rannte in ihr Zimmer und warf sich schluchzend aufs Bett. Ich ging hinter ihr her.

«Erin, was ist los? Was hast du?»

«Ach, Daddy, ich weiß, daß ich das vorhin nicht hätte sagen sollen. Aber manchmal hat man das Gefühl, daß du einfach nur deinen Willen durchsetzen willst und es dir ganz egal ist, was der andere empfindet. Du hast mir weh getan, und es war dir völlig egal.» Und sie fing wieder an zu schluchzen.

Ich verbrachte dann zehn Minuten damit, ihr zu erklären, daß sie wirklich im Unrecht gewesen war; daß es völlig in Ordnung war, wenn ich versuchte, meinen Willen durchzusetzen, weil *ich* der Vater war und nicht sie, und daß ich ihr durchaus vorschreiben konnte, was sie tun sollte. Als ich dann wieder nach unten ging, mußte ich denken: «Will ich wirklich, daß meine Tochter meint, alle Männer seien so wie ich? Will ich wie eine Art gutmütiger Diktator dastehen, der seine Tyrannei hinter einem Lächeln versteckt? Nein, ich glaube nicht.» Ich ging wieder zurück, nahm sie in den Arm, und sie weinte sich an meiner Schulter aus. «Es tut mir leid, daß ich dir nicht zugehört habe, Erin. Ich hab' dich doch gern. Bitte verzeih mir.»

Ich möchte, daß meine Tochter lernt, wie ein echter Mann ist.

Ich möchte ihr ein Mannsein vorleben, das rücksichtsvoll und besonnen ist. Ich möchte dafür sorgen, daß sie gleichberechtigt aufwachsen kann, daß sie von mir die Wahrheit hört, daß sie einen friedlichen Kämpfer und einen gläubigen und treuen Mann kennenlernt.

Gesundes Mannsein – eine Checkliste

1. Nennen Sie zehn männliche Eigenschaften, die Ihre Tochter Ihrer Meinung nach in ihrem zukünftigen Mann suchen sollte.

    1. ______________________
    2. ______________________
    3. ______________________
    4. ______________________
    5. ______________________
    6. ______________________
    7. ______________________
    8. ______________________
    9. ______________________
    10. ______________________

2. Wie weit prägen diese zehn Eigenschaften Ihr Verhalten als Mann? Stufen Sie sich bei allen zehn Eigenschaften selbst ein mit 1 bis 5 Punkten (1 = Trifft ganz auf mich zu; 5 = Trifft überhaupt nicht auf mich zu).
3. Sehen Sie sich Ihre Antworten noch einmal an. Überall, wo Sie drei oder mehr Punkte notiert haben, sollten Sie versuchen, an sich zu arbeiten. Sprechen Sie mit einem guten Freund über Ihr Vorhaben und berichten Sie ihm regelmäßig über Ihre Fortschritte.

Teil 5

Der Glaube unserer Tochter

Kapitel 12

Das Bild des Vaters

Gott den Vater widerspiegeln

Wir gingen ins Wohnzimmer. Ich stellte den Kassettenrecorder auf den Couchtisch zwischen uns und bat die sechsunddreißigjährige Frau mir gegenüber, mir von ihrem Vater zu erzählen. Ihre Augen leuchteten auf. «Ich glaube, irgendwie hängt es alles mit dem Glauben zusammen. Mein Vater hat Gott wirklich geliebt. Er war weder Pfarrer noch Missionar noch sonst etwas Besonderes in der Kirche. Er hat Sonntagsschule gegeben; aber ansonsten hat er sich um sein Geschäft gekümmert. Aber alles, was er tat, tat er für Gott. Wenn man ihn nach seinen Zielen fragte, dann war alles ganz einfach. ‹Schatz›, sagte er so oft zu mir, daß ich es nie vergessen werde, ‹wenn du nur für dich selbst oder für irgendwelche materiellen Dinge lebst, dann ist dein Leben ziemlich leer. Leben heißt Gott dienen, in jeder Lage.› Ich werde nie vergessen, wie er uns am Sonntag nach der Kirche aus der Bibel vorlas. Heute klingt das zwar ein bißchen albern und altmodisch. Aber jeden Sonntag nach dem Essen holte er die alte, große Familienbibel hervor und las uns daraus vor. Von dem, was er las, habe ich nicht viel behalten, aber ich sehe ihn immer noch da sitzen, die Lesebrille auf der Nasenspitze, den Blick auf die Seiten geheftet, während er mit seiner kräftigen Stimme die Worte vortrug. Das hat bei mir einen tiefen Eindruck hinterlassen.»

Ich fragte: «Wie hat Ihr Vater, wenn überhaupt, Ihr Bild von Gott als dem himmlischen Vater beeinflußt?»

«Mein Vater hat mir Jesus täglich vorgelebt. Und jeden Tag hat er mir ein Bild des Vaters im Himmel vermittelt, das sich nicht auslöschen läßt. Bitte denken Sie nicht, ich würde schönfärben. Vater hatte auch seine Fehler. Wir haben uns gestritten, und er war bestimmt nicht immer so, wie er hätte sein sollen. Aber wenn er sagte, ich hätte einen himmlischen Vater, der mich liebt und mir vergeben will, dann habe ich ihm geglaubt, weil ich einen irdischen Vater hatte, der dasselbe tat.»

Ich blickte von meinem Notizblock auf und sah, daß ihre Augen feucht wurden. «Ich bin Christ, weil mein Vater mir gezeigt hat, wie Gott ist.»

Was für eine Aussage! Ich denke, jeder Vater, dem sein Glaube nicht völlig gleichgültig ist, wünscht sich, daß seine Tochter von ihm dasselbe sagen kann. Mein Leben wäre ein voller Erfolg, wenn meine Tochter das auch von mir bezeugen könnte. Ich bräuchte nichts anderes mehr; ein solches Bekenntnis wäre genug. Leider hören wir aber meist eine ganz andere Geschichte, wie zum Beispiel die von Tricia – die Geschichte von einem Vater, der zwar schöne Worte machte, den Weg aber selbst nicht gehen konnte oder wollte:

> Ich glaube nicht, daß mein Vater wußte, was eigentlich los war. Er dachte, es reiche aus, wenn man in die Kirche geht. Aber daß er den Prinzipien, die dort gepredigt wurden, nicht nachkam, hat ihn die Woche über, glaube ich, nicht weiter beschäftigt. Aber mich. Vor dem Essen haben wir immer gebetet. Aber dann, während der Mahlzeit, hat er Mutter gnadenlos fertigge-

macht. Sie konnte es ihm nie recht machen. Wir gingen immer in den Gottesdienst, aber meistens gab es vorher noch einen riesigen Familienkrach, und Dad tobte herum und schrie Mutter an. Ich glaube, es wäre alles gar nicht mal so schlimm gewesen, wenn er dann nicht auch noch diese Affäre gehabt und uns verlassen hätte, als ich vierzehn war. Ich meine, am einen Tag erzählt er mir, daß Gott mich liebt und ich diesen wunderbaren Vater im Himmel habe, und am nächsten ist Mutter am Heulen und der Pfarrer kommt und Dad schläft im Motel mit einer anderen Frau.
Selbst später noch hat er versucht, mit mir über Gott zu reden. Können Sie sich das vorstellen? Nach allem, was er uns angetan hat, wollte er, daß ich an seine Religion glaube. Ich habe ihm ordentlich die Meinung gesagt. Ich habe sie alle zum Teufel geschickt.

Mein Vater und ich haben zusammengerechnet fast vierzig Jahre Erfahrung in der Therapie, und dabei sind wir immer wieder Frauen begegnet, die nicht an einen Vater im Himmel glauben konnten, der sie liebt, dem sie vertrauen und auf den sie sich ganz verlassen können, weil sie hier auf der Erde kein Beispiel für diese Liebe erlebt hatten. Allzu viele Frauen wissen gar nicht, was ein liebender und vergebender Vater ist, der nur ihr Bestes will. «Vater» ist für sie ein leeres Wort – ein Name auf einer Glückwunschkarte oder eine schmerzliche Erinnerung. Wenn wir mit diesen Frauen über den himmlischen Vater sprechen wollen, der sie liebt und ihnen vergibt, der seinen Sohn für sie sterben ließ, dann begreifen sie es einfach nicht. Sie können es nicht glauben, weil sie nie etwas Ähnliches erlebt haben.

Verschiedene Vaterbilder

Die Bibel benutzt ganz unglaubliche Bilder, um unseren Gott zu beschreiben. Er ist der Hirte, der das verlorene Schaf sucht. Er ist der König, der über die Menschen herrscht. Das bekannteste und eindrücklichste Bild ist aber vermutlich das von dem allwissenden und all-liebenden Vater. Es ist ein reiches und erfüllendes Bild. Gott ist ein Vater, der für seine Kinder sorgt. Welcher gute Vater schaut schon bereitwillig zu, wenn seine Kinder hungern? Wir sehen einen Gott, der uns in seine liebenden Arme nimmt – einen Vater, der seinem verletzten Kind hilft. Wir sehen den Gott, der uns noch einmal eine Chance gibt – den Vater, der seine Töchter und Söhne nie aufgibt. Es ist – zumindest für mich – ein eindrucksvolles, bedeutungsreiches Bild.

Doch was passiert, wenn Sie beim Wort «Vater» zunächst an Ihren eigenen Vater denken und der immer kühl und distanziert war und nie Zeit für Sie hatte? Wie wird das Ihr Bild von Gott beeinflussen? Oder was wäre, wenn Sie jedesmal, wenn Sie das Wort «Vater» hörten, vor Scham rot würden, weil Sie an sexuellen Mißbrauch denken müßten? Welchen Einfluß hätte das auf Ihr Bild von Gott dem Vater? Wenn Sie noch immer den Schlag seiner Hand auf Ihrer Wange spürten, würden Sie dann gern in die Arme Gottes laufen? Wenn das Wort «Vater» ein Bild von einem Mann in Ihnen wachriefe, der zwar versprach, immer für Sie dazusein, aber dieses «immer» dauerte nur so lange, bis er jemand anderen fand, mit dem er davonrennen konnte? Was würden Sie dann davon halten, daß Gott Ihr Vater sein will?

Wir Väter vermitteln unseren Töchtern ein Bild davon, wie Gott ist. Das klingt vielleicht ein bißchen ungewöhnlich, aber es ist so. Wenn in der Bibel Gott als der himmlische Vater geschildert wird, dann soll uns das helfen, ihn besser zu verstehen und die Verbindung mit ihm zu suchen. Für Töchter, die ein kaputtes oder verzerrtes Vaterbild haben, sieht es aber oft so aus, daß Gott ihnen unerreichbar oder nicht vertrauenswürdig erscheint. Für Frauen, die verletzt und betrogen wurden, ist es nahezu unmöglich, in den Armen eines liebenden Vatergottes Frieden und Glauben zu finden. Wenn Sie Vater einer Tochter sind, dann leben Sie ihr also nicht nur vor, wie die *Männer* sind, sondern Sie vermitteln ihr auch ein Bild *Gottes.* Es ist unsere Aufgabe und eine große Herausforderung, dieses Bild im Rahmen unserer Möglichkeiten so gut wir nur können vorzuleben. Unsere Töchter müssen in uns ein gewisses Abbild des himmlischen Vaters erkennen können. Das allerdings kann nur geschehen, wenn in unserem eigenen Leben drei Dinge passieren.

1. Die Gnade Gottes muß uns überwältigen

Wenn wir im Gottesdienst sitzen, schäme ich mich manchmal wegen meines Vaters. Jedesmal, wenn wir das Lied «Ein Kind des Königs» singen, fängt er an zu weinen. Ich habe ihn einmal nach dem Grund gefragt. «Warum weinst du immer bei dem Lied?» habe ich gesagt. «Das ist doch irgendwie ziemlich peinlich.»

Sein Blick war ernst. Seine Augen wurden feucht, und schon beim Gedanken daran kamen ihm fast die Tränen. «Ich glaube, Jack», erwiderte er, «es ist, weil die Gnade Gottes mich einfach überwältigt.»

Auch meine damals siebenjährige Tochter sah ihren Großvater weinen. «Opa kann einfach nicht darüber wegkommen, daß Jesus ihn liebt, nicht wahr, Pa?» Möge es so bleiben!

Die Gnade Gottes in unserem Leben sollte uns alle überwältigen. Sie ist der Ausgangspunkt dafür, daß wir unseren Töchtern Gott den Vater vorleben können. Demütig geben wir zu, daß wir seine Gnade durch nichts, was wir tun oder sind, je verdienen können. Aber er hat uns so sehr geliebt, daß er uns freigekauft, daß er uns erlöst und uns ein neues Leben geschenkt hat. Wenn wir das begriffen haben und unser Leben davon geprägt ist, dann sollten die Distanz und die Wut, die so viele Töchter von ihren irdischen Vätern forttreiben und ihr Bild des himmlischen Vaters entstellen, kein Problem mehr sein. Menschen, die von der Gnade Gottes überwältigt sind, laufen ihren Pflichten nicht davon und haben gar keine Zeit, zornig oder verletzt zu sein.

Wenn Gottes Gnade uns umhüllt, können wir gar nicht anders, als diese ungeheure, unverdiente Liebe an andere weiterzugeben, auch an unsere Töchter. Darum nehmen Sie sich die Zeit, selbst diesen himmlischen Vater kennenzulernen. Lassen Sie sich von seiner grenzenlosen Gnade reinigen und gesund machen. Lassen Sie das Licht seiner Liebe durch sich hindurchstrahlen. Ihre Tochter wird es sehen und sich davon angezogen fühlen.

2. *Wir müssen offen und durchschaubar leben*

Durchschaubar leben bedeutet, daß wir nicht irgend etwas vorspielen, was wir gar nicht sind. Wir gehen ehrlich mit Fehlern und Versagen und auch mit unseren Triumphen um und haben nichts zu verbergen.

Unsere Töchter müssen sehen, daß wir versuchen, so zu leben, wie es Gott gefällt, auch wenn wir es nicht immer schaffen. Sie müssen wissen, daß wir uns nicht für vollkommen halten, daß wir nicht meinen, wir hätten es schon «geschafft». Durchschaubar leben heißt, daß wir unsere Töchter um Verzeihung bitten, wenn wir sie enttäuscht haben. Wir lassen uns nicht von unserem Stolz beherrschen oder etwa der Vorstellung: «Ein Vater hat es nicht nötig, sich bei seiner Tochter zu entschuldigen.» Wir gehen zu ihnen und sagen ihnen, daß wir Mist gebaut haben.

Unsere Töchter müssen auch sehen, wie wir selbst Gott um Vergebung bitten. Was Jennifer von ihrem Vater erzählte, wie er jeden Morgen auf den Knien lag und betete, werde ich nie vergessen. Sie wußte, daß ihr Vater mit Gott redete und ihn um Vergebung bat; und an der Art, wie er lebte, konnte sie erkennen, daß er im Bewußtsein der Vergebung lebte. Durchschaubares Leben ist nur möglich, wenn wir begriffen haben, daß Gott uns liebt und uns vergibt – immer. Und Väter, die das ausleben, machen ihren Töchtern ein kostbares, ja unbezahlbares Geschenk.

Lassen Sie es Ihre Tochter wissen, wenn Sie einmal nicht gerade stolz auf Ihr Verhalten sind oder nicht mehr weiterwissen. Seien Sie ehrlich, dann bekommt sie ein gesundes Bild des himmlischen Vaters. Sie wird verstehen lernen, daß Gott, der Vater, sie liebt und ihr vergibt, wenn sie sieht, wie Sie von der Liebe und Vergebung Gottes leben. Sie wird erkennen, daß Gott sie so annimmt, wie sie ist, und daß es nicht nötig und auch nicht möglich ist, sich seine Liebe zu verdienen, wenn sie sieht, wie Sie in Gottes Gegenwart leben.

Wenn unsere Kinder ein zutreffendes Bild von Gott, dem Vater, gewinnen sollen, müssen wir selbst zu Menschen werden, die vergeben können. Wenn wir offen und transparent leben, sehen unsere Töchter an uns, was Vergebung bedeutet. Wenn wir unseren Töchtern vergeben, schmecken sie etwas von Gottes Liebe in ihrem Leben.

> Ich war in mancher Hinsicht keine gute Tochter. Ich habe meine Eltern bestohlen. Ich denke, ich war ein ziemliches Biest. Aber mein Vater hat mich immer gern gehabt. Er hat mir jedesmal vergeben. Wenn ich ihn belogen hatte und erwischt wurde, hat er mich zur Rede gestellt oder mir eine Zeitlang das Telefon weggenommen oder so etwas, und ich habe ihn angeschrien und ihm die schlimmsten Sachen an den Kopf geschmissen. Eine oder auch zwei Stunden später kam er dann rauf in mein Zimmer. Er klopfte an die Tür und sagte: «Ich habe dich trotzdem gern, egal was du machst.» Dann machte er die Tür wieder zu, und ich fühlte mich natürlich noch viel jämmerlicher, weil meine Eltern so toll waren und ich das gar nicht verdient hatte. Aber irgendwann habe ich es dann begriffen. Daß er mir immer wieder verziehen hat, hat etwas bewirkt.
>
> *Kerstin*

Wenn wir unseren Töchtern verzeihen, leben wir ihnen Gottes Liebe vor und teilen sie mit unserer Tochter. Wir leben in einer Welt, die nicht verzeihen kann, die ständig nach Vergeltung schreit. Und doch können die drei Worte «Ich verzeihe dir» das Leben unserer Tochter verändern. Wenn sie weiß, daß sie gar nie so weit fortrennen kann, daß unsere Vergebung sie nicht mehr erreicht, dann bekommt sie eine Ahnung davon, was es heißt, ein Kind des himmlischen Vaters zu sein. Eines Gottes, der über unsere Fehler nicht Buch führt, der einem jeden von uns vergibt und unsere Sünden dann so weit fortwirft, wie der Osten vom Westen entfernt ist.

3. Wir müssen beständig lieben

Wir haben einen beständigen Gott – einen Vater, der nicht von seinen Launen und Marotten abhängig ist; einen Gott, dessen Liebe zu uns nicht davon abhängt, was wir getan und ob wir sie verdient haben, sondern allein von seinem treuen Wesen und seiner alles umfassenden Liebe zu seinen Kindern.

Leider leben nur allzu viele Väter ihren Töchtern das genaue Gegenteil vor. Wir zeigen ihnen eine Liebe, die an Bedingungen geknüpft ist, die von ihren Leistungen abhängt, eine Liebe, die auf ziemlich wackligen Füßen steht und bei der kleinsten Provokation entzogen werden kann. Aber das ist nicht Gottes Liebe. Das ist nicht das Bild, das wir von unserem himmlischen Vater vermitteln wollen.

> Wenn ich noch einmal von vorn anfangen könnte, würde ich mit Sicherheit versuchen, meine Töchter mehr zu lieben. Ich glaube, ich habe sie nur gelobt, damit sie taten, was ich wollte. Wenn sie etwas verpatzt hatten, habe ich mich oft zurückgezogen. Ich habe sie immer gern gehabt, aber ich glaube, sie haben das gar nicht gewußt. Ich glaube, sie meinten, meine Liebe würde von ihrem Verhalten abhängen. Als sie dann älter wurden, haben sie es einfach nicht mehr versucht. Meine Liebe hat ihnen nichts mehr bedeutet. Sie hatten gelernt, auch ohne sie zu leben.
>
> *George*

Beständigkeit ist hart. Noch schwerer, als unsere Töchter beständig zu lieben, ist es, ihnen diese Liebe auch dann zu *zeigen,* wenn sie uns verletzt oder enttäuscht haben. Wir wollen, daß es ihnen auch weh tut, daß sie unseren Schmerz spüren und wissen, daß sie nicht ungestraft davonkommen können. Also zeigen wir ihnen die kalte Schulter oder enthalten ihnen unsere Zärtlichkeit vor. Was bei ihnen ankommt, ist aber das Gefühl, daß wir ihnen unsere Liebe entziehen, und was sie dabei lernen, ist gefährlich. Sie lernen nämlich, daß es letztlich nicht darauf ankommt, wer sie im Innersten sind. Wichtig ist, wie sie sich verhalten. Sie lernen, daß ihr Wert auf ihrer Leistung beruht und nicht auf ihrem Charakter.

Ist es da ein Wunder, daß das freie und unverdiente Geschenk von Gottes Gnade und Erlösung für viele Töchter so schwer zu fassen ist? Sie kommen aus einer Welt, in der es nichts umsonst gibt und alles davon abhängt, was sie tun. Die Vorstellung, daß wir nichts tun können, was Gottes Liebe hindern könnte, daß seine Vergebung und seine treue, beständige Liebe nie versiegen, ist ihnen völlig unverständlich. Deshalb müssen wir sie ihnen beständig vorleben. Unsere Annahme, unsere Liebe zu unseren Töchtern muß etwas von der Liebe und Annahme Gottes widerspiegeln, die wir selbst erfahren haben. Gott liebt uns nicht wegen dem, was wir tun; er liebt uns, weil er ist, wie er ist. Auch bei unseren Töchtern kommt es nicht darauf an, ob sie unseren Erwartungen entsprechen, ihre Möglichkeiten ausschöpfen oder unsere Träume wahr werden lassen. Wir lieben sie nicht wegen dem, was sie tun. Wir lieben sie, weil wir sind, was wir sind – ihr Vater.

Achten Sie darum darauf, daß Ihre Liebe beständig ist. Dann wird Ihre Tochter lernen, Ihnen zu vertrauen, und – wichtiger noch – sie wird lernen, daß sie einen Vater im Himmel hat, der auch vertrauenswürdig ist. Sie wird erkennen, daß seine Liebe sich nicht ändert und nicht wankelmütig ist. Wenn sie sieht, daß wir Beständigkeit üben, dann kann sie glauben, daß Gott so zuverlässig ist wie ein Fels – ein felsenfest Liebender, der sie nie aufgibt und der mit offenen Armen auf sie wartet, wenn sie zu ihm läuft.

Stellen Sie sich einmal vor …

Vor einigen Jahren hörte ich die Geschichte von einem Mann, dessen sechzehnjährige Tochter von zu Hause fortlief und irgendwo in den Straßen von Los Angeles untertauchte. Sie rief nicht an, und sie schrieb auch nicht. Ihre Eltern hatten wohl manches falsch gemacht, aber sie hatten immer ihr Bestes gegeben und die einzige Tochter von Herzen geliebt. Ihnen brach das Herz, sie waren erschüttert, und sie schämten sich. Aus den Tagen wurden Wochen, dann Monate und sogar Jahre, und sie lernten es, den Kummer zu verbergen und ein normales Leben zu führen, aber die Hoffnung gaben sie nicht auf. Sie hörten nie auf, Ausschau zu halten, und sie hörten nie auf zu beten.

Fast jedes Wochenende setzte sich der Vater ins Auto und fuhr die dreihundert Kilometer in den Süden nach Los Angeles, um seine Tochter zu suchen. Mit ihrem Bild in der Hand fuhr er langsam durch die dunklen Gegenden der Stadt. «Habt ihr dieses Mädchen gesehen?» fragte er jeden, der auch nur aufsah. Keiner kannte sie, und in den Nächten in einem billigen Hotel war er der Verzweiflung nahe. «Bitte, Herr, bewahre sie», betete er. «Bring sie zurück. Wir wollen ihr unsere Liebe zeigen.»

Zwei Jahre verstrichen. Dann passierte eines Tages eine Art Wunder: Es kam ein Anruf von einer Polizeistation. Man hatte das Mädchen gefunden – zitternd und allein, drogenabhängig und auf dem Strich. Sie war fast gestorben, aber sie hatte dem Polizisten ihren Namen genannt, und er hatte die Eltern ausfindig gemacht. Voller Freude sprangen sie ins Auto und eilten zu ihr, doch je näher sie ihr kamen, desto größer wurden die Fragen. Wie werden wir sie antreffen? Will sie uns überhaupt sehen? Ob sie nach Hause kommt?

Eine Krankenschwester ließ sie herein. Im Bett lag ihre Tochter und schlief, halb verhungert und von der Welt übel zugerichtet; aber das Gesicht war noch immer dasselbe. Auch das Haar, obwohl kurz geschnitten, war wie immer. Lippen und Nase gehörten unverkennbar ihrer Tochter. Sie schlug die Augen auf.

Als sie den Kopf drehte und ihren Vater entdeckte, weiteten sie sich und füllten sich mit Tränen. «Daddy, ach, Daddy, es tut mir so leid.» Aus den Worten wurde ein Schluchzen.

Sie nahmen sich in die Arme und weinten. Dann die Frage: «Willst du mit uns nach Hause kommen?»

«Ihr wollt mich immer noch? Ihr habt mich immer noch lieb? Wie …?»

«Wir haben nie aufgehört, nach dir auszuschauen. Wir haben nie aufgehört, dich zu lieben. Komm nach Hause, und laß uns noch einmal neu anfangen.»

Ihre Tochter muß wissen, daß Gottes Liebe zu ihr immer gleich ist und nicht davon abhängt, ob sie sie irgendwie verdient hat. Sie muß wissen, daß sie gar nicht zu weit fortlaufen kann, daß es keine Grenze gibt, hinter der Gott sie vergißt. Sie muß wissen, daß seine Vergebung immer auf sie wartet. Sie muß wissen, daß seine Gnade grenzenlos ist und daß sie durch diese Gnade jeden Tag neugemacht werden kann. Und sie muß all das lernen, wenn sie Ihnen zusieht, durch das Bild, das Sie ihr mit Ihrem Leben und Ihrer Liebe von Gott vor Augen malen.

Wie schneide ich ab?

Anleitung: Eine andere Art, das Wesen Gottes des Vaters zu verstehen, besteht darin, sich einmal die Bedeutung der verschiedenen Namen anzusehen, die ihm in der Bibel gegeben werden. Fragen Sie sich dabei: «Wie gut verkörpere ich meiner Tochter gegenüber das Vaterwesen Gottes?» Seien Sie ganz ehrlich. Sie brauchen Ihre Antwort niemandem zu zeigen. Benutzen Sie die folgende Bewertungsskala:

1 = nicht sehr gut – an diesem Punkt muß ich noch arbeiten;
2 = okay – ich bin schon recht weit gekommen, aber es könnte noch etwas besser werden;
3 = sehr gut – hier komme ich meistens ganz gut klar.

____ 1. Elohim – der starke, treue Vater, der seinen Bund hält.
____ 2. El Roi – der mich sieht und sich um mich kümmert.
____ 3. Jahwe Ra-ah – der Hirte, der über uns wacht und uns an einen sicheren Ruheort führt.
____ 4. Jahwe Schama – der immer für uns da ist.
____ 5. Abba – der «Papa», der unsere Gemeinschaft und unsere Liebe sucht und der für uns erreichbar ist.
____ 6. El Schaddai – der uns ernährt und seine Kinder mit seinem Leben füllt.
____ 7. Jahwe Jireh – der in die Zukunft sieht und für uns sorgt.
____ 8. Jahwe Nissi – der für uns kämpft und uns verteidigt.
____ 9. Jahwe Schalom – der Herr, mein Friede.

Auswertung: Sehen Sie sich Ihre Antworten noch einmal an. Danken Sie Gott für die Bereiche Ihres Lebens, in denen er an Ihnen gewirkt und Ihr Leben und Ihren Charakter ihm ähnlicher gemacht hat. Wo Sie noch wachsen sollten, da bitten Sie ihn um seine Hilfe, damit Sie ihm noch ähnlicher werden und den Menschen in Ihrer Umgebung noch besser vorleben können, wie Gott der Vater ist.

Kapitel 13

Werte und Tugenden

Den Glauben weitergeben

Jessica ist vierzehn – und schwanger. Sie kommt aus einer christlichen Familie und geht regelmäßig in den Gottesdienst. Seit sie dreizehn ist, hat sie sexuelle Kontakte.

Tonja ist zwölf. Ihre Eltern sind recht wohlhabend, und sie wohnt in einem schönen Haus am Meer. Tonjas Vater wurde heute aus einer wichtigen Sitzung herausgerufen, weil seine Tochter beim Ladendiebstahl erwischt worden ist.

Marie ist erst acht. Ein bezauberndes Kind mit blauen Augen und blondem Haar, Vaters Augapfel. Aber Marie hat schon jetzt ein Problem. Sie belügt ihre Eltern und ihre Freunde. Ständig. Man weiß nie, wann man ihr glauben kann.

Sharon ist siebzehn und stammt aus einer stolzen Arbeiterfamilie. Ihr Vater hat Großes mit ihr vor. Er träumt davon, daß seine älteste Tochter das College besucht und das Leben im

Schatten der Stahlwerke von Gary in Indiana einmal hinter sich lassen kann. Gestern rief die Direktorin von Sharons Schule an und hatte schlechte Nachrichten. Sharon war dabei ertappt worden, wie sie anderen Schülern Marihuana verkaufte.

Jessica, Tonja, Marie und Sharon kommen aus den unterschiedlichsten Orten und Gegenden, und das Leben sieht für jede anders aus. Doch eines haben sie gemeinsam. Sie haben keine Werte. Oder besser gesagt, die Wertvorstellungen, nach denen sie sich richten, sind schlecht.

Jeder Mensch lebt nach einem ganz bestimmten Verhaltenskodex. Wir haben gewisse Werte, und es gibt darüber hinaus auch noch ein paar andere Eigenschaften, die uns wichtig sind – früher nannte man sie Tugenden – und denen wir nachzueifern versuchen. Dinge wie Ehrlichkeit, Fleiß, Treue und Mut sind solche Tugenden. Werte dagegen sind die Maßstäbe, nach denen wir uns richten. Sie sind moralische Prinzipien. Werte und Tugenden machen uns zu dem, was wir sind. Wofür wir leben – unsere Werte – und wer wir sind – unsere Tugenden –, das ist das Abbild von dem, was uns im Innersten prägt. Die meisten Menschen wissen, wie ungeheuer wichtig es ist, stabile Wertmaßstäbe zu haben und nach moralischen Grundsätzen zu leben. Als Christen finden wir diese Dinge in der Bibel und sehen sie im Leben von Jesus Christus.

Die meisten Väter, die ich kenne, wünschen sich nichts sehnlicher, als daß auch ihre Töchter mit einem ausgeprägten Gefühl für diese Werte und Tugenden heranwachsen. Aber die meisten Väter, die ich kenne, haben nicht die leiseste Ahnung, wie sie das erreichen können. Wir machen einfach die Augen zu und hoffen, daß unsere Töchter irgendwie die richtigen Entscheidungen treffen; daß Werte und Tugenden wie ein Goldregen auf sie herabfallen.

Aber das ist natürlich nicht der Fall. Genauer gesagt: Ohne unser Zutun wird es nicht passieren.

Wie es früher einmal war…

Ich arbeite mit Teenagern. Jeden Tag habe ich sie am Telefon. Ich treffe mich mit ihnen. Ich spiele mit ihnen, und ich kann wohl durchaus sagen, daß ich sie gern habe. Ich halte sie für ganz phantastische Menschen; aber von Gut und Böse haben sie oft nicht die leiseste Ahnung. Oder vielleicht sollte ich es der Gerechtigkeit halber so sagen: Von den Hunderten von Jugendlichen, die ich näher kennengelernt habe, verfügten wohl nicht einmal fünf Prozent über Wertvorstellungen, die sich an der Bibel orientierten und ihr Handeln bestimmten. Man erzählt mir, daß es früher nicht so gewesen sei, sondern daß die Kinder in der guten alten Zeit wußten, was richtig und was falsch ist, und man es ihnen deshalb nicht lange erklären mußte. Menschen, die mehr als doppelt so alt sind wie ich selbst, sagen mir, es habe einmal eine Zeit gegeben wie im Märchen, wo Kinder noch Werte hatten und danach lebten. Eine gute, freundliche Zeit, in der Tugend kein Fremdwort war und ganz selbstverständlich von den Eltern an die Töchter und Söhne weitergegeben wurde.

Ich höre mir das an, aber ich kann es nicht glauben. Ich glaube zwar, daß Eltern und Kinder mehr Zeit füreinander hatten. Ich glaube, daß in der Zeit, bevor es Videospiele und Kabelfernsehen gab, in vielen Familien mehr gemeinsam unternommen wurde. Ich glaube auch, daß unsere Kultur uns weiter von der Wahrheit fortbringt, als es in der Geschichte unseres Landes je der Fall war. Aber daneben bin ich überzeugt, daß Werte und Tugenden vor vierzig Jahren genauso gelehrt und gelernt wurden wie heute. Ich bin überzeugt, daß es auch damals die Eltern waren, die ihren Kindern beibrachten, das Gute vom Bösen zu unterscheiden und «tugendhaft» zu leben. Und das ist auch heute noch der einzige Weg.

Wir wollen darum die Mythen hinter uns lassen und uns der Aufgabe stellen, nämlich der Frage, wie wir unseren Töchtern Werte vermitteln und den Sinn bestimmter Tugenden nahebringen können. Unsere Töchter sind nicht schlimmer als die Töchter vor zwanzig, dreißig oder auch vierzig Jahren. Wahrscheinlich sind wir nicht so häufig mit ihnen zusammen. Vermutlich haben sie heute mehr Möglichkeiten, ihr Leben kaputtzumachen, und sie sind wohl auch größeren Versuchungen ausgesetzt als ihre Großeltern. Aber als Teenager versuchen sie heute noch genauso wie früher herauszufinden, wer sie nun eigentlich sind und was sie glauben sollen. Und genauso wie die Teenager vor zwanzig Jahren sich am Beispiel ihrer Eltern orientierten, so erwarten sie heute von uns, daß wir sie auf dem rechten Weg führen und ihnen die Wahrheit zeigen.

Werte vermitteln

Ihre Tochter hat bereits bestimmte Wertvorstellungen. Sie hat sie vielleicht nicht richtig durchdacht, und es mag sich um so einfache Maximen handeln wie: «Ich tue nur das, was mir Spaß macht», aber auch das ist bereits ein Wert. Für den Vater besteht die Aufgabe nun darin, dem Kind behutsam beizubringen, wie wichtig es ist, ein *gesundes* Wertsystem zu haben. Wir müssen unseren Töchtern helfen, moralische Maßstäbe zu entwickeln, die sie befähigen, so zu leben, wie es Gott gefällt. Und da stellt sich natürlich die Frage, wie wir das tun. Wie können wir unseren Töchtern zu einem Wertsystem verhelfen, das sie in die Lage setzt, gute Entscheidungen zu treffen?

1. Selbst danach leben

Wenn in diesem Buch ein Gedanke immer wieder auftaucht, dann der, daß das eigene Beispiel von kaum zu überschätzendem Wert ist. Wie Sie selbst Ihr Leben gestalten, das ist für Ihre Tochter von entscheidender Bedeutung. Wenn Sie ehrlich und zuverlässig sind, findet Ihre Tochter in Ihnen ein starkes Vorbild. Aber auch wenn Halbwahrheiten und nicht eingehaltene Versprechungen Ihr Leben bestimmen, üben Sie damit einen prägenden Einfluß aus. Was also wollen Sie Ihrer Tochter vorleben?

Machen Sie sich einmal die Mühe, intensiv über diese Fragen nachzudenken. Welche Werte soll Ihre Tochter liebgewinnen und für das Leben mitbekommen? Schreiben Sie die fünf, die Ihnen am wichtigsten sind, am besten sofort in der nachstehenden Tabelle auf. (Zum Beispiel: Ich möchte, daß meine Tochter mit Jesus lebt. Ich möchte, daß sie andere Menschen achtet. Ich möchte, daß sie hilfsbereit ist… und so weiter.)

Wert 1: ______________________________

Wert 2: ______________________________

Wert 3: ______________________________

Wert 4: ______________________________

Wert 5: ______________________________

Nun nehmen Sie sich einmal ein paar Minuten Zeit, und prüfen Sie Ihr eigenes Leben. Richten Sie sich selbst nach diesen Werten? Können Sie sich selbst mit dieser Liste identifizieren? Sicher, Sie sind nicht vollkommen, und Sie müssen es auch nicht sein. Aber es könnte sein, daß Sie von Ihrer Tochter genau das erwarten, was Sie selbst nicht sind, und das ist für sie ungeheuer schwer. Viel eher wird sie genau so werden, wie Sie es heute sind. Der alte Spruch: «Tu, was ich dir sage, nicht, was ich tue», hat sich im wirklichen Leben noch nie bewährt.

Überlegen Sie nun, wie weit Sie selbst die genannten Werte ausleben, und kreisen Sie die entsprechende Punktezahl ein (10 steht für sehr gut, 1 für sehr schlecht):

Wert 1:	1	2	3	4	5	6	7	8	9	10
Wert 2:	1	2	3	4	5	6	7	8	9	10
Wert 3:	1	2	3	4	5	6	7	8	9	10
Wert 4:	1	2	3	4	5	6	7	8	9	10
Wert 5:	1	2	3	4	5	6	7	8	9	10

Nun wissen Sie also, welche Werte Ihnen wichtig sind und wie Sie selbst bei ihrer Umsetzung abschneiden. An jedem Wert, den Sie Ihrer Tochter nahebringen wollen und bei dem Sie weniger als 6 Punkte erreicht haben, sollten Sie allerdings erst einmal selbst arbeiten. Und das meine ich nicht irgendwie verschwommen. Sie sollten sich ganz konkret überlegen, was Sie tun könnten. Irgendwelche vagen Wünsche oder Vorsätze, es von jetzt ab besser zu machen, bringen Sie nicht weiter. Sie brauchen einen klar definierten Plan. Was also wollen Sie konkret tun, um diesem Wert in Ihrem Leben mehr Nachdruck zu verleihen?

Diese Woche werde ich ___________________________________,
um ______________________________ zu werden.

Ähnlich sollten Sie bei jedem Wert vorgehen, den Ihre Tochter Ihrer Meinung nach lernen sollte, den Sie selbst ihr aber (noch) nicht oder nur ungenügend vorleben. Vertagen Sie es nicht auf später, auch wenn Sie jetzt lieber umblättern und erst einmal weiterlesen möchten. Nehmen Sie sich ein paar Minuten Zeit, und überlegen Sie ganz konkret, wie Sie mehr zu dem Menschen werden könnten, der Sie eigentlich sein wollen. Denn wenn Sie das tun, helfen Sie gleichzeitig auch Ihrer Tochter, so zu werden, wie Sie es sich wünschen.

Es ist überdies nicht fair, von ihr etwas zu verlangen, wozu Sie selbst nicht bereit sind. Es ist nicht konsequent, von ihr sexuelle Enthaltsamkeit zu erwarten, wenn Sie selbst nicht enthaltsam sind. Es ist nicht recht, sie zur Ehrlichkeit anzuhalten, wenn Sie Steuern hinterziehen. Sie müssen ihr das, was Sie von ihr erwarten, zunächst einmal selbst vorleben. Dann wird sie erkennen, wie wichtig diese Werte sind.

> Mein Vater hat nie große Worte gemacht in Richtung: «Das tut man, und das tut man nicht.» Aber er selbst hatte ziemlich strenge Maßstäbe. Einmal, ich war etwa acht Jahre alt, war ich mit ihm im Laden, als er Milch kaufte. Der Junge an der Kasse

paßte nicht auf und gab ihm eine Zwanzig-Dollar-Note heraus anstatt zehn. Vater merkte es erst, als wir schon zu Hause waren. Er packte mich sofort wieder ins Auto und fuhr die ganze Strecke zurück zu dem Laden. Er versuchte sogar, den Jungen zu finden, der uns an der Kasse bedient hatte, denn, wie er mir hinterher erklärte, «ich wollte nicht, daß ihm am Abend das Geld fehlt, und ich wollte auch nicht, daß er Krach kriegt mit seinem Chef». Ruhig und ohne großes Aufsehen zu erregen gab er das Geld zurück.

Valerie

Ihre Tochter orientiert sich an Ihnen. Sie beobachtet Sie ziemlich genau. Sie weiß, wann Sie die Wahrheit sagen und wann Sie lügen. Sie sieht es auch, wenn Sie sagen: «Schnell, stell das Bier weg, da kommt der Pfarrer!» Und nicht das Bier ist das Problem, sondern die Heuchelei. Leben Sie Ihre Werte vor Ihrer Tochter aus! Seien Sie kein Heuchler, und versuchen Sie nicht, etwas vorzuspielen, was Sie gar nicht sind. Wenn Sie einmal eine Sache verpatzen, geben Sie es auch vor Ihrer Tochter zu. Dann lernt sie, daß ein Versagen noch kein Weltuntergang ist, daß Gott Ihnen vergibt und auch ihr vergeben wird.

Ich war zornig mit Erin. Sie war ungehorsam gewesen und hatte dann auch noch einen Trotzkopf aufgesetzt. Sie hatte einen Tobsuchtsanfall bekommen und mir ein paar wirklich wüste Sachen an den Kopf geworfen. Ich war außer mir. Was sollte ich mit diesem Mädchen machen? Sie hörte einfach nicht. Ich hatte versucht, ihr zu erklären, daß wir uns in diesem Haus keine Frechheiten an den Kopf werfen und freundlich und respektvoll miteinander reden, aber sie war nur noch wütender geworden. Als sie in ihr Zimmer davonstürmte, schrie sie mir zu: «Ich hasse dich!»

Ich schrie zurück: «Du bist das schlimmste Mädchen auf der ganzen Welt!» Doch ich bereute es sofort. Sicher, wir waren beide wütend; aber sie war neun, und ich war eigentlich schon erwachsen. Statt dessen hatten Zorn und Wut das letzte Wort behalten. Ich hatte an einem Punkt versagt, der mir sonst sehr wichtig ist und über den ich ihr kaum zehn Sekunden vorher erst noch Vorhaltungen gemacht hatte. Ich wartete zehn Minuten; dann ging ich zu ihrem Zimmer, klopfte an die Tür und fragte: «Darf ich reinkommen?»

«Ach, und ich bin das schrecklichste Mädchen auf der ganzen Welt, was? Na ja, wenigstens weiß ich jetzt, was du von mir hältst. Endlich ist die Wahrheit draußen.» Ein kluges Kind, diese Erin. Weiß genau, wie sie mich treffen kann.

«Erin, es tut mir leid. Ich war wütend, und ich habe die Geduld verloren. Ich habe dich gern, und du sollst wissen, daß du ein tolles Mädchen bist, ganz egal was du anstellst. Bitte verzeih mir.» Wir redeten ein paar Minuten, dann ging ich wieder nach unten. Allerdings hatte ich von ihr noch immer keine Entschuldigung gehört, und ich selbst fühlte mich auch noch nicht viel besser.

Eine Stunde später, als ich in meinem Büro saß, spürte ich plötzlich, daß sich hinter mir etwas bewegte. Da stand meine Tochter Erin mit tränenverschmiertem Gesicht und rotgeschwollenen Augen. «Daddy, es tut mir leid. Ich habe es wirklich nicht so gemeint.»

«Schon gut, Schatz. Ich hab' dich gern.» Ich zog sie an mich und hoffte, sie habe begriffen, daß es auch mir nicht immer gelingt, nach meinen eigenen Wertvorstellungen zu leben, daß ich sie deshalb aber trotzdem nicht völlig aufgebe. Und auch wenn einmal der Zorn die Oberhand gewinnt, werfe ich deshalb nicht gleich alles hin. Meine Tochter wird das nur lernen, wenn sie mir dabei zusehen kann, wie ich es immer wieder versuche, auch wenn ich Fehler mache; wenn sie erfährt, daß ich um Verzeihung bitte und es ihr auch sage, wenn ich an ihr schuldig geworden bin. Wenn ich so tue, als sei nichts passiert, verliert sie den Respekt vor mir und nimmt nicht an, was ich ihr beizubringen versuche. Wir müssen keine Vollkommenheit vorleben – nur den Weg dorthin. Wenn wir das nicht tun, werden unsere Töchter einmal große Schwierigkeiten haben.

2. *Das «Warum» erklären*

Es reicht allerdings nicht aus, mit unseren Kindern nur darüber zu reden, was richtig ist und was falsch. Wir müssen uns auch die Zeit nehmen, ihnen das «Warum» zu erklären. Wir wollen, daß unsere Töchter sexuell rein bleiben und nur mit dem Ehepartner Geschlechtsverkehr haben. Warum? Weil sie dadurch glücklicher werden und weil eine Beziehung dadurch viel gesünder und stabiler wird. Warum? Weil Gott es so geplant hat und weil es immer Folgen hat, wenn wir uns nicht nach Gottes Willen richten. Wenn unsere Töchter «Warum?» fragen, sind wir nur allzu schnell mit einem «Weil ich es gesagt habe» oder sogar noch eine Spur geistlicher mit «Weil Gott es so will» zur Hand. Aber damit haben wir ihre Frage nicht beantwortet. Sie haben uns nicht gefragt, ob wir eine Sache für richtig halten oder was Gott darüber denkt, sondern sie wollten wissen: «Warum ist dieser Wert so wichtig? Was sind die Gründe? Welchen Nutzen habe ich davon? Was bringt es mir?» Und ich denke, das sind alles berechtigte Fragen, auf die wir eine Antwort haben sollten.

Letztes Jahr unterhielt ich mich mit einer Oberstufenschülerin, und im Gespräch kam heraus, daß sie bereits sexuelle Kontakte hatte. Sie erzählte, ihre Eltern seien wütend, weil sie, wie sie sich ausdrückte, «nicht rein und eine heilige Jungfrau» geblieben sei. Immer hätten sie ihr erklärt, Sex vor der Ehe sei falsch, weil Gott das so bestimmt habe, aber nie hätte ihr jemand gesagt, warum Gott das so wolle. Statt dessen hätten ihre Eltern sich noch geärgert, weil sie auf eine Antwort gedrängt hätte. Als sie dann einen Jungen kennenlernte, den sie liebte, hätte sie beschlossen, mit ihm auch zu schlafen, und nach ihren eigenen Worten war es «das Tollste, das Beste, was ich je erlebt habe. Ich glaube, ich weiß jetzt, warum mein Vater mir nie erklärt hat, was am Sex so schlecht ist. Er wußte es selbst nicht, und er wollte einfach nicht, daß ich selbst erlebe, wie schön es ist.» Ich wußte nichts darauf zu sagen, murmelte irgend etwas über die Konsequenzen und ging davon. Zwei Monate später rief sie mich an, in

Tränen aufgelöst. Ihr Freund hatte gerade mit ihr Schluß gemacht. Es war alles aus, und sie wußte nicht mehr weiter. Als sie sich dann selbst von ihm gelöst und der Schmerz ein wenig nachgelassen hatte, sagte sie mir: «Jetzt weiß ich, warum Gott Sex nicht außerhalb der Ehe will. Weil Sex so intim ist, daß er den ganzen Menschen betrifft. Und wenn der andere dich dann sitzenläßt, meinst du, du könntest den Schmerz nicht ertragen. Ich denke, die Leute sollten wissen, daß Gott ihnen diesen Schmerz ersparen will.»

Besser hätte ich es auch nicht ausdrücken können. Hier hatte sie das «Warum», nach dem sie immer gesucht hatte. Aber sie hatte es zu spät entdeckt. Darum antworten Sie Ihrer Tochter, wenn sie nach dem «Warum» fragt. Je älter sie wird, desto häufiger werden die Fragen kommen und desto komplizierter werden sie auch. Aber sie sind ungeheuer wichtig. Einen guten Einstieg finden Sie, wenn Sie auf Ihre Wertvorstellungen zu sprechen kommen. Versuchen Sie dabei gleich von Anfang an, auf die Warum-Fragen einzugehen. Und dann weisen Sie Ihre Tochter immer wieder auf diese Werte hin und auf all die guten Gründe, die dafür sprechen, ein gesundes Wertsystem zu haben.

3. Kleine Fortschritte betonen

Unsere Töchter werden nicht alles richtig machen. Sie werden uns manchmal anlügen. Sie werden es nicht immer schaffen, den eigenen oder unseren Ansprüchen zu genügen. Aber manchmal gelingt es auch. Ab und zu werden sie sich auch in schwierigen Situationen richtig verhalten. Und auf diesen kleinen Fortschritten können wir aufbauen, um sie weiterzuführen. Wenn Ihre Tochter sich an die Wertmaßstäbe hält, die Ihnen wichtig sind, dann loben Sie sie über den grünen Klee. Sagen Sie ihr, daß Sie wissen, wie schwierig es ist, immer das Rechte zu tun, und daß sie stolz auf sie sind. Wir haben in unserer Familie einen Spruch, der heißt: «Erwische dein Kind dabei, wie es etwas *richtig* macht… und dann sag ihm kräftig die Meinung!» Das heißt, als

Eltern bemühen wir uns, wirklich darauf zu achten, wo unsere Kinder etwas richtig tun, und dann sagen wir ihnen, wie toll wir das finden. Dieser Rat ist besonders wertvoll für Väter, die ihren Töchtern ein gesundes Wertsystem beibringen wollen. Wir müssen sie immer wieder loben und ermutigen, wenn sie sich richtig verhalten oder richtig entschieden haben.

Es ist so leicht, immer nur zu tadeln und unseren Töchtern vorzuhalten, was sie alles falsch gemacht oder wo sie sich nicht richtig verhalten haben. Manchmal könnte man meinen, wenn sie *eine* Sache gut gemacht haben, dann tun sie dafür zehn andere, die verkehrt sind. Nun, das nennt man die «menschliche Natur». Es liegt aber auch in dieser Natur, besonders gern *das* zu tun, womit wir Aufmerksamkeit auf uns ziehen können; und wenn uns das mit Schlechtem besser gelingt, dann lernen wir eben, uns entsprechend zu verhalten. Wenn aber auch die guten Dinge reichlich belohnt werden, wenn eine gute Entscheidung in der Familie gefeiert wird – was mag dann wohl reizvoller sein?

Dieser Rat gilt übrigens nicht nur für kleine Mädchen, sondern genauso für Teenagertöchter. Wann haben Sie das letzte Mal auf die Uhr geschaut, als Ihre Tochter von einer Verabredung zurückkam, und sie (ohne jeden ironischen Unterton!) gelobt, weil sie noch *vor* der festgesetzten Zeit wieder da war? Wann haben Sie Ihrer Tochter zum letzten Mal gesagt: «Ich mag deinen Geschmack, was deine Freunde angeht. Du bist selbst eine tolle Freundin, und du suchst dir auch die passenden Freunde aus»? Überlegen Sie einmal: Ihre Tochter hat vielleicht einen Freundeskreis von zehn Personen, und Sie mögen neun davon. Über wen reden Sie am meisten? Ich könnte wetten, daß Sie genauso sind wie ich und auf dem oder der einen herumreiten, den oder die Sie nicht mögen, anstatt ihr etwas Nettes über die neun anderen zu sagen.

4. *Die Folgen spüren lassen*

Genauso wie wir die kleinen Fortschritte feiern sollen, ist es nötig, unseren Kindern Raum zu geben, daß sie auch einmal falsche Entscheidungen treffen und dann daraus lernen können. Wenn Ihre Tochter lügt und immer ungestraft davonkommt, dann lernt sie überhaupt nichts. Wenn sie lügt, erwischt wird und die Konsequenzen auf sich nehmen muß, dann kann sie etwas lernen.

Vor nicht allzu langer Zeit unterhielt ich mich mit einem Vater, dessen Tochter gerade eine schwierige Phase durchmachte. Die Pubertät brachte sie in gehörige Turbulenzen. Der Vater war ein kluger Mann. Er hatte seine Tochter gern und wollte, daß sie ein tragfähiges Wertsystem entwickelte. Er hatte aber auch erkannt, daß es nicht genügte, ihr einfach nur zu sagen, was sie glauben sollte, und dann zu erwarten, daß sie sich auch danach richtete. Sie mußte selbst begreifen, worum es ging. Darum ließ er sie los. Die Hausaufgaben waren für seine Tochter schon immer ein Problem gewesen, und wenn sie nicht ständig gemahnt wurde, blieben sie unerledigt. Ihr Vater meinte nun, sie müsse lernen, die Schule von sich aus für wichtig zu halten. Bislang hatte sie die Aufgaben nur gemacht, weil man sie dazu gezwungen hatte. Deshalb beschloß er, in Zukunft nichts mehr zu sagen. Schon bald fiel sie in Chemie weit zurück, und am Abend vor der Prüfung kam sie weinend zu ihm: «Paps, in Chemie falle ich bestimmt durch. Was soll ich denn tun?» Sie war ziemlich durcheinander und nicht besonders logisch. Er nahm sie in den Arm, riet ihr, einfach zu tun, was sie konnte, und ließ sie erst einmal weinen. Am nächsten Tag fiel sie durch die Prüfung und erhielt ein «ungenügend».

Nur widerwillig kam sie mit dem Zeugnis nach Hause und wartete darauf, daß ihr Vater eine Szene machte. Doch der sah sich nur die Noten an, lächelte und sagte: «In Englisch hast du aber prima abgeschnitten – sehr schön.» Damit legte er das Zeugnis weg.

«Aber Pa, in Chemie bin ich durchgefallen. Was soll ich denn machen?»

«Nun, ich denke, du mußt das Fach wiederholen.»

«Aber das schaffe ich nicht. Ich bin doch schon mal durchgefallen.»

«Ich glaube nicht, daß du es nicht schaffen kannst. Ich denke eher, du hast nicht genug getan. Du hast dich nicht angestrengt, nun bist du durchgefallen. Das kann vorkommen. Nun mußt du es noch einmal probieren. Was meinst du denn, was müßtest du tun, damit du beim nächsten Mal durchkommst?»

«Hm, wahrscheinlich sollte ich die Hausaufgaben machen und ein bißchen lernen», erwiderte sie.

«Na, siehst du. Hör mal, ich kann nicht immer hinter dir stehen und dir Beine machen. Du mußt selbst lernen wollen. Du mußt es schaffen wollen. Es kommt alles darauf an, was du willst, was dir wichtig ist.»

Dieser Vater hatte begriffen, wie wichtig es ist, daß seine Tochter die Folgen ihres Verhaltens selbst spürt. Auf diese Weise lernt sie mehr, als wenn er ihr ständig über die Schulter sieht und sie zwingt, die Aufgaben zu machen. Sie erkannte dadurch, worauf es ankommt, daß Fleiß, Disziplin und Lernen wichtig sind und daß sie sich selbst darum kümmern mußte. Die nächste Prüfung in Chemie hat sie übrigens glänzend bestanden.

> Ich wurde in meinem letzten Jahr an der Highschool aus dem Volleyball-Team geschmissen. Ich war mit ein paar Freunden zusammen. Sie waren alle am Trinken, und ich machte mit. Wir wurden erwischt, und Trinken wurde bei uns mit dem Rausschmiß aus der Sportgruppe bestraft, in der man mitmachte. Ich war frustriert. Unser Team hatte gute Chancen beim Landesturnier, und ich war eine der besten Spielerinnen. Ich flehte meinen Vater an, er solle mit dem Direktor reden. Es war das erste Mal, daß ich betrunken war, und ich war ansonsten eine gute Schülerin. Ich denke, sie hätten mich laufenlassen. Aber mein Vater weigerte sich. Er sagte, ich hätte mich selbst entschieden zu trinken, und nun müßte ich halt die Folgen tragen.

> Ich war furchtbar böse auf ihn.
> Inzwischen habe ich selber Kinder, und jetzt verstehe ich, warum mein Vater die Sache nicht für mich regeln wollte. Ich mußte es lernen, die Folgen meines Handelns selbst zu übernehmen. Ich habe dabei etwas gelernt, was mir später sehr geholfen hat, und nun versuche ich, meinen Kindern dasselbe beizubringen.
>
> *Nancy*

Pauken Sie Ihre Tochter nicht jedesmal heraus, wenn sie etwas Verkehrtes getan hat. Wenn sie es lernen soll, ein eigenes Wertsystem zu entwickeln und auf dieser Basis gute Entscheidungen zu treffen, dann muß sie auch selbst spüren, was eine schlechte Entscheidung nach sich zieht. Sie muß begreifen, daß ihr Handeln Konsequenzen hat. Ich weiß, sie ist Ihre Tochter, und Sie können es nur schwer ertragen, sie leiden zu sehen. Aber sie muß erkennen, was ihr Verhalten bewirkt, und das wird sie nur, wenn sie sich mit den Folgen auseinandersetzen muß.

Dieses Prinzip gilt im übrigen nicht nur im Blick auf falsche, sondern auch auf gute Entscheidungen. Wenn Ihre Tochter eine gute Wahl trifft, dann helfen Sie ihr auch zu erkennen, was die positiven Folgen dieser Entscheidung sind. Zeigen Sie ihr die direkte Ursache und Wirkung, wenn sie sich zum Beispiel über eine Sache freuen kann, wenn ihr Selbstwertgefühl wächst oder sie irgendwelche guten Ergebnisse erzielt.

Tugend vorleben

Tugenden sind Charaktereigenschaften. Sie sind nicht so sehr Maßstäbe, nach denen wir uns im Leben richten, als vielmehr Ziele, die wir zu erreichen suchen. Die klassischen Tugenden sind Züge, die durch die Jahrhunderte hindurch als wichtig für einen guten Charakter anerkannt wurden. Dazu gehören Verantwortungsbewußtsein, Mut, Mitleid, Glaube, Treue, Ehrlichkeit, Selbstdisziplin und anderes mehr. Es sind Ideale, denen

Männer und Frauen seit Jahrhunderten nacheifern. In der jüngsten Zeit scheinen sie allerdings etwas aus der Mode gekommen und wurden durch «zeitgemäßere» Tugenden wie Neid, Vorwürfe, Unmoral, Vergnügen und Betrug ersetzt. Nur schon von den *traditionellen Tugenden* zu reden zeigt, daß man hoffnungslos naiv ist – die Tugenden sind tot, es lebe der Egoismus.

Obwohl sich das Blatt in der letzten Zeit wieder etwas gewendet hat und inzwischen unzählige Bücher über Werte und Tugenden geschrieben werden, ist es für unsere Tochter doch ein Kampf. Und für uns selbst ist es fast noch schwerer, sie zu überzeugen, daß Tugenden, selbst solche, die Opferbereitschaft erfordern, der Mühe wert sind. Es ist für den Menschen am Ende des zwanzigsten Jahrhunderts nicht leicht, den Wert von Tugenden einzusehen. Als interessierter Vater müssen Sie Ihrer Tochter darum helfen, Tugenden schätzen zu lernen und selbst danach zu streben. Die große Frage lautet natürlich: Wie macht man das? Ich habe auch keine Patentantwort. Aus Gesprächen mit Vätern und Töchtern haben wir aber ein paar Hinweise erhalten, die auch Ihnen helfen werden. Im wesentlichen wiesen diese Väter auf zwei Dinge hin, die uns helfen können, unsere Töchter mit dem Wert der Tugenden vertraut zu machen.

1. Geschichten

Manchmal hat Vater mich fast verrückt gemacht mit all den alten Geschichten aus seiner Jugend und wie schwer sie es damals hatten. Aber ich denke, er wußte genau, warum er sie mir erzählte. Er konnte mir damit etwas beibringen, ohne mich direkt zu belehren.

Valerie

Ich weiß, daß es sie genervt hat, aber ich glaube, die Geschichten waren besser als irgendwelche Vorträge, und außerdem erzähle ich gern Geschichten. Ich glaube, meistens hat sie ziemlich genau gemerkt, was ich ihr beibringen wollte.

Thomas

Unterschätzen Sie nicht die Wirkung von Geschichten. Ihre Tochter kann daraus eine ganze Menge über gutes, tugendhaftes Verhalten lernen. Dabei müssen es nicht unbedingt Geschichten aus Ihrem eigenen Leben sein. Sie können alles erzählen, was Ihnen hilft, Ihre Botschaft «rüberzubringen». Oder lesen Sie ihr etwas vor. Sie können die Geschichten auch erst zu Ihrem eigenen Vergnügen lesen und sie Ihrer Tochter später, wenn es einmal paßt, in Ihren eigenen Worten erzählen.

Wie ein Vater es sagte: «Sie können gar nicht genug Geschichten kennen.» Er hat recht. Auch aus den Gesprächen mit den Töchtern haben wir erfahren, wie hilfreich viele dieser Geschichten für sie waren. Ja, oft hatten sie einen größeren Einfluß, als Erzähler und Zuhörerin im Augenblick vermuten konnten. Viele Töchter sagten, sie hätten sich meist furchtbar gelangweilt, aber dann sei ihnen eine Geschichte manchmal Monate, ja sogar Jahre nachgegangen und habe sie noch nach langer Zeit daran erinnert, worum es bei den Tugenden geht und warum sie so nötig sind.

2. Praktische Hinweise

Letzte Woche schnappte ich, als ich durchs Wohnzimmer ging, zufällig einen Dialog aus dem Fernsehen auf: «Nein, ich tue es nicht. Man darf nicht lügen.» Ich blieb stehen, drehte mich um und sah meine jüngste Tochter allein auf der Couch vor dem Fernseher sitzen. «Nanu, Kendall, was ist los? Warum sagen sie das?»

«Daddy, das große Mädchen will seine Mama anlügen, aber das andere Mädchen will die Wahrheit sagen.»

«Na, und was meinst du, was wäre richtig?»

«Ich weiß schon, Papa. Lügen darf man nicht.»

«Und? Ist es manchmal schwer, die Wahrheit zu sagen?»

Sie sah mich an. «Papa, ich habe auf die Couch gekleckert.»

Wie kam sie jetzt darauf? Vom Fernseher zur bekleckerten Couch? Ich kam nicht mehr mit. «Was meinst du, Schatz?» Wie sich herausstellte, hatte sie ihren Saft mit ins Wohnzimmer genommen, obwohl Leslie und ich ihr schon oft gesagt hatten, das dürfe sie nicht, und nun hatte sie ihn auf die Couch geschüttet und sich auf den Flecken gesetzt, damit niemand etwas merkte. Unser kleines Gespräch über das Fernsehen und die Wahrheit hatte ihr dreijähriges Gewissen in Gang gebracht. Sie hatte erkannt, daß sie die Wahrheit sagen mußte.

Gelegenheiten, auf Beispiele von Tugend oder Laster hinzuweisen, bieten sich in unserer Welt wie Sand am Meer, vor allem was das Laster betrifft. Wenn Sie im Fernsehen oder im Kino einen Film anschauen, wo nichts anderes gezeigt wird, dann reden Sie mit Ihrer Tochter darüber und bringen Sie ein Gespräch in Gang. Für sie ist das eine Gelegenheit, etwas zu lernen, und Sie selbst erfahren etwas darüber, wie Ihre Tochter denkt.

Einer meiner Freunde war mit seiner Tochter ins Kino gegangen. Sie war dreizehn, und der Film war für ihr Alter freigegeben. Mitten im Film kam der Freund jedoch zu der Überzeugung, daß er sich für seine Tochter nicht eignete. Also machte er ihr im Dunkeln ein Zeichen und sagte: «Komm, laß uns gehen.» Draußen wollte seine Tochter wissen, warum sie nicht geblieben waren. Es war nicht viel geflucht worden, und es hatte auch keine Nacktszenen gegeben. «Ich habe ihr gesagt, wir seien gegangen, weil ich glaube, daß Treue, vor allem die Treue in der Ehe, eine Sache ist, die man wertschätzen und praktizieren sollte. In dem Film hat man sich über die Treue aber nur lustig gemacht.»

Ich möchte wetten, daß seine Tochter dadurch mehr über die Treue gelernt hat, als wenn sie ein Buch zum Thema gelesen oder sich einen Vortrag angehört hätte.

Eine andere Methode, unseren Töchtern auf unaufdringliche Art nahezubringen, wie wichtig die Tugenden sind, besteht darin, ihnen Bücher zu geben, sie Filme sehen zu lassen, in denen die Tugend belohnt wird und die Darsteller echte Helden verkörpern, oder besser noch Heldinnen. Sie sehen genug schlechte Vorbilder im Stil von Madonna. Was sie brauchen, sind Beispiele, die ihren Namen wert sind.

Werte und Tugenden zu vermitteln, ist nicht einfach. Dazu braucht man nicht Tage oder Wochen, sondern ein ganzes Leben. In unserer Fast-food-Gesellschaft sind unsere Töchter vielleicht versucht, aufzugeben, weil man sich heute alles, was einen Wert hat, sofort hier und jetzt nimmt. Dieser Einstellung arbeiten Väter, die ihren Töchtern Werte und Tugenden beibringen wollen, natürlich komplett entgegen. Aber wir müssen alles tun, um uns diesen Einflüssen zu widersetzen. Schließlich geht es um unsere Töchter. Deshalb dürfen wir nicht aufgeben. Machen Sie es sich bewußt, daß Ihre Tochter, wenn sie in ihrem Leben die richtigen Entscheidungen treffen soll, ein Wertsystem braucht, das ihr hilft, das Richtige vom Falschen zu unterscheiden und sich für den besten Weg zu entscheiden. Sie muß ihre guten Charaktereigenschaften zur Entfaltung bringen – Tugenden wie Ehrlichkeit, Treue, Verantwortungs- und Pflichtbewußtsein sowie Loyalität. Ohne Hilfe wird sie aber nicht weit kommen. Als Vater ist es Ihre Aufgabe, Ihrer Tochter dabei zu helfen, ein eigenes Wertsystem zu bilden. Als Vater ist es Ihre Aufgabe, Ihr Bestes zu tun, um positive Werte vorzuleben und selbst ein Leben der Tugend zu führen.

Kapitel 14

Wie die Zeit verstreicht!

So werde ich ein guter Vater

Als ich acht war, dachte ich, mein Vater müßte mindestens Präsident sein. Er schien so klug und weise. Als ich dreizehn war, war ich überzeugt, daß er von nichts eine Ahnung hatte. Das einzige, was er sagen konnte, war «nein». Als ich zweiundzwanzig wurde, starb meine Mutter, und ich sah den Kummer in den Augen meines Vaters. Ich sah einen einsamen, traurigen Mann. Heute, mit einunddreißig, sehe ich meinen Vater so, wie er ist – ein Mann, der seine Frau und seine Tochter geliebt hat, ein Mann, der sein Bestes getan hat, der auch Fehler hatte, aber mich nie aufgegeben hat. Mit einunddreißig sehe ich einen Menschen mit all seinen Eigenarten, und ich habe ihn lieber als je zuvor.

Elinor

Meine Töchter werden größer. Bald werden sie beide in die Highschool gehen, und ich denke, dann liegt ihnen nicht mehr so viel an ihrem alten Vater. Ich werde zurücktreten und warten, bis sie zu mir kommen, wenn sie mich brauchen. Dann will ich ihnen gern helfen. Ich bin gespannt, was aus ihrem Leben werden wird. Ich bin stolz auf die jungen Frauen, die aus ihnen werden. Ich müßte lügen, wenn ich sagen würde, ich wäre nicht ein bißchen nervös, wenn ich an die kommenden Jahre denke. Aber ich glaube an meine Töchter. Ich glaube, daß sie gute Entscheidungen treffen werden, und wenn sie sich einmal falsch entscheiden, dann werden sie auch damit fertig werden. Ich liebe meine beiden Mädchen, und ich will alles tun, um ihnen ein guter Vater zu sein.

Rick

Die Jahre gehen dahin, ein Geburtstag nach dem anderen verstreicht, und aus Ihrer Tochter wird allmählich eine Frau. In Ihren Armen hat alles angefangen – sie war so klein und zart, sie brauchte Ihre Fürsorge, Ihre Zärtlichkeit und Ihre Liebe, um leben zu können. Es hat gar nicht lange gedauert, eigentlich nur ein paar Minuten, da lief sie herum, stülpte sich irgendwelche Sachen über den Kopf und begann, die großen Geheimnisse dieser Welt zu erkunden – die Treppe, die Badewanne, die Wasserhähne.

Schließen Sie einen Moment die Augen. Eine Stunde später geht sie schon in die Mittelstufe, ihre Freunde sind häßlich zu ihr, und: «Hast du gewußt, daß Jimmy Sara geküßt hat, obwohl er eigentlich mit Maria geht?» Holen Sie tief Luft, und sehen Sie zum Fenster hinaus. Es ist die Zeit der langen Samstagnächte, und: «Ob sie mich wohl genommen haben? Und wie sieht mein Kleid für die Abschlußfeier aus? Sag mir die Wahrheit, Paps, bin ich nicht zu fett?»

Man spielt den Triumphmarsch, Ihre Tochter lächelt, und alle applaudieren, denn soeben hat sie das College abgeschlossen. Sie helfen ihr beim Einrichten der ersten eigenen Wohnung und betrachten ganz erstaunt die junge Frau, die sie vor noch nicht allzu langer Zeit «Dada» genannt hat. Kann es wirklich sein, daß schon zweiundzwanzig Jahre vergangen sind und alles, was Sie sich für das kleine Baby in Ihren Armen erhofft und erträumt hatten, plötzlich verwirklicht vor Ihnen steht und Ihnen sagt, wo der Fernseher hin soll, und beim Befestigen der Kabel hilft?

Auf Ihren Armen hat sie den Eintritt in diese Welt begonnen. Sie brauchte Ihre Liebe, Ihre Fürsorge, Ihre Nähe. Was hat sie sich verändert! Ihre Welt ist so viel größer geworden, ihre Träume und Hoffnungen sind so viel heller. Aber Sie sind immer noch ihr Vater, und was sie von Ihnen braucht, hat sich nicht allzu stark verändert! Sie müssen sie lieben, für sie sorgen und sie in den Arm nehmen, wenn es nötig ist, und ihr sagen, daß Sie an sie glauben. Und wenn noch einmal zwanzig Jahre vergehen, so braucht sie noch immer dasselbe. Sind Sie bereit, es ihr zu geben?

Vater einer Tochter zu sein, das ist nicht nur Freude und Wonne. Es gibt auch Schmerz, und da sind die unerfüllten Träume. Der Weg vom Baby zum Erwachsenen und in die Zukunft ist voller Schwierigkeiten und Hindernisse. Viele Väter geben auf, wenn die Probleme kommen. Sie ziehen sich zurück und hören auf, weiter an der Freundschaft mit ihrer Tochter zu arbeiten. Die Not solch zerbrochener Beziehungen begegnet meinem Vater und mir tagtäglich; Frauen, die sich nicht geliebt wissen und noch immer verzweifelt den Segen ihres Vaters suchen oder wenigstens ein kleines Zeichen dafür, daß sie ihm etwas bedeuten.

Wir hören die Geschichten von Vätern, die es probiert haben, aber es klappte nicht, und danach haben sie es nicht mehr versucht. Wir sehen, wie ihre Töchter durchs Leben gehen und etwas suchen, das es nicht gibt. Wie sie versuchen, sich etwas zu nehmen, das ein Geschenk sein sollte – die Liebe und Zustimmung ihres Vaters. In unserer Gesprächspraxis trocknen wir ihre Tränen. Wir hören, wie ihnen im Radio die Stimme bricht. Wir spüren, wie sie uns nach einem Vortrag in ihrer Gemeinde am Ärmel zupfen. Es sind die vaterlosen Töchter, und sie sind zutiefst verletzt.

Zum Glück gibt es auch die andere Seite. Wir sehen die Freudentränen, wenn Töchter von Vätern erzählen, die sie beharrlich geliebt und auch dann nicht abgeschrieben haben, wenn sie sich selbst aufgegeben hatten. Wir sehen das Lachen eines Vaters und seiner dreijährigen Tochter auf der Schaukel in einem Hinterhof. Wir sehen, wie Väter zwar mit Tränen in den Augen, aber doch voller Vertrauen ihren Töchtern Lebewohl sagen, wenn sie ans College ziehen. Sie wissen, daß die Entfernung ihrer Liebe und Freundschaft nichts anhaben kann. Wir hören, wie erwachsene Töchter von ihren Vätern erzählen, denen sie so viel verdanken, weil sie nicht nur redeten, sondern auch entsprechend lebten. Wir sehen zu, wie Väter ihren Töchtern den Freiraum geben, so zu werden, wie Gott sie gemeint hat, und wie sie dann vor Stolz fast zerspringen könnten, wenn sie sehen, daß ihr Vertrauen Früchte trägt.

Die Frage, die uns zum Schluß noch bleibt, lautet ganz schlicht und einfach: Was für ein Vater möchten Sie sein? Auf welche Liste gehören *Sie*? Denken Sie, wenn Sie jetzt die letzte Seiten aufschlagen, noch einmal über alles Gelesene nach und betrachten Sie die folgenden Worte als eine letzte Aufforderung.

Geben Sie nicht auf!

Wenn Ihre Frau Sie verlassen will und Sie nicht wissen, wie Sie als Alleinerziehender zurechtkommen sollen, geben Sie nicht auf! Wenn Ihre Tochter Ihnen gerade eine wüste Beschimpfung an den Kopf geworfen hat, geben Sie nicht auf! Wenn Sie Ihrer Tochter gegenüber zum hundertsten Mal denselben Fehler gemacht haben, bleiben Sie dran!

Jeden Tag neu beginnen

Gestern war eine Katastrophe, und Ihre Aufnahme in die Ruhmeshalle für erfolgreiche Väter ist bis auf weiteres verschoben. Aber lassen Sie sich davon nicht bedrücken. Heute ist ein neuer Tag, und Sie können sich wieder ganz neu vornehmen, Ihrer Vaterrolle so gut nachzukommen, wie es nur geht. Lassen Sie die Vergangenheit ruhen. Lernen Sie daraus, aber holen Sie nicht alles wieder hervor, sondern widmen Sie sich heute ganz neu dem Leben mit Ihrer Tochter.

Vergeben
Sie scheint Ihre Liebe und Geduld nicht immer zu verdienen. Sie enttäuscht Sie, sie tut Ihnen weh. Oft sieht es aus, als würde sie es geradezu darauf anlegen, Sie herauszufordern und ungehorsam zu sein. Ihre Liebe darf durchaus hart sein, aber auch bereit zur Vergebung. Darum verzeihen Sie ihr auch dann, wenn sie nicht darum bittet und wenn Sie meinen, es sei nicht angebracht. Das sollte für Sie so normal werden wie das Atmen.

Vergnügen
Freuen Sie sich am Zusammenleben mit Ihrer Tochter. Lernen Sie es, über sich selbst und mit ihr zu lachen. Lächeln Sie in sich hinein, wenn ihr Freund anruft, und denken Sie zurück an Ihre eigenen Jugendlieben. Spielen Sie ihr einmal einen Streich. Schwänzen Sie mit ihr die Schule, und fahren Sie mit ihr an den Baggersee, in die Berge oder einen Vergnügungspark. Schöpfen Sie Ihr Leben als Vater voll aus.

Übergeben Sie sie an Gott!
Ihre Tochter ist Ihnen von Ihrem himmlischen Vater nur geliehen. Geben Sie sie jeden Tag an Gott zurück, im Wissen, daß er sie liebt und nur ihr Bestes will. Bitten Sie Gott um seine Liebe und Vergebung für sich selbst als Vater Ihrer Tochter, und sorgen Sie dafür, daß Ihre Tochter es immer wieder erfährt, daß ihr himmlischer Vater sie schrankenlos liebt.

Lieber Vater im Himmel,
ich habe Erin und Kendall so lieb. Sie sind ein Geschenk von dir. Sie füllen mein Leben mit Licht, Freude und Liebe. Und doch habe ich oft das Gefühl, ich mache so vieles verkehrt. Zu oft behält der Zorn das letzte Wort. Zu oft haben meine Anliegen den Vorrang vor den ihren.

Vater, ich übergebe sie heute dir. Hilf mir, sie zu lieben, wie sie es brauchen, und als Vater zu wachsen, so wie sie zu jungen Frauen heranreifen. Schenk mir Geduld und Ausdauer für den langen, steinigen Weg. Mach meine Schritte leicht aus Freude über ihr Lachen, und hilf mir, jede Minute mit ihnen voll auszukosten.

Ich möchte gern ein Vater sein, wie du es dir wünschst. Ich will versuchen, ihnen so Vater zu sein, o Herr, wie du mir Vater bist – voll Anteilnahme, voll Erbarmen und Vergebung. Ich danke dir, Vater im Himmel, für das Geschenk, das du mir mit meinen Töchtern gegeben hast. Höre nicht auf, sie zu lieben, und führe sie zu dir.

In Jesu Namen.

Jack